国家出版基金资助项目

上海高校服务国家重大战略出版工程项目

上海文化发展基金会图书出版专项基金资助项目

国家自然科学基金(71372104)资助项目

国家自然科学基金(71502102)资助项目

教育部哲学社会科学基金(11JHQ006)资助项目

会计工程:信息共享的全球共用会计系统研究

基于 XBRL 财务报告发展与评价研究

李争争 张天西／著

图书在版编目(CIP)数据

基于XBRL财务报告发展与评价研究/李争争,张天西著. —上海:立信会计出版社,2018.12
（会计工程）
ISBN 978-7-5429-4508-2

Ⅰ.①基… Ⅱ.①李… ②张… Ⅲ.①可扩充语言-应用-会计报表-研究 Ⅳ.①F231.5-39

中国版本图书馆 CIP 数据核字(2019)第 231716 号

策划编辑　张巧玲
责任编辑　徐小霞　张巧玲
特约编辑　胡　越

基于XBRL财务报告发展与评价研究
JIYU XBRL CAIWU BAOGAO FAZHAN YU PINGJIA YANJIU

出版发行	立信会计出版社
地　　址	上海市中山西路 2230 号　邮政编码　200235
电　　话	(021)64411389　　传　真　(021)64411325
网　　址	www.lixinaph.com　电子邮箱　lixinaph2019@126.com
网上书店	http://lixin.jd.com　　http://lxkjcbs.tmall.com
经　　销	各地新华书店
印　　刷	上海盛通时代印刷有限公司
开　　本	710 毫米×1000 毫米　1/16
印　　张	14.25　　　　　　　插　页　4
字　　数	220 千字
版　　次	2018 年 12 月第 1 版
印　　次	2018 年 12 月第 1 次
书　　号	ISBN 978-7-5429-4508-2/F
定　　价	48.00 元

如有印订差错,请与本社联系调换

前　言

自美国注册会计师查尔斯·霍夫曼于1998年开创性地将有丰富语义表达能力的可扩展标记语言技术应用于财务报告,并逐渐形成了可扩展商业报告语言(eXtensible Business Reporting Language,XBRL)的概念以来,XBRL在全球范围内经历了二十余年的实践和发展。

目前,XBRL财务报告分类标准(简称分类标准)的发展趋势已经由制定和实施方面逐步过渡到评价和改进方面。制定和实施方面现有的研究已经硕果累累,但是关于评价和改进方面还有不少问题有待完善。第一个问题是分类标准的微观结构是什么？它是评价和改进研究的基础。现有的研究者认为,分类标准最基本的单元是财务信息元素,但是随着维度建模方法的大量使用,分类标准的微观结构正在发生变化。该问题的解决不仅有助于深化财务信息元素理论,而且为评价分类标准的质量指明了研究方向。第二个问题是如何评价分类标准的质量？它是评价和改进研究的核心。现有的研究者大多是从分类标准的完整性角度来评价分类标准的质量,缺乏从创建和扩展的视角来评价分类标准的质量。对创建和扩展分类标准的不同模式进行评价的目的是发现它们的优点和缺点,为进一步完善分类标准提供定性和定量的依据。第三个问题是如何改进分类标准的质量？它是评价和改进研究的成果。现有的研究者就通用层级分类标准的改进提出过不少政策建议和实施框架,但是无论怎么改进,都不可避免地要在分类标准的完整性和可比性之间作出取舍。这种"巴别塔"式的困境随着行业层级分类标准的引入有所改观,但现有研究尚缺乏创建行业层级分类标准的有效方法,这为分类标准的质量改进蒙上了一层阴影。一套可操作的创建行业层级分类标准的方法将有助于改进分类标准的质量,改善财务和其他经济信息在经济实体之间的相互交换,以满足报告使用者对高质量财务报告的要求。这3个基本问题是实践中分类标准制定者、实例文档创建者、财务信息监管者乃至投资者都关注的问题,同时也是XBRL财务报告理论研究的焦点。

本书的主要研究结论如下:

(1) 提出了在不同的创建模式下分类标准的最基本单元也不同的观点。元组模式下财务信息元素是构建分类标准的最基本单元;维度模式下结构信息元素(表头、轴成员和列报项目等)是构建分类标准的最基本单元;轴成员和列报项目信息元素构造了影子财务信息元素。

(2) 在创建质量方面,假定在信息元素空间的单位创建成本相同,信息元素空间的单位披露收益相同,创建效率和语义信息完整性同等重要的前提下,总体上维度模式分类标准的创建质量优于元组模式分类标准;维度模式分类标准的创建效率优于元组模式分类标准;元组模式分类标准的语义信息完整性优于维度模式分类标准。在扩展质量方面,不同扩展模式的完整性、效率性和可比性在统计上有显著的差异;行业扩展模式在经济上有显著的完整性、效率性和可比性优势。平均而言,行业扩展模式的可比性比直接扩展模式好四成左右,而且优势不会随着信息元素集合的缩小而发生变化,反映出评价上市公司可比性的测度模型是稳健的。

(3) 提出了一套创建行业分类标准的方法,创建了制造业分类标准。在拓展信息元素空间理论的基础上,以报告使用者决策有用性为目标,提出了基于频数遴选信息元素的方法,构造了经济意义上确定频数的可比性效用最优理论模型和统计意义确定频数的直观方法。以制造业样本为例,分别计算了整体信息元素的扩展频数、扩展密度、查询成本调节因子、平均可比性、修正可比性、累计扩展元素数量和累计扩展元素比例等相关指标。通过可比性效用最优理论,确定了最优扩展频数为66,最后选取扩展频数大于等于66的信息元素集合,创建了制造业行业分类标准。

本书的创新点主要体现在以下3个方面:

(1) 拓展了分类标准财务信息元素理论,重构了信息元素空间理论。引入集合论描述了分类标准的微观结构,比较了分类标准的创建模式和扩展模式,拓展了现有的财务信息元素理论,为评价分类标准的质量奠定了理论基础。将信息元素的频数引入信息元素空间,重新定义了信息元素空间,提出了频数—密度空间和频数—概率密度空间。将元素空间理论由一维扩展到多维,将元素域扩展到了元素—频数域、频数—密度域和频数—概率密度域,建立了元素—频数—密度—概率密度的函数映射关系,为从实务角度遴选信息元素、构造行业分类标准奠定了理论基础。

(2) 构造了度量分类标准的创建和扩展质量测度,评价了分类标准的创建和扩展质量。在创建质量方面,基于成本收益原则和信息完整性构建了创建质量测度,尝试从创建效率、语义信息完整性和整体创建质量3个角度来评价分类标准的不同创建模式,为创建分类标准的实践提供量化依据。在扩展质量方面,与目前研究者们普遍采用信息匹配的方法来评价分类标准的完整性不同,本书引入频数统计法来评价分类标准的扩展质量;采用累计扩展量来评价分类标准的完整性;采用累计复用量来评价分类标准的效率性;以累计复用量为基础构造了分类标准的可比性测度;在假设分类标准扩展质量中完整性、效率性和可比性同等重要的前提下,构造了整体扩展质量测度;尝试从完整性、效率性和可比性3个角度来评价分类标准的不同扩展模式,为扩展分类标准的实践提供了量化依据。

(3) 构造了统计意义上依指定概率和经济意义上依可比性效用最优筛选信息元素创建行业分类标准的方法。从实务披露角度出发,采用频数法遴选分类标准的信息元素,构造行业分类标准。对财务报告附注中的信息元素进行频数统计。通过转换得到对应频数的复用密度和扩展密度;通过单位化变换得到对应频数的概率密度分布。按一定的统计意义或经济意义确定频数下限,筛选出大于等于该频数下限的信息元素构成行业分类标准。其中,统计意义通过信息元素的比例直接筛选信息元素;经济意义通过效用最优来间接筛选信息元素。该方法弥补了以实务法遴选信息元素的不足。

目 录

第 1 章　绪论 ·· 1
  1.1　相关概念界定 ·· 1
    1.1.1　XBRL 财务报告 ··· 1
    1.1.2　分类标准 ··· 2
    1.1.3　实例文档 ··· 3
    1.1.4　元组和维度 ··· 3
    1.1.5　信息元素 ··· 4
    1.1.6　信息价值链 ··· 5
    1.1.7　会计信息质量 ··· 6
  1.2　研究问题及意义 ·· 7
  1.3　研究框架与主要内容 ··· 9
    1.3.1　研究框架 ··· 9
    1.3.2　主要内容 ·· 11
  1.4　研究方法 ··· 13
  1.5　本章小结 ··· 14

第 2 章　XBRL 发展的历史回顾 ··· 15
  2.1　XBRL 的发展现状 ··· 15
    2.1.1　首次尝试 ·· 15
    2.1.2　国际的发展现状 ··· 15

2.1.3 国内的发展现状 ································· 19
 2.2 XBRL的技术演进 ······································ 21
 2.3 XBRL的国际认定 ······································ 22
 2.4 本章小结 ·· 24

第3章 文献述评 ·· 25
 3.1 分类标准的相关研究 ·································· 25
  3.1.1 分类标准的制定 ································· 25
  3.1.2 分类标准的扩展 ································· 27
  3.1.3 分类标准的实施 ································· 28
 3.2 实例文档的相关研究 ·································· 33
  3.2.1 实例文档的创建 ································· 33
  3.2.2 实例文档的鉴证 ································· 34
 3.3 对国内外研究现状的评价 ······························ 36
  3.3.1 对分类标准相关研究的评价 ······················· 36
  3.3.2 对实例文档相关研究的评价 ······················· 37
 3.4 本章小结 ·· 38

第4章 分类标准的微观结构 ······································ 39
 4.1 信息元素的遴选和归集 ································ 39
  4.1.1 遴选方法 ······································· 39
  4.1.2 归集方法 ······································· 42
 4.2 分类标准的创建模式 ·································· 45
  4.2.1 元组模式 ······································· 45
  4.2.2 维度模式 ······································· 47
 4.3 分类标准的扩展模式 ·································· 51
  4.3.1 直接扩展模式 ··································· 51
  4.3.2 行业扩展模式 ··································· 54
 4.4 本章小结 ·· 58

第5章 分类标准评价——国际经验 ··· 59
5.1 完整性评价 ··· 59
5.2 效率性评价 ··· 61
5.3 正确性评价 ··· 62
5.3.1 分类标准的正确性 ··· 62
5.3.2 实例文档的正确性 ··· 62
5.4 评价的结论和启示 ··· 65
5.5 本章小结 ··· 67

第6章 分类标准的创建质量评价 ··· 68
6.1 创建质量的理论模型 ··· 68
6.1.1 创建质量评价标准 ··· 68
6.1.2 创建质量度量指标 ··· 69
6.2 创建质量的实现模型 ··· 71
6.2.1 元组模式的实现模型 ··· 71
6.2.2 维度模式的实现模型 ··· 72
6.3 创建质量的应用检验 ··· 77
6.3.1 样本选择 ··· 77
6.3.2 统计方法 ··· 77
6.3.3 财务信息元素分布统计 ··· 78
6.3.4 创建质量测度结果 ··· 80
6.4 本章小结 ··· 83

第7章 分类标准的扩展质量评价 ··· 84
7.1 扩展质量的理论模型 ··· 84
7.1.1 扩展质量评价标准 ··· 85
7.1.2 扩展质量度量指标 ··· 87
7.2 扩展质量的实现模型 ··· 93
7.2.1 元素的频数统计 ··· 93

	7.2.2 直接扩展模式下的实现模型		95
	7.2.3 行业扩展模式下的实现模型		96
7.3	数据收集和样本选择		97
	7.3.1 数据收集		97
	7.3.2 样本选择		98
7.4	应用检验与分析		100
	7.4.1 描述性统计		100
	7.4.2 扩展质量测度		106
	7.4.3 稳健性检验		109
7.5	本章小结		118

第8章 分类标准的质量改进 119

- 8.1 行业分类标准的创建目标 120
- 8.2 行业分类标准的理论基础 121
- 8.3 行业分类标准的创建方法——频数法 123
  - 8.3.1 频数统计 124
  - 8.3.2 密度转换 127
  - 8.3.3 遴选原则——经济效用法 128
  - 8.3.4 遴选原则——概率统计法 131
  - 8.3.5 行业分类标准的确定 133
- 8.4 行业分类标准的创建步骤 133
- 8.5 行业分类标准创建举例 134
  - 8.5.1 样本选择 134
  - 8.5.2 描述性统计 137
  - 8.5.3 扩展频数的确定 140
  - 8.5.4 行业分类标准的确定 142
- 8.6 本章小结 143

第9章 结论 ... 145
9.1 主要结论 ... 145
9.2 本书主要创新点 ... 146
9.3 本书的局限性及未来的研究方向 ... 146
9.4 本章小结 ... 147

附录 ... 148
附录1 元组的 XBRL 语法定义——上交所上市公司分类标准中货币资金外币明细 ... 148
附录2 元组的 UML 类图——上交所上市公司分类标准中货币资金外币明细 ... 150
附录3 维度的 XBRL 语法定义——通用分类标准中货币资金年初期末余额明细 ... 151
附录4 石油行业样本公司列表 ... 153
附录5 将"元素的复用(扩展)频数"变换为"频数的复用(扩展)密度"的算法 ... 154
附录6 信息元素的频数测度 ... 155
附录7 频数的复用和扩展密度统计表——石油行业 ... 163
附录8 直接扩展模式下累计复用信息量、累计扩展信息量统计表——石油行业 ... 166
附录9 行业扩展模式下累计复用信息量、累计扩展信息量统计表——石油行业 ... 168
附录10 制造业样本公司列表 ... 170
附录11 频数的复用和扩展密度统计表——制造业 ... 174
附录12 扩展频数的确定——制造业 ... 180
附录13 制造业行业分类标准 ... 183

主要参考文献 ... 207

致谢 ... 215

第 1 章

绪　论

可扩展商业报告语言(eXtensible business reporting language，XBRL)已经经历了二十余年的发展。本章首先对研究中涉及的概念进行界定；其次在此基础上提出本书的研究问题与意义，并总括本书的研究框架和主要内容；最后说明本书所采用的研究方法。

1.1　相关概念界定

为了更好地阐述本书研究的框架和内容，首先对与分类标准质量评价和改进研究相关的概念进行界定。

1.1.1　XBRL 财务报告

XBRL 财务报告是交叉学科的产物，它由信息技术概念和财务会计概念融合而成。为了使 XBRL 适用于不同国家、不同行业和不同企业之间的信息传递和交互，XBRL 国际组织将 XBRL 财务报告设计为 3 个核心模块：语法规范、分类标准和实例文档。语法规范处于基础层级，源于 XML，属于信息技术概念范畴，定义了 XBRL 财务报告体系中使用的语法和信息技术类型的信息元素，如货币型信息元素和日期型信息元素等；分类标准的主体属于财务会计概念范畴，通过标签链接库(label linkbase)、参考链接库(reference linkbase)、定义链接库(definition linkbase)、表达链接库(presentation linkbase)和计算链接库(calculation linkbase)等关系定义了 XBRL 财务报告中财务会计类型的信息元素,如库存现金信息元素、银行存款信息元素和其他货币资金信息元素等,它和国家适用的会计准则和会计制度密切相关,每个公认会计原则体系都需要有与会计准则相对应的一套分类标准;实例文档的主体也属于财务会计层范畴,反映了在 XBRL 财务报告中公司向股东、债权人以及潜在投资者等利益相关者呈报的具体财务报告内容。

1.1.2 分类标准

XBRL 财务报告分类标准(XBRL-FRT)定义了信息元素以及信息元素之间的关系。信息元素包含财务信息元素和结构信息元素。信息元素之间的关系包含标签、参考、定义、表达和计算 5 种。标签关系描述了用于显示信息元素的标识;参考关系描述了信息元素对外部资源的引用;定义关系描述了信息元素之间的逻辑关系,如信息元素之间的父子关系;表达关系描述了信息元素之间的层次结构;计算关系描述了信息元素之间的计算关系。

分类标准分为国家层级、行业层级和企业层级。例如,通用分类标准是国家层级的分类标准,石油行业分类标准是行业层级的分类标准,中国石油企业分类标准是企业层级的分类标准。

扩展分类标准是依据基准分类标准通过元素扩展和关系扩展而得到的分类标准(黄长胤,2012)。基准分类标准和扩展分类标准是相对概念,满足传递性和反对称性,不满足自反性。

假设 A,B 和 C 都是分类标准。

如果 A 是 B 的基准分类标准,那么 B 就是 A 的扩展分类标准。

例如,通用分类标准是石油行业分类标准的基准分类标准,那么石油行业分类标准就是通用分类标准的扩展分类标准。

另外,基准分类标准和扩展分类标准有直接和间接之分。

如果 A 是 B 的基准分类标准,B 是 C 的基准分类标准,那么 A 是 C 的间接基准分类标准,A 是 B 的直接基准分类标准,B 是 C 的直接基准分类标准;那么 C 是 A 的间接扩展分类标准,B 是 A 的直接扩展分类标准,C 是 B 的直接扩展分类标准。

例如,通用分类标准是石油行业分类标准的基准分类标准,石油行业分类标准是中国石油企业分类标准的基准分类标准,那么通用分类标准是中国石油企业分类标准的间接基准分类标准,通用分类标准是石油行业分类标准的直接基准分类标准,石油行业分类标准是中国石油企业分类标准的直接基准分类标准;那么中国石油企业分类标准是通用分类标准的间接扩展分类标准,石油行业分类标准是通用分类标准的直接扩展分类标准,中国石油企业分类标准是石油行业分类标准的直接扩展分类标准。

1.1.3 实例文档

XBRL财务报告实例文档(XBRL-FRI)是指"以xbrl为根元素的XML片段,其中包含商业报告的事实值"(财政部,2010b)。根据分类标准生成的XBRL实例文档就是XBRL格式的企业财务报告,即企业财务报告中的经济事项由实例文档中采用XBRL标记的信息元素和内容构成;实例文档是公司根据语法规范和分类标准向利益相关者披露的实体信息。从信息披露的视角看,公司股东、债权人和潜在投资者等利益相关者可以直接从XBRL实例文档中获得上述信息。

1.1.4 元组和维度

Hoffman(2012)指出,元组(tuple)和维度(dimension)均可以用来建模财务报告附注中的可变表格,但是在同一分类标准中尽量不要同时使用两种技术。元组是一种可嵌套定义信息元素的建模技术,其中既可以定义财务信息元素,也可以嵌套定义其他元组。维度由轴和项目构造而成,可以建模会计事项信息,轴用于建模会计事项的特征,项目用于建模会计事项的概念。用维度构造分类标准时使用了表、轴、成员、项目、概念和事实等原子概念。其定义和关系如下:

表由行(轴)和列(项目)构成,用于构造表格类事项信息,用table表示。表中的轴可以是一维也可以是多维,但是项目只能是一维的。

轴描述了财务报告中经济事项的特征,用axis表示;成员是轴的可能取值,用member表示。

项目描述了财务报告中经济事项的概念,用 line items 表示;概念是项目的可能取值,用 concept 表示。

事实定义了财务报告中可观测的和可报告的信息片段,用 fact 表示。

1.1.5 信息元素

1. 结构信息元素

财务报告附注中存在着大量的结构不固定的明细信息表(多维表格),为了有效地表达其中的信息,可将表格中信息元素拆分成表头信息元素、轴成员信息元素和列报项目信息元素。表头信息元素传递表格整体信息;轴成员元素反映表格中的行信息;列报项目信息元素反映表格中的列信息。由表头、轴成员和列报项目等信息元素构成的信息元素统称为结构信息元素。结构信息元素是构造分类标准中可变多维表格的基本单元。

以通用分类标准的长期借款表为例(参见表 1-1),为了向报告使用者披露长期借款表的明细信息,披露第 2 行到第 4 行和第 2 列到第 4 列之间的事实(参见表 1-1 中字体加粗的部分),分类标准制定者构造了一个表头信息元素来表示长期借款表,一个轴成员集合来建模长期借款的特征和一个项目集合来建模长期借款的概念。

表 1-1 长期借款表

信息元素	原币金额	折算汇率	人民币金额
长期信用借款	$f(1,1)$	$f(1,2)$	$f(1,3)$
长期质押借款	$f(2,1)$	$f(2,2)$	$f(2,3)$
长期抵押借款	$f(3,1)$	$f(3,2)$	$f(3,3)$

长期借款信息元素由 7 个信息元素构成,由 1 个表头信息元素、3 个轴成员信息元素和 3 个列报项目信息元素构成。第 1 列为轴成员集合,包含了 3 个信息元素:长期信用借款、长期质押借款和长期抵押借款;第 1 行为列报项目集合,包含了 3 个信息元素:原币金额、折算汇率和人民币金额。

2. 影子财务信息元素

由表格中的轴成员信息元素集合和列报项目信息元素集合交互作用形

成的财务信息元素没有在分类标准中直接定义。为了与不采用这种构造方式定义的财务信息元素相区别,同时也是为了在研究中方便表述,本书将使用该方法构造出的财务信息元素称为影子财务信息元素。

仍以通用分类标准的长期借款表为例(参见表1-1)。直观地看,影子财务信息元素$[f(x, y), (x \in [1, 3], y \in [1, 3])]$位于第2行到第4行和第2列到第4列之间(参见表1-1中字体加粗的部分),它是由1组轴成员信息元素和1组列报项目信息元素进行笛卡尔乘积构造而成,共计9个影子财务信息元素(3×3)。例如,长期信用借款原币金额$f(1,1)$、长期质押借款折算汇率$f(2,2)$和长期抵押借款人民币金额$f(3,3)$等影子财务信息元素。这些财务信息元素均没有在通用分类标准中直接被定义。

3. 财务信息元素

财务信息元素有广义和狭义之分。

广义的财务信息元素是企业利用有关概念、术语、数字和短语等,对企业已经发生的交易和事项、执行的会计政策与制度、企业的财务环境等单独和综合性状况进行描述,是财务信息的最小语义构成单位。所以,广义的财务信息元素包含了前文中的结构信息元素。广义的财务信息元素是分类标准的基本单元。

狭义的财务信息元素是将结构信息元素从广义的财务信息元素中剔除后的财务信息元素,包含了非表格类信息中直接定义的财务信息元素以及由结构信息元素构造的影子财务信息元素。以通用分类标准的管理费用明细信息为例,其中的职工薪酬、咨询费和排污费等信息元素就是非表格类的财务信息元素,属于狭义范畴;同样,上文中的长期抵押借款原币金额是影子财务信息元素,也属于狭义范畴。广义的财务信息元素包含了狭义的财务信息元素,反之则不然。

除非特别说明,本书的财务信息元素均指狭义的财务信息元素。

1.1.6 信息价值链

根据Elliott(1998;2002)的信息价值链模型,当公司从事销售产品、购买原材料或雇用劳动力等经济活动时,会在凭证、账簿、报告系统中记录这些事件,经过数据、信息和知识3个阶段的演变,经济活动转化成了决策有用性信息(参见图1-1)。

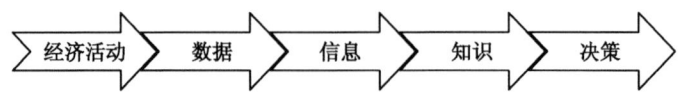

图1-1 信息价值链模型

下面是构造信息价值链的原子概念及其相互关系:

数据是按一定规则排列组合的物理符号,可以是数字、文字、图像,也可以是计算机代码。它是描述事物的符号记录,涉及事物的存在形式,可定义为有意义的实体;是关于事件的一组客观的事实描述,是构成信息和知识的原始材料。

信息是在人们对外部世界产生影响和受外部世界影响的过程中,与外部世界进行互相交换的内容,是对客观事物存在及变化情况的反映、刻画、描述、标识和度量。

知识由概念、命题、结构化要素、推理和演化构成,是对某个主题确信的认识。这些认识拥有潜在的能力,为特定目的所使用,它与经验、上下文、解释和思考结合在一起,帮助人们决策与行动。

对信息的接收始于对数据的接收,对信息的获取只能通过对数据背景的解读。解释是数据变成信息的必要条件。解释要考虑到语言、语法、语义和语境。信息加工以解释为中心,通过解释过程将一定语法结构的数据转变为有语义的信息元素。

如果将数据视作是原材料,那么信息就是产成品。产成品的质量决定着消费者的需求被满足的程度;同样,信息的质量也决定着使用者的需求被满足的程度。

知识是主体获得的与客观事物存在及变化内在规定性有关的系统化、组织化的信息。通过认知科学来表达知识,如框架、规则和语义网。

1.1.7 会计信息质量

根据中国《企业会计准则》(财政部会计司编写组,2010),会计信息质量要求是对企业财务报告中所提供高质量会计信息的基本规范。它包括可靠性、相关性、可理解性、可比性、实质重于形式、重要性、谨慎性和及时性等。"可靠性、相关性、可理解性和可比性是会计信息的首要质量要求,是企业财务报告中所提供会计信息应具备的基本质量特征;实质重于形式、重要性、谨慎性和及时性是会计信息的次级质量要求,是对可靠性、相关性、可理解性和可比性等首要质量要求的补充和完善"。

1.2 研究问题及意义

分类标准质量研究是 XBRL 财务报告质量研究的核心。在 XBRL 财务报告的 3 层结构中,语法规范定义了分类标准中通用的信息元素,它和国家适用的会计准则、会计制度和披露规则的耦合度最低;分类标准定义了财务信息元素的标识、来源、表达和计算,它和国家适用的会计准则、会计制度和披露规则密切相关;实例文档是公司根据语法规范和分类标准向利益相关者披露的实体信息。可见,公司向利益相关者披露的 XBRL 财务报告由分类标准和实例文档决定,其中分类标准是最核心的决定因素。目前,对分类标准的研究主要集中在制定和实施方面,关于评价和改进方面的研究还有不少问题尚待深化。

分类标准的微观结构是什么?如何评价分类标准的质量?如何改进分类标准的质量?这 3 个问题是分类标准研究者、实践者、监管者以及投资者都关心的问题。本书以分类标准的质量评价为核心,聚焦这 3 个问题展开研究。

分类标准的微观结构是什么?该问题是评价和改进研究的基础。现有理论表明,财务信息元素是分类标准的最基本单元。随着维度建模方法论在分类标准中的使用,分类标准的微观结构正在发生着变化。对该问题的进一步研究,有助于深化财务信息元素理论,同时也为评价分类标准的质量奠定了基础。以此为背景,本书第一部分的研究从现有分类标准的构成、创建和扩展角度来回答这个问题,尝试从信息元素的遴选和归集、细分和对比分类标准的创建模式和扩展模式等角度来对现有分类标准的微观结构进行分析和形式化描述。本部分的研究为后续质量评价和改进研究指明了方向。

如何评价分类标准的质量？该问题是评价和改进研究的核心。现有研究从分类标准的完整性角度来评价分类标准的质量。随着行业分类标准的发布，分类标准的创建和扩展成为评价分类标准的新视角。对该问题的进一步研究，有助于在实践中发现创建和扩展分类标准的优点和缺点，为进一步完善分类标准提供定性和定量依据。

在创建质量评价方面，目前分类标准的创建模式可以分为两类：元组模式和维度模式。前者通过财务信息元素构建分类标准的模块；后者通过结构信息元素构建分类标准的模块。中国采用元组模式的有：上海证券交易所（下称上交所）上市公司分类标准、上交所金融业分类标准、上交所基金公司分类标准、深圳证券交易所（下称深交所）上市公司分类标准和中国证券监督管理委员会（下称证监会）基金分类标准等。采用维度模式的有：通用分类标准、石油行业分类标准和银行业分类标准等。两类模式的创建质量孰优孰劣尚没有定论。为了提高未来分类标准的创建质量，需要对当前不同分类标准的创建质量进行对比和评价。现有的研究尚未从分类标准的创建模式角度对分类标准的质量进行评价。以此为背景，本书第二部分的研究尝试是对现有分类标准的不同创建模式进行评价。

在扩展质量评价方面，目前企业在披露 XBRL 格式的财务报告时，面临着分类标准扩展模式的两难选择：是选择以通用分类标准为参考基准，继承和复用通用分类标准中定义的信息元素，扩展企业特定的通用分类标准中未定义的信息元素，还是选择以行业分类标准为参考基准，继承和复用行业分类标准中定义的信息元素，扩展企业特定的行业分类标准中未定义的信息元素？两种扩展模式下信息质量孰优孰劣尚没有定论。以此为背景，本书第三部分的研究尝试是对现有分类标准的不同扩展模式进行评价。

如何改进分类标准的质量？该问题是评价和改进研究的成果。现有的研究就通用层级分类标准的改进提出了建议和实施框架，但是尚缺乏创建行业层级分类标准的方法。从行业层级的建设上看，中国的行业分类标准进展缓慢,截至2012年年底仅有石油行业和银行业有相应的行业分类标准,而且后者尚处于征求意见稿阶段(财政部,2012),其他行业层级的分类标准还没有出台,这将是未来资本市场上分类标准建设和质量改进的重点。一套可操作的创建行业层级分类标准的方法将有助于改进分类标准的质量,改善财务和其他经济信息在经济实体之间的相互交换,以满足报告使用者对高质量财务报告的要求。以此为背景,本书第四部分以创建行业分类标准为目标,从实务角度出发,尝试研究创建行业分类标准的理论和方法,最后选择特定行业创建基于维度的行业分类标准,来作为对分类标准质量改进的实质建议。

这3个研究问题逐层深入,形成了以分类标准质量评价和改进为核心的有机体系。

1.3 研究框架与主要内容

1.3.1 研究框架

本书以评价与改进分类标准质量为主题,首先对XBRL财务报告中的相关概念予以界定,然后对国内外学术界与XBRL分类标准和实例文档相关的研究成果进行梳理和评价。为了指明评价分类标准的研究方向,将分类标准按创建模式和扩展模式进行细分,分析和比较"分类标准的微观结构",从集合论的视角,对现有分类标准进行了形式化描述,扩展了财务信息元素理论。在此基础上,从创建和扩展分类标准的角度,分别构造了衡量分类标准质量的评价标准和指标体系,对不同的创建模式进行了创建效率、语义信息完整性以及创建质量的度量和评价,对不同的扩展模式进行了完整性、效率性和可比性的度量和评价。最后从实务角度提出了创建行业分类标准的方法,对分类标准的质量提出了务实的改进建议。

基于上述框架,围绕"分类标准的微观结构是什么""如何评价分类标准的质量""如何改进分类标准的质量"这3个研究的基本问题,本书采用了如图1-2所示的技术路线。

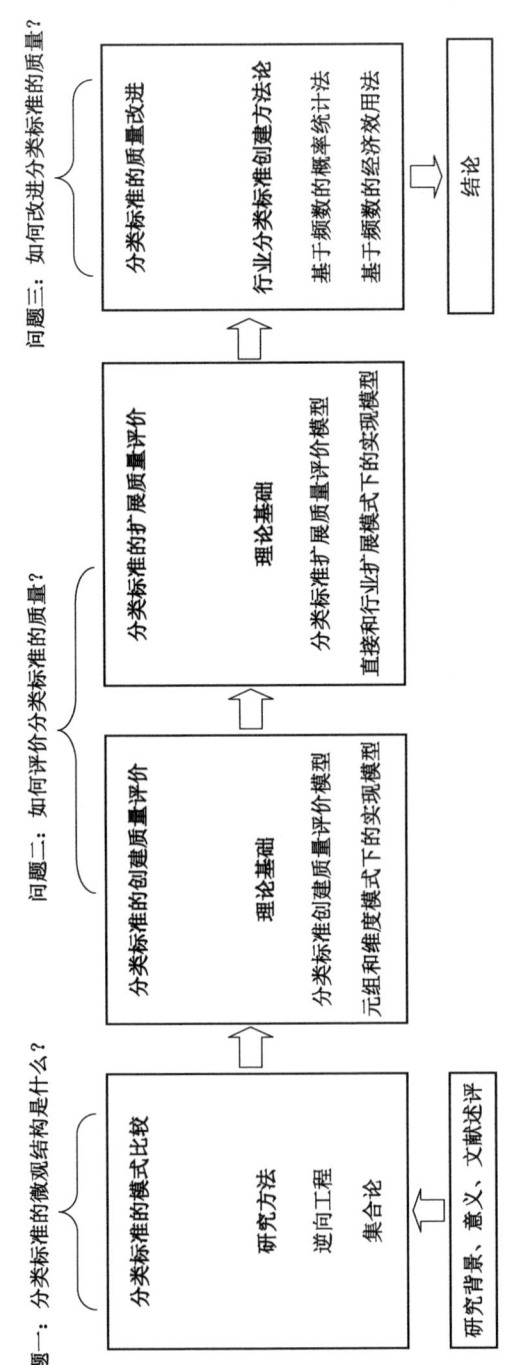

图1-2 技术路线图

首先阐述本书的研究背景,并提出研究问题。然后依据这些问题对相关的研究和文献进行搜集、整理和述评。针对"分类标准的微观结构是什么"这个问题,本书从现有分类标准的构成、创建和扩展角度来回答这个问题。采用逆向工程的研究方法分析了信息元素的遴选和归集方法,阐述了分类标准的两种创建模式,并引入集合论来对这两种创建模式进行形式化描述,最后比较了分类标准的两种扩展模式。

在评价分类标准的创建质量方面,本书首先尝试构建了基于成本收益和信息完整性的创建质量测度模型,用于测度分类标准的创建质量。其次针对不同的创建模式特征,深化了该质量测度模型。最后对分类标准创建的效率性、完整性和整体质量进行了度量和评价。

在评价分类标准的扩展质量方面,本书首先尝试引入频数统计法来构建分类标准的完整性、效率性和可比性测度模型。其次针对直接扩展模式和行业扩展模式的特征,细化了该质量测度模型。最后对分类标准扩展的完整性、效率性和可比性进行了度量、评价和稳健性检验。

基于上述研究,本书从实务披露的角度拓展了信息元素空间理论,提出了基于频数的遴选信息元素的方法,构造了经济意义上确定频数的可比性效用最优理论模型和统计意义上确定频数的直观方法,为行业分类标准的实践奠定了理论基础和方法上的支撑。

1.3.2 主要内容

本书研究的主要内容如图 1-3 所示。

第 1 章为绪论。首先介绍分类标准质量研究的背景,对分类标准中的相关概念进行界定,然后提出本文研究的问题和现实意义,最后阐述本书采用的研究框架、主要内容和方法。

第 2 章为 XBRL 发展的历史回顾。从发展现状、技术演进和国际认定 3 个侧面对 XBRL 的发展进行了系统的回顾。

第 3 章为文献述评。依据本书研究的问题,首先对分类标准的制定、扩展、实施等相关研究进行综述,然后对实例文档的创建、评价和鉴证的相关研究进行梳理,最后结合 XBRL 财务报告的研究现状和本书的研究内容对相关文献进行评价。

第 4 章为分类标准的微观结构。本章围绕第一个研究问题"分类标准的微观结构是什么",从现有分类标准的构成、创建和扩展角度来回答这个问题。首先分析了信息元素的遴选和归集方法,然后阐述了分类标准的两种创建模式,最后比较了分类标准的两种扩展模式。

第 5 章为分类标准评价——国际经验。本章从完整性、正确性和效率性 3 个方面进行了归纳。完整性方面要求分类标准和企业披露意愿之间的差异足够小。正确性是指分类标准中的财务信息元素和财务信息元素之间的关系定义要符合 XBRL 语法规范,做到正确无误。效率性即分类标准扩展造成的元素冗余应该尽可能少。

第 6 章为分类标准的创建质量评价。"如何评价分类标准的质量"是本书的第二个研究问题。本章的研究就是从创建的视角来评价分类标准质量。首先构建了基于完整性和效率性的创建质量测度模型,用于测度分类标准的创建质量;然后针对元组模式和维度模式,深化了该创建质量模型;最后以财务报表附注的信息元素为样本,对不同的创建模式进行了创建效率、语义信息完整性和创建质量的度量和评价。

第 7 章为分类标准的扩展质量评价。本章继续深入研究本书的第二个研究问题"如何评价分类标准的质量"。与第 6 章不同,本章的研究是从扩展的视角来评价分类标准质量。首先基于分类标准中信息元素的扩展频数和复用频数,构建了分类标准的完整性、效率性和可比性测度模型,用于测度分类标准的扩展质量;然后针对直接扩展模式和行业扩展模式,深化了该扩展质量模型;最后以石油行业上市公司财务报告附注的信息元素为样本,统计了

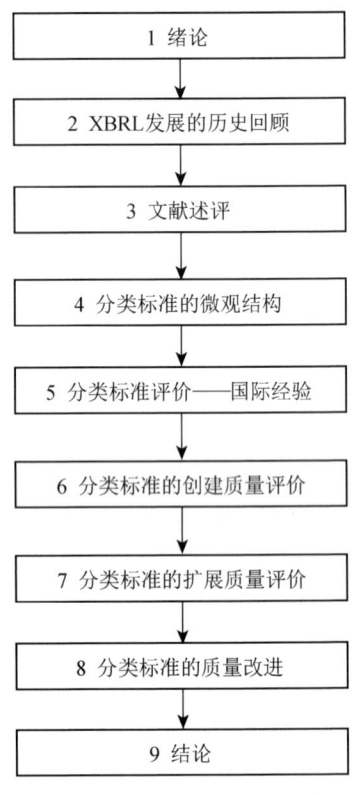

图 1-3 本书的主要内容

不同扩展模式中信息元素的扩展频数和复用频数,对分类标准的完整性、效率性和可比性进行了度量、评价和稳健性检验。

第8章为分类标准的质量改进。本章围绕本书的第三个研究问题"如何改进分类标准的质量"进行研究,以创建行业分类标准为目标展开。首先基于财务信息元素理论,拓展了信息元素空间理论,为构造行业分类标准奠定了理论基础;然后以报告使用者决策有用性为目标,提出了基于频数的遴选信息元素的方法,构造了经济意义上确定频数的可比性效用最优理论模型和统计意义确定频数的直观方法;最后以市场占比最高的制造业为例,创建了制造业行业分类标准,为行业分类标准的实践提出了理论和方法上的支撑。

第9章为结论。概述了本书的主要研究结论和创新点,分析了本书的局限性和未来的研究方向。

1.4 研究方法

本书将规范研究与实证研究相结合,演绎法与归纳法并用,综合运用多学科的理论和方法。

(1) 规范研究和实证研究相结合。理论分析部分采用规范研究的方法,分析相关概念及其内在逻辑关系(第2章、第4章),使用集合论对信息元素理论进行形式化描述(第4章),构造了质量测度实现模型(第6章、第7章),拓展了元素空间理论(第8章)。在此基础上,本书采用实证研究的方法,以上市公司财务报告附注的经验数据和多元统计分析方法检验了相关的理论模型(第6章、第7章)。

(2) 归纳法与演绎法相结合。在文献述评和理论基础部分,本书采用归纳研究方法,对相关的文献和研究成果进行梳理和总结(第2章、第4章)。在质量测度模型的构建部分,采用了经验归纳和理论演绎相结合的方法,构造了创建质量测度模型(第6章)、扩展质量测度模型(第7章)和可比性效用理论模型(第8章)。在应用检验部分,本书采用归纳法分析了经验数据的规律、统计意义和经济意义(第6章、第7章)。

(3)案例研究方法。本书以石油行业为例,评价了分类标准的扩展质量(第7章),为分类标准的行业扩展提供了经验证据;以制造业为例,创建了制造业行业分类标准(第8章),为分类标准的建设和改进提供了案例支撑,为创建行业分类标准提供了样板。

1.5 本章小结

本章介绍了本书的研究背景,界定了与本书研究相关的概念。为了回答XBRL分类标准理论和实践中的3个基本问题"分类标准的微观结构是什么""如何评价分类标准的质量""如何改进分类标准的质量",本书重点研究了分类标准的微观结构、分类标准的创建质量评价、分类标准的扩展质量评价和分类标准的质量改进。这3个研究问题逐层深入,形成了以XBRL分类标准质量评价和改进为核心的有机体系。本书的研究具有一定的理论、方法和实践意义。为了研究上述问题,本书综合采用了多学科的理论和方法。

第 2 章

XBRL 发展的历史回顾

20 世纪 90 年代末,美国注册会计师查尔斯·霍夫曼将可扩展标记语言(eXtensible markup language,XML)技术应用于财务报告领域。自此,网络财务报告概念逐渐形成,XBRL 逐渐成为网络财务报告的标准语言,在财务报告和信息披露领域得到了深入的实践和发展。

2.1 XBRL 的发展现状

2.1.1 首次尝试

2000 年,摩根士丹利成为世界上第一个向美国证监会提交 XBRL 财务报告的公司。2001 年,澳大利亚金融监管局要求 11 000 家银行提供 XBRL 格式的财务报告,成为世界上第一个将 XBRL 用于银行与其交换财务报告信息的政府机构。2004 年第一季度,中国在 50 家上市公司成功报送财务报告的基础上,要求上市公司全面报送 XBRL 财务报告,成为全球第一个要求上市公司披露 XBRL 财务报告的国家(Cox,2007)。2012 年 5 月 16 日,Erik Mjöberg 成为全球第一个获得 XBRL 基础认证的人(XBRL,2012)。

2.1.2 国际的发展现状

美国证券监督委员会(下称美国证监会)2005 年 2 月启动上市公司的 XBRL 自愿披露计划,并已逐步扩大到投资公司。2008 年 12 月 15 日,美国证监会宣布分 3 年实施上市公司的 XBRL 强制披露制度,采用交互式数据来披露财务报告(SEC,2009),市值超过 50 亿美元的 500 家上市公司被要求从 2009 年 6 月 15 起实施(杨海峰等,2009),剩余的上市公司被要求从 2011 年 6 月 15 日起实施,已有超过 8 000 家在美国的上市公司对外披露 XBRL 财务报告。

2008 年 12 月 18 日,美国证券交易委员会(下称 SEC)投票通过了要求上市公司从 2009 年开始在未来 3 年内逐步提交基于 XBRL 格式的财务报告。2009 年 1 月 30 日,SEC 公布了最终的披露规则,其目的是能够使投资者更容易地分析上市公司的财务信息。SEC 计划用新的交互式电子数据应用(interactive data electronic applications, IDEA)系统取代 EDGAR 系统,使得未来对数据的应用基于 XBRL 技术标准。这个过程的第一步是将 IDEA 系统作为 EDGAR 系统的补充,最终 IDEA 系统将完全取代 EDGAR 系统,作为新一代的信息披露系统。开始于 2005 年的自愿报送计划(voluntary filer program, VFP),允许上市公司自愿披露基于 XBRL 技术标准的财务报告,将其作为传统报告模式的一个补充。从那时起,SEC 加快了强制报送 XBRL 数据报告的步伐。SEC 从投资者的视角,用多种方法评估了 XBRL 数据的效果,包括通过会议讨论投资者对数据的需求;通过与不同投资者的交流了解 XBRL 格式数据是否能够提高他们的决策能力;检验了分析师使用 XBRL 技术软件的能力等。2007 年,SEC 允许共同基金(Mutual Funds)自愿报送 XBRL 标准的财务信息,将其包括在风险/收益的摘要部分,作为传统报告模式的一个补充。在当时有超过 100 家公司参与了 SEC 的自愿报送计划,这些公司的业务范围很广泛,总共涉及的公众持股量超过 20 000 亿。

自愿报送计划的目的是搜集和分析 XBRL 数据,帮助 SEC 评估 XBRL 标准的可行性,为可能的强制推行提供支持。自从 XBRL 推出自愿披露计划后,SEC 收到了 79 个评论意见,这些意见来自国内外不同的利益相关者,包括投资者群体、养老基金、会计和法律事务所、服务供应商、个人和企业、专业和贸易协会等。利益相关者普遍支持实施 XBRL 报送系统,但是他们也表现出来对一些方面的关注,其中包括:如何逐步实现 XBRL 数据的最终报送、如何对报表附注进行标记以及如何确保相关数据文件的可靠性等几个方面。

SEC 在 XBRL 标准的推广过程中起到了最主要的作用，我们可以看出，一开始 SEC 就在积极推动 XBRL 标准，从最初对 XBRL 标准的收益评估，到自愿报送计划，一直到现在的强制披露，美国无疑走在了 XBRL 标准推广的最前沿。

除了 SEC，在美国联邦存款保险公司（Federal Deposit Insurance Corporation，FDIC），美国联邦储备理事会（Federal Reserve Board）和货币监理署（又称财政部金融局，Office of the Comptroller of the Currency，OCC）已经在使用 XBRL 数据。自 2006 年，大约有 8 200 家美国金融机构向银行监管部门报送季度的 XBRL 标准报告。XBRL 数据提高了监管部门审阅公司信息报告的能力。自从 FDIC 要求金融机构报送 XBRL 格式的财务报告后，XBRL 标准的财务信息增加了分析师审阅信息报告的数量，范围从 10%～33% 不等。同时，信息报告没有能够满足报送要求的比例也从 30% 降低到 0。因此，XBRL 标准不但提高了分析财务信息的效率，也增加了财务信息的准确性。当美国 SEC 已经最后确定规则，要求上市公司和共同基金提交 XBRL 格式的财务报告后，其他国家和地区也跟随美国的脚步在全球范围内展开了 XBRL 计划。

例如，加拿大证券管理机构（Canadian Securities Administrators）于 2007 年 1 月 19 日起启动 XBRL 自愿报送计划（CSA，2007）。

在亚洲，XBRL 已经在资本市场被采用。日本、新加坡和韩国都强制采用 XBRL 标准。日本金融服务公司于 2006 年 2 月起每月向中央银行报送 XBRL 的数据，显著地降低了数据校验的负担（XSB，2006a）；2006 年 4 月 26 日起东京证券交易所引入 XBRL 报告系统（Calvert，2006）；2008 年第二季度起金融服务局（Financial Services Agency）开始要求所有的上市公司提交 XBRL 格式的季度财务报告（Cox，2007）。日本的公司，如华歌尔（Wacoal）和富士通（Fujitsu）已经从 XBRL 标准在企业内部的应用中受益。2007 年 9 月起新加坡上市公司开始提供 XBRL 财务报告。韩国金融监管局（Financial Supervisory Service）于 2006 年起启动 XBRL 自愿报送计划，并于 2007 年 10 月起要求上市公司按 XBRL 格式强制披露定期的财务报告，自愿披露非定期的报告。仅过了 1 个月就有 29 家上市公司完成了 XBRL 格式的所有信息填报(Cox,2007)。以色列证券局(Israel Securities Authority)要求上市公司自2008年1月开始提供XBRL财务报告(Cox,2007)。印度于2008年10月颁布了基于工商业的财务报告分类标准,并且在印度两个最大的证券交易所使用。

当美国和亚洲都在专注将XBRL标准运用于资本市场时,欧洲已经制定了跨域政府和国界范围的坚持共享XBRL结构数据的计划。欧洲第一轮XBRL计划开始于2003年,由私人和公共部门的利益相关者合作开发分类标准。不同利益团体出于不同的动机对XBRL标准早期承诺的高效数据收集和自动分析很有兴趣,如爱尔兰的税务监管部门、德国的跨国公司、西班牙的银行等。当XBRL国际组织在2004年发布了商业中使用的技术规范时,第二轮XBRL计划开始了。基于西班牙中央银行的工作,欧洲银行监督委员会开始在27个成员中使用XBRL标准,依据银行所在归属地监管部门的要求,有些是强制的,有些是自愿的。第三轮XBRL标准的发展来自欧洲委员会的推动,考虑到不同国家XBRL计划的差异,分类标准的发展和27个成员使用的分类标准的差异,欧洲委员会在2004年正式催促成员将他们采用的分类标准在XBRL国际组织进行注册,将各成员的分类标准公开。2008年,XBRL欧洲组织成立,其目的在于与XBRL保持更好的一致性、知识共享和跨边界的互相操作。这个新的组织将促使欧洲议会和欧洲委员会统一各国在实施XBRL计划时的声音。XBRL欧洲组织执行委员会主席Conor O'Kelly说:"最大的困难是如何对已有的27个成员的分类标准进行有效的统一。"

西班牙证券交易所于2005年起开始用XBRL格式发布财务报告。2006年起超过400家商业银行(占全行业的90%以上)向中央银行提供月度XBRL财务报告(XSB,2006b),该报告是遵守国际会计准则分类标准创建的。中央银行通过XBRL信息掌握了国家银行系统的经营水平和风险状况。

2009年3月31日,智利股市监管机构收到了基于其2008年11月发布的分类标准提交的第一份XBRL标准财务报告。目前,智利的上市公司是依据国际会计准则披露财务报告,因此其分类标准的制定也是依据国际会计准则的。智利计划下一步在南美第一个成立地区组织。同年的4月27日,经过扩展的分类标准被用于银行业的财务报告。2007年,巴西证券交易委员会强制要求上市公司从2010年起依据国际会计准则编制财务报告,同时开始着手准备 XBRL 标准财务报告的报送工作,当时还是处于初始阶段。2008 年 10 月,阿根廷政府开始着手建立 XBRL 临时地区组织,阿根廷会计师协会和中央银行准备合作完成 XBRL 计划,预计将会有超过 100 万家的公司使用 XBRL 标准报送财务信息。

2010 年,南非约翰内斯堡股票交易所鼓励上市公司自愿披露 XBRL 格式的财务报告(JSE,2010)。

2.1.3 国内的发展现状

中国证监会于 2002 年年底制定了《上市公司信息披露电子化规范》(下称《规范》),该《规范》得到了全国金融标准化技术委员会审批通过;2003 年起 50 家上市公司试点披露 XBRL 格式的财务报告(潘清,2004);2008 年发布的《基金信息披露 XBRL 标引规范》和《基金信息披露 XBRL 模板第 1 号〈季度报告〉》标志着 XBRL 在基金业信息披露的应用取得了实质性进展(《证券市场导报》编辑部,2008);2009 年证监会要求所有证券投资基金报送 XBRL 化的季报、半年报和年报,并且在证监会的网站上向投资者公开所有的基金 XBRL 数据(郑晓波,2008);同年 1 月 1 日起证监会要求所有基金管理公司通过"基金 XBRL 信息接收系统",向证监会报送经过托管银行复核的基金净值日报 XBRL 实例文档(中国证监会,2009a);同年 7 月 20 日,集中登载 XBRL 文档的基金信息披露网站正式上线,为广大投资者提供最新的基金净值日报、基金季度报告等,公开披露基金信息(中国证监会,2009b)。

上海证券交易所(下称上交所)于 2004 年 8 月启用 XBRL 标准,对沪市上市公司 2003 年年报摘要、2004 年第一季度报告和 2004 年中报摘要全面采用该标准报送(刘欲晓,2004);2005 年 5 月中国正式获准成为 XBRL 国际组织的会员(黄婷,2005);2005 年 9 月开发的"中国上市公司信息披露分类标准"符合 XBRL 国际最新规范,成为中国第一个获得 XBRL 国际认证的分类标准(《中国证券报》,2005a);2006 年 7 月开发的"中国基金信息披露分类标准"符合 XBRL 国际最新规范,通过国际组织的"已确认(acknowledged)"认证(中国证监会,2009a),开创性地拓展了 XBRL 的应用范围,成为国际 XBRL 应用领域第一个获得 XBRL 国际认证的基金信息分类标准(周松林,2006);

2008年2月开发的"金融类上市公司分类标准"通过国际组织的"已确认"认证(周松林,2008);2010年3月开发的"上市公司和基金信息披露分类标准"通过国际组织的"已批准(approved)"认证,该认证是目前国际组织对分类标准最高级别的认证(王璐,2010);目前在上交所的示范平台①上可以获得2008年至今的企业年度财务报告信息。

深圳证券交易所(下称深交所)2004年7月遵循《上市公司信息披露电子化规范》,启动XBRL信息披露电子化项目,并于同年12月发布了"上市公司信息披露电子化规范"(深交所,2009);2007年2月完成了符合新会计准则的一般企业、商业银行、保险公司、证券公司四个行业四大财务报表及其附注、定期报告全文及部分临时报告的分类标准的制定。2009年起深交所"XBRL示范网站"改版为"XBRL上市公司信息服务平台②"(钟国斌,2009),该平台面向中小投资者提供了在深市上市的740多家上市公司2007年至今的企业年度、半年度和季度财务报告信息,同时可以下载40家示范企业的XBRL财务报告实例文档。

财政部2006年启动了XBRL项目前期研究(刘玉廷,2010b);2007年推进了以企业会计准则为基础的XBRL分类标准建设(刘玉廷,2009);2008年11月12日成立会计信息化委员会和XBRL中国地区组织(中国地区XBRL组织,2008);2010年10月19日发布了"可扩展商业报告语言(XBRL)技术规范系列国家标准"和"企业会计准则通用分类标准"(下称通用分类标准)(财政部,2010a),这对于建立、健全会计信息化管理体系(吴沁红,2011),推动会计信息化建设具有里程碑意义(刘玉廷,2010a);2011年12月30日发布了首个行业层级分类标准"石油和天然气行业扩展分类标准"(下称石油行业分类标准)(财政部,2011),开启了行业扩展分类标准制定的帷幕。石油行业分类标准以通用分类标准为基础,吸收和借鉴了石油和天然气行业企业的共性财务报告披露实务,反映了石油和天然气行业业务特点;2012年10月9日发布

---

① 源自:http://listxbrl.sse.com.cn/ssexbrl/companyInfoAction.do 上海证券交易所上市公司XBRL信息披露平台。访问时间:2012年10月。

② 源自:http://xbrl.cninfo.com.cn/XBRL/index.jsp 深圳证券交易所上市公司XBRL信息服务平台。访问时间:2012年10月。

了"银行业扩展分类标准"的征求意见稿,该分类标准反映了银行业财务报告的共性特点(财政部,2012)。

2004年,中国成为第一个正式在资本市场中采用XBRL标准的国家,截至2004年4月30日,共有730余家上市公司采用标准化报送系统报送2004年第一季度财报正文,占当时上交所上市公司总数的90%以上。2005年9月,上交所开发的上市公司信息披露分类标准获得XBRL国际认证。在经过几年的试点后,深交所在2009年年初推出了以XBRL标准化数据为基础的面向中小投资者的"XBRL上市公司信息服务平台",该平台能够展示、分析及下载上市公司的年报信息,便于投资者更好地利用年报信息;上交所也在2009年半年报披露之前推出了全新的XBRL标准平台系统。自此,中国的资本市场完成了XBRL年报的全面披露工作。然而,由于历史原因,上交所和深交所执行的分别是各自开发的分类标准。2008年,经过XBRL国际指导委员会的批准,在财政部、证监会、上交所和深交所及其他机构的共同推动下,中国成立了XBRL临时地区组织,由财政部主持开发基于中国的分类标准,实现对沪、深两个证交所分类标准的统一。截至当时,财政部已经颁布了《中国XBRL分类标准架构规范(草案)》,2010年年底开发完成基于最新中国会计准则的分类标准。自2003年起,证券交易所就开始了XBRL计划,并且始终走在世界的前列。

2.2 XBRL的技术演进

1999年,XBRL国际组织成立,并于次年首次发布1.0版语法规范。该规范已经发布2.1版,各国在创建以此为语法基准的XBRL分类标准中,通过定义和实例化的财务报告中的信息元素,构建了XBRL财务报告(financial reporting)体系。在规范XBRL财务报告分类标准的基础上,国际组织于2001年颁布了通用账簿(global ledger)分类标准,定义了企业账簿中常用的信息元素(如总分类账簿、凭证、审计工作底稿、预算报告、消费者满意程度和电子邮件等),为世界各国提供一致的XBRL通用账簿体系。该分类标准已发布 2.1 版。XBRL 通用账簿体系与 XBRL 财务报告体系的联系和区别参见表 2-1。

表 2-1 XBRL 财务报告和通用账簿的比较

信息元素	XBRL 财务报告体系	XBRL 通用账簿体系
元数据	财务信息元素	交易层面明细会计信息(潘琰和林琳,2006)
本体	提供了财务报告领域的共同认识	提供了经济事项披露领域的共同认识
内容	标准化格式的财务报告	格式多变的总账信息、分类账信息、分类账的创建信息、主文件信息、交易信息和状态信息
核心组件	语法规范:对财务报告体系的语法约定,由国际组织制定。如 XBRL 2.1 语法规范和维度规范 Dimensions 1.0 分类标准:依据会计准则、信息披露制度和企业会计制度等规定定义的财务报告体系中的信息元素的集合。如中国的上市公司信息披露分类标准(CLCID)、美国的 US GAAP Taxonomy 等 实例文档:按分类标准编制的 XBRL 格式的财务报告	GEN:提供公共基础部分的定义,定义的内容模型,均为枚举类型 核心模块(COR)、高级商业概念模块(BUS)、英美概念模块(USK)、多币种模块(MUC)、税务审计模块(TAF)、财务报告明细模块(SRCD)(包含元素的定义、标签链接库和表达链接库) PLT:包含一个调色板模式文件和至少一个与元素定义对应的内容模板文件
语义	分类标准中的财务信息元素有语义含量,财务信息元素之间的关系构成语义网	实例文档中的内容有语义含量,实例文档内容之间的关系构成语义网
语义互操作	定义于财务报告本体的公司之间,可以通过财务信息披露,实现将知识(财务信息元素)映射到一个公共的财务报告本体中。通过定义本体之间的直接映射来消除知识的差异	定义于通用账簿本体的公司之间,可以通过账簿信息披露,实现将知识(经济事项元素)映射到一个公共的通用账簿本体中。通过定义本体之间的直接映射来消除知识的差异
关系	协同运作(沈颖玲,2004;林华,2007;吕志明,2009)	SRCD 模块用于形成连通财务报告和通用账簿的桥梁

2.3 XBRL 的国际认定

XBRL 国际组织对分类标准的合规性提供两类认定(recognised taxonomies):已确认(acknowledged)和已批准(approved)(参见表 2-2)。如果分类标准获得了"已确认"认定,说明该分类标准符合 XBRL 语法规范,在一定范围内通过了合规性测试(不含易用性和财务报告的完备性测试);如果分类标准获得了"已批准"认定,说明该分类标准除了满足"已确认"认定的要求之外,还遵守财务报告分类标准架构(Financial Reporting Taxonomies Architecture,FRTA)。可见,"已批准"认定比"已确认"认定更严格。目前,许多国家和地区的分类标准先后通过了"已确认"认定,只有美国和中国的部分分类标准通过了更严格的"已批准"认定。

表2-2 经 XBRL 国际组织认定的分类标准①

认证类型	国家/地区	分类标准名称	认证时间	发布机构级别
已批准	美国	投资附注	2010.3.18	国家
已批准	美国	财务报告框架	2009	国家
已批准	美国	共同基金风险/收益概要	2008	国家
已批准	中国	基金公司信息披露	2010.3.26	上交所
已批准	中国	上市公司信息披露	2010.3.26	上交所
已确认	巴西	一般工商业	2015.4.3	国家
已确认	巴西	一般工商业	2010.2.8	国家
已确认	印尼	印度尼西亚证券交易所分类标准2014版	2014.6.5	国家
已确认	新加坡	通用分类标准2013版	2013.12	新加坡会计与企业管理局
已确认	日本	通用分类标准2013版	2013.10.10	日本金融厅
已确认	日本	通用会计准则2010版	2010.6.4	国家
已确认	日本	通用会计准则2009版	2009.8.18	国家
已确认	日本	通用会计准则2008版	2008.3.11	国家
已确认	西班牙	IS－FESF分类标准	2013.4.5	西班牙会计及工商业管理协会
已确认	西班牙	企业社会责任报告附注	2010.6.4	西班牙会计及工商业管理协会
已确认	西班牙	历史会计信息	2010.3.30	安达卢西亚审计商会
已确认	西班牙	企业社会责任报告	2007.12.31	西班牙会计及工商业管理协会
已确认	西班牙	通用数据识别	2006.4.28	国家
已确认	中国	通用分类标准2010版	2012.12.19	中国财政部

① 本表总结了截至2012年12月31日经XBRL国际组织认定的分类标准。

（续表）

认证类型	国家/地区	分类标准名称	认证时间	发布机构级别
已确认	中国	基金公司信息披露	2006.7	上交所
已确认	中国	上市公司信息披露	2005.9	上交所
已确认	印度	可持续人类发展指数	2012.9.11	印度塔塔集团
已确认	印度	银行业通用分类标准	2010.6.4	国家
已确认	印度	一般工商业	2010.3.30	国家
已确认	加拿大	通用财务报告	2010.6.17	国家
已确认	中国台湾	上市公司财务报告	2009.6.24	台湾证券交易所
已确认	美国	代理投资者投票报告	2010.2.8	OCEG国际组织
已确认	美国	微金融	2010.1.10	美国微金融信息交换组织
已确认	法国	通用财务报告	2010.2.8	国家
已确认	智利	通用财务报告	2010.2.8	国家
已确认	国际	国际财务报表准则2009版	2009.4.1	国际会计准则委员会
已确认	国际	国际财务报表准则2008版	2008.3.1	国际会计准则委员会

2.4 本章小结

本章从发展现状、技术演进和国际认定3个侧面对XBRL的发展进行了系统的回顾。首先从首次尝试、国际发展现状和国内的发展现状3个方面介绍了XBRL的发展历程，接着从7个方面对比了两种XBRL技术体系的差异，最后汇总了经XBRL国际组织认定的分类标准。

第 3 章

文 献 述 评

多年来,XBRL 的相关研究经历了从最初的技术论证阶段,发展到财务报告分类标准和实例文档的制定与实施阶段,再到现阶段对 XBRL 财务报告质量评价和改进的研究。本章根据本书的研究内容,以 XBRL 财务报告分类标准的质量评价为核心,对国内外分类标准和实例文档的相关研究进行了归纳、整理和评价,以期对本书的研究提出依据、参考和借鉴。

3.1 分类标准的相关研究

分类标准的相关研究主要集中在分类标准的制定、扩展和实施等方面。本部分回顾了分类标准在制定、扩展和实施环节的研究成果。

3.1.1 分类标准的制定

从制定分类标准的过程看,它涉及交叉学科的知识和多种研究方法,是一项复杂的系统工程。

需求方面,Debreceny 等(2005)提出创建分类标准要以报告使用者的需求为核心,并且要能通过有效扩展来更好地满足管理决策的要求。标准的制定者需要理解财务信息的复杂程度,考虑不同类型经济实体的知识和分类模式,同时还必须考虑语义的多样性,才能设计出高质量的分类标准。

建模方面,张天西(2006b)首次尝试对财务报告附注中的非标准化信息元素进行建模,他构造了 Part 元素规范和 88 个枚举类型来描述叙述性的信息,将附注整理为 19 个大类、3 086 个元素。

Chakraborty 和 Vasarhelyi(2010)提出用一种半自动化方法来对财务报告附注中的信息进行建模。他们从世界 500 强企业中随机选取的 120 个企业,以企业历史财务报告附注中的信息为基础,使用自主开发的软件工具抽取了样本企业 2007 年年报的附注信息,采用层次聚类算法(hierarchical clustering algorithm)遴选出财务信息元素,创建了分类标准,最后比较了美国 US GAAP 分类标准与使用该方法创建的分类标准的结构性差异。

Spies(2010)把本体论思想应用于分类标准的数据模型构造。从本体工程学角度,在分析了现有和未来商业报告中元分类标准的逻辑的基础上,建议选择恰当的模式框架来设计财务报告本体知识域。使用本体论表达定义于 XBRL 分类标准中的数据结构、元数据结构和商业报告语言的结构,有助于提高报告使用者潜在的整合分析能力。刘锋(2012)提出了基于语义网的 XBRL 技术模型,基于该模型提出了构建企业会计准则通用分类标准的方法和步骤,并以《企业会计准则第 1 号——存货》为例构建了存货分类标准。

认证方面,杨周南等(2010)提出了分类标准的认证理论。通过引入外部独立的权威机构(非营利性的第三方)用软件成熟度模型来评价 XBRL 分类标准的开发过程,将 XBRL 分类标准和目标基准进行比较,用目标基准来为分类标准归类定性的过程。目标基准既可以是功能上的,也可以是性能上的。功能认证包括业务层面的法规遵从性、语义准确性、覆盖完整性、粒度适当性认证和语法层面的模式文件、元素项、元组、资源、弧、属性、节点认证。性能认证基于软件体系架构理论,由此形成了一个由经济理论、本体论和软件理论组成的 XBRL 分类标准认证的方法学体系。

可见,制定分类标准涉及了财务会计、计算机软件和产业组织等领域的知识,创建的过程中使用了本体论、语义网和形式化方法,需要遵循以工程化的思想作为分类标准开发过程的指导,通过需求、建模和认证等环节来确保分类标准的成功创建。

3.1.2 分类标准的扩展

扩展是指对分类标准中未定义的财务信息元素和关系进行扩展,分类标准的扩展从本质上讲也是一个制定分类标准的过程。扩展按纵向架构可以分为两种,它源自企业对特有财务信息的披露(主动供应)和报告使用者对财务信息的需求。扩展是必须的,但是扩展要谨慎,要避免信息的冗余和重复。

扩展的架构方面,Debreceny 等(2009)提出分类标准纵向扩展始于通用分类标准,经过行业扩展,再到报告主体的扩展。他们的研究还从技术的角度提出了分类标准扩展的4个策略和模块组合,分别是:完全的基础模式文件引入、无链接库的简单模块;基础模式文件引入、基础链接库覆写(overriding)模式;基础模式文件引入、全新定义链接库模块;基础模式文件引入的后续层模块。这些组合描述了从基准分类标准到扩展分类标准的基本路径。在此基础上,他们介绍了分类标准的扩展方法,包括元素的增加、标签链接和参考链接资源的增加、关系的增加、关系的禁止和关系的覆写。

赵现明(2010)指出,监管部门(如中国的财政部、证监会和证交所)可以确定一个基本的分类标准;每个行业可以依据具体的行业特点制定相应的扩展标准,这个扩展标准被强制使用在每个行业当中;最后每个企业可以根据自身的特殊情况,制定企业分类标准。监管部门可以通过制定通用分类标准和行业分类标准来规范企业的财务信息披露。朱建国和李文卿(2010)也提出,国家层级分类标准是基础,行业分类标准应该以此为基础进行扩展。

在此基础上,黄长胤(2012)指出,目前存在着两种类型的层级扩展架构:"由通用层级经行业层级到企业层级"(下称行业扩展)和"由通用层级到企业层级"(下称直接扩展),并且定性地比较了两种扩展架构由于数据一致性的差异导致 XBRL 财务报告透明度存在差异。如果行业扩展的信息元素处理成本与直接扩展的信息元素处理成本的差异越大,则两种架构下信息使用者收益的差异就越大,行业扩展的优势就越明显。在元素总规模和通用分类标准的元素数量不变的情况下,如果行业扩展的元素越多,则两种架构下信息使用者收益的差异就越大,行业扩展的优势就越明显。

信息供求方面,Higgins 和 Harrell(2003)指出,扩展为公司满足信息披露需求提供了必要的技术手段。Cohen(2004)指出,扩展的原因在于分类标准与企业披露需求之间的差异,企业有使 XBRL 财务报告完全反映纸质报告所有内容的意愿。综合考虑了信息的需求和供给,刘勤(2006)提出了将企业的业务信息分解成更小的元素的观点,在统一企业主管部门所需的基本元素的基础上,采用颗粒细微化的方式来存储和发布财务报告,有助于更好地满足不同报表使用者对信息的需要。

必要性方面,黄长胤和张天西(2011b)指出,企业以扩展信息元素的方式体现出自愿性信息披露的差异和质量,而且扩展信息元素的数量由于企业的行业特征而存在差异。整体而言,上市公司自愿性信息披露的程度在不同的行业门类间存在差异:高技术行业和高信息透明度行业中的公司自愿性信息披露的程度相对较高;而高竞争程度行业中的公司自愿性信息披露的程度相对较低。

重复扩展方面,Debreceny 等(2011)发现,在企业扩展的货币型财务信息元素中存在着重复扩展。2009 年 4 月至 2010 年 6 月,他们在 67 家美国上市公司中发现了 4 种重复扩展:在 US GAAP 分类标准中,已经有定义的超过了重复扩展元素总数的 40%;虽然没有在分类标准中定义,但是它们是分类标准中已有的财务信息元素的变体的占了 30%;可以通过分类标准中多个财务信息元素归纳生成的占了 17%;由分类标准中财务信息元素演绎生成的占了 4%。

为了降低分类标准的盲目扩展,Debreceny 等(2010)提出,可以通过内部讨论和使用财务报表到分类标准的映射清单等手段来辅助扩展分类标准,增强财务信息的可比性。

可见,充分扩展全方位地展现了企业自愿披露的意愿,为报告使用者带来重要的信息,因此扩展是必要的。但是,重复扩展出的财务信息元素不仅没有信息含量,而且还带来信息冗余,增加了报告使用者的搜索成本,所以,扩展要谨慎。

3.1.3 分类标准的实施

分类标准的实施分为自愿和强制两种。目前,多数国家的监管机构已由自愿方式过渡到强制方式,要求上市公司披露 XBRL 财务报告,仅有少数国家(如加拿大、南非)仍采用自愿方式实施分类标准,披露 XBRL 财务报告。目前,分类标准实施的研究焦点主要集中在决策者对实施的理解、实施对企业内控的影响和实施对资本市场的影响这 3 个方面。

1. 决策者对实施的理解

分类标准的实施受企业决策者主观认识的影响。目前,决策者对企业实施分类标准的理解存在较大的差异。

一部分企业的决策者们没有意识到实施分类标准的重要性,他们认为 XBRL 的作用有限。在美国,CFO、财务主管和企业高管是分类标准在企业中实施的主导力量。该决策主体对分类标准的认识逐年加强。Grgeta(2006)对全美资深财务主管的调查表明,近一半的人没有意识到 XBRL 的重要性,90%的人认为会计从业人员不能从实施 XBRL 中受益。过了 1 年,McFarland(2007)对全美 CFO 和企业高管的调查表明,59%的人意识到 XBRL 的重要性,有一半人认为美国证监会将强制实施 XBRL 分类标准。

Sweet(2010)对 CFO 和企业高管的调查研究报告表明,截至 2010 年 5 月 6 日,有 64%的上市公司没有采用 XBRL 技术报告企业的财务情况,其中有一半的公司仍没有计划在未来按 XBRL 格式进行信息披露,即使将来被强制要求按 XBRL 披露财务信息①,也有近 1/3 的公司不愿意使用 XBRL 数据。

在南非,注册会计师是分类标准在企业实施的主导力量。Steenkamp 和 Nel(2012)的问卷调查表明,该群体认为实施 XBRL 没有任何益处。他们通过网站向 11 458 名注册会计师发放结构化的问卷,统计了该群体对分类标准实施的敏感程度。调查结果表明,自愿模式下企业对新技术接受的速度很慢,实施的比例很低。产生的原因主要是没有强制要求企业进行 XBRL 格式的信息披露并且注册会计师们认为实施 XBRL 没有任何益处,而且经济周期对分类标准的实施也没有任何影响。

另一部分企业的决策者们认为实施分类标准对不同利益相关者的影响不同,对不同规模的企业的负担不同。Enofe 和 Amaria(2011)对注册会计师

---

① 美国证监会要求所有上市公司在 2011 年 6 月 30 日按 XBRL 格式披露财务报告。

和大中型公司 CFO 的拟实验研究中发现:超过半数人认为 XBRL 不会增强财务报告;大多数人认为不是所有的利益相关者都会受益于 XBRL 的实施;42%的人认为股票分析师是最大的受益者;24%的人认为投资者是最大的受益者;许多人认为对大公司而言 XBRL 降低了成本,对小公司而言这是一种负担;许多人认为实施分类标准不会对国际会计的趋同效应产生影响;在内控和财务报表欺诈方面,所有的人都认为实施分类标准不会减少财务欺诈、影响内控。

还有一部分企业的决策者们认为实施分类标准有助于降低企业的资本成本和运营成本。Pinsker 和 Li(2008)对美国、加拿大和德国等早期以自愿模式实施 XBRL 的小公司经理人进行了访谈研究。他们发现:美国公司的经理人更关注公司对资本市场的影响,认为实施 XBRL 是一个很好的营销手段,意味着向市场传递公司处于思想领先者的市场地位,这为公司吸引潜在投资者和降低公司的资本成本提供了间接的证据;加拿大和德国的经理人更侧重于关注一项技术的实施是否可以提高企业内部运营效率,降低公司现有的资本供应者的风险预期,他们认为实施 XBRL 将降低公司的运营成本。

上述研究表明,自愿实施分类标准受经理人、财务主管和注册会计师等决策者的主观认识影响,他们决定了企业是否自愿披露和主动使用 XBRL 财务信息。目前,公司的决策主体对实施分类标准的认识存在很大的分歧,一些人认为作用有限,另一些人认为因不同利益相关者而异,还有一些人认为有助于降低企业的资本成本和运营成本。

2. 实施对企业内控的影响

分类标准的实施对企业内控有一定程度的影响。

在美国,Roohani(2009)指出,实施分类标准有助于提高企业获取信息的能力,即提高了信息被发现的可能性和使用效率。公司采用 XBRL 方式进行呈报,通过标准化财务信息元素增强了信息的语义,为财务报表和附注信息的直接检索和同步表达提供了便利。通过使用 XBRL 增强型的搜索引擎,信息使用者可以显著地提高从财务报告附注中获取信息的机会,财务报告表达出的信息含义也更容易被公众所理解。所以,是否采用 XBRL 方式决定着使用者能否将附注中的隐含信息挖掘出来。同时,XBRL 采用 Web 技术提高了信息的可重用性和网络的扩散效应,改善了公司间、公司和投资者之间的信息透明度,降低了信息不对称程度。

Alles 和 Piechocki(2010)指出,实施分类标准有助于增强企业的决策过程。他们以 Elliott 信息价值链模型为框架,研究了通过标记财务信息元素可以增强公司的决策过程、带来公司的价值增值的实际结果。决策制定过程由公司的经济事项所引发,可以是销售产品、购买原材料或雇用劳动力等,通常企业会在账簿系统中记录这些信息。将 XBRL 表达的财务信息与商业分析、统计推断和逻辑推断进行整合,可以重构财务信息,为管理者提供新的决策视角,提高了他们的分析决策能力,促进了公司的价值增值。

Baldwin 和 Trinkle(2011)采用德尔菲法对未来 XBRL 的影响范围进行了调研,结果表明:XBRL 技术将对企业、财务报告使用者和审计师产生影响,显著增加了公司财务报告的可获得性和易用性,便于监管,有助于持续审计,增强了投资效率和经营决策。

Argyrou 和 Andreev(2011)的研究表明,实施分类标准有助于检验企业内部控制的有效性。当企业将层级扩展分类标准用于 ERP 系统内信息交互时,可以通过认证企业扩展分类标准来判断公司内部控制是否有效。上市公司按 SOX 法案第 404 条款对内部控制的建议,通过对个性化信息元素的扩展,保持了信息的完整性;经理人通过使用多层次的 XBRL 分类标准和搜索工具可以迅速定位关键信息,增强了获取信息的能力,为正确决策提供了必要条件。

美国的经验表明,实施分类标准需要企业组建会计人员和信息技术人员相结合的实施团队。虽然企业负担了一定的实施成本,但是实施过程中企业提高了获取信息的能力,完善了决策过程,检验了内部控制的有效性。

3. 实施对资本市场的影响

分类标准的实施对资本市场有一定程度的影响。

在美国,Hodge 等(2004)指出,分类标准的实施提高了报告使用者获取信息的能力,增强了公司财务报告的透明度①。他们对 MBA 学员进行了实

---

① 透明度是 1977 年由利维特(Arthur Levitt)首先提出的。葛家澍(2000)指出:"透明的信息具有足够的信息含量,它能很快地被理解,以便为财务报表使用者据以作出经济决策提供一个重要的基础,它是会计信息质量综合效应的结果。"

验研究，比较了实验组和对照组在不同披露方式获取信息的能力，以及基于该信息进行的投资决策。结果表明，对财务信息元素和财务信息元素之间的关系进行标识，有助于报告使用者获得和整合财务报告中相互关联的信息；与传统信息披露方式相比，分类标准的实施提高了信息使用者获得和整合信息的效率，增强了公司财务报告的透明度。

Hwang 等（2008）采用问卷调查法重新研究了分类标准的实施与公司信息透明度之间的关系。在分析了会计透明度意义的基础上，他们创建了会计信息透明度的测度模型和结构方程模型来分析会计透明度、会计信息透明度和 XBRL 之间的关系。问卷调查方式验证了使用 XBRL 来表达会计信息可以提高公司会计信息的透明度。但是，使用 XBRL 进行财务呈报和反映会计信息透明度之间的关系不显著。

Kim 等（2012）指出，分类标准的实施提高了信息的传播效率，降低了市场的信息风险。他们选取 428 家上市公司（2009 年 6 月 15 日起实施 XBRL 信息呈报）作为样本。结果表明，实施 XBRL 增加了信息的有效性，降低了事件呈报的波动性，减少了股票收益的波动性，特别是在信息环境的不确定性增强的时候更是如此。

在中国，赵现明和张天西（2010）检验了分类标准的实施对资本市场的响应。他们采用事件研究法，对比了上市公司披露 XBRL 标准财务报告前后的盈余反应系数，检验了 XBRL 标准财务报告对投资者的影响。结果表明，分类标准的实施改变了中国 XBRL 年报的信息含量，但是并不显著，对沪深股市的反应也存在差异。赵现明等（2011）研究了 XBRL 技术标准在利益相关者之间的扩散问题，分析了技术实施对相关主体之间的交易价格、交易量、市场份额以及利润的影响。结果表明，对于主体企业而言，存在最优的实施数量，并非所有的利益相关者需在实施时才能获得最大利润。

在韩国，Yoon 等（2011）指出，分类标准的实施降低了资本市场的信息不对称程度。他们对股票市场的研究表明，分类标准的实施降低了日收盘价计算的相对报价价差（市场信息不对称）的程度，而且大公司信息不对称降低程度要明显好过中小公司，这预示着资本市场对基于 XBRL 应用和服务的需求将有所增长。

可见,实施分类标准的不少国家制定和发布了国家层级和行业层级的分类标准,改变了信息披露的方式,改善了资本市场中报告使用者整合信息的能力,增强了公司财务报告的透明度,提高了信息的传播效率,降低了市场的信息风险,改变了年报的信息含量,改善了资本市场的信息不对称程度。

虽然,企业的决策主体对实施分类标准有较大的分歧,但是,从近几年的研究看,实施分类标准有助于完善企业的内部控制,降低资本市场信息不对称的程度。

3.2 实例文档的相关研究

实例文档的相关研究主要集中在实例文档的创建和鉴证等方面。本部分回顾了创建实例文档的过程,归纳当前鉴证实例文档的理论框架。

3.2.1 实例文档的创建

创建实例文档就是实例化分类标准中定义的财务信息元素。包括引用分类标准中的财务信息元素和给元素赋值两个环节。早期,上市公司采用人工填报的方法来创建 XBRL 财务报告的实例文档。人工填报的思路简单,技术门槛低,流程单纯,易于实施,但是填报成本不容忽视。近年来,美国证监会为上市公司提供了电子数据收集、分析和获取平台(electronic data gathering, analysis, and retrieval,EDGAR),上市公司可以通过该平台的智能软件来创建 XBRL 实例文档,以降低上市公司的填报成本。

Bovee 等(2005)指出,美国上市公司创建实例文档实现了半自动化。上市公司可以通过 EDGAR 中的半自动智能工具从源文件中获取财务信息,转换和整合生成 XBRL 格式的财务报告。该半自动方法分为3个层次:提取三大报表;将报表拆成多行项目;将行项目拆成标签、概念和值。其中,最重要的是从半结构化的源文件中查找和抽取重要的信息,通过最近公共祖先法来解决同义词冲突,这需要很强的模式匹配能力。

Plumlee 等(2008)归纳了美国上市公司创建实例文档的过程。包括:选择合适的 XBRL 语法规范(目前美国证监会采用的是 XBRL 2.1 语法规范和 FRTA);语法规范要求创建的实例文档文件必须满足技术兼容性和文件有效性,信息元素必须遵循 FRTA 详细规范;信息元素与报告内容的匹配,即将传统格式定期财务报告和非定期信息披露文件中的信息内容与 US GAAP 通用分类标准和公司扩展分类标准中信息内容匹配。

上述研究表明,创建实例文档由早期的人工填报逐步过渡到了半自动填报。半自动创建实例文档包括从源文件中获取财务信息、整合生成实例文档的构建过程,以及语法合规性检查和信息元素匹配检查的校验过程,需要智能工具的支撑。

3.2.2 实例文档的鉴证

实例文档鉴证是从信息审计的视角保证实例文档的正确性,包含从语法方面鉴证实例文档的合法性和从语义内容方面鉴证实例文档的正确性。

Venkatesh 和 Armitage(2012)对会计师和审计师群体的访谈研究表明,实业界认为对 XBRL 实例文档进行鉴证十分重要,而且语义类鉴证比语法类鉴证更为重要。

在实例文档的语法类鉴证方面,Plumlee 等(2008)建议从 5 个方面对美国 XBRL 信息披露进行鉴证:验证采用 XBRL 格式的信息内容是否可以覆盖传统 EDGAR 格式(如:HTML 或 ASCII 格式)的信息内容;验证信息内容有没有改变和删除;检验 XBRL 实例文档是否符合 XBRL 语法规范和 EDGAR 支持的分类标准规范;检验公司扩展的分类标准是否遵循 XBRL 语法规范,满足 SEC 格式的要求;检验 XBRL 实例文档中使用的信息元素标签是否与在 XBRL 分类标准中定义的信息元素标签一致。

在美国,Srivastava 和 Kogan(2010a)根据 XBRL 的应用现状,设计了一个鉴证 XBRL 实例文档的概念框架,该框架兼顾语义类和语法类鉴证,设计思路与管理层认定相似,由判定集来确保数据的完备性和一致性。该判定集覆盖了对数据缺陷的捕获,数据缺陷用于评价经济事项,仅存在于 XBRL 实例文档中。包括:①完备性缺陷,指实例文档中未被完全涵盖的相关的经济事项;②存在性缺陷,指实例文档中出现了原始文件中没有的信息;③精确性缺陷,主要有元素精确性缺陷和属性精确性缺陷两种,前者是指实例文档中出现了元素和经济事项的错误关联,后者是指实例文档中出现了元素属性和经济事项属性的错误关联。该框架进一步从 XBRL 语法层面对实例文档的质量进行控制,设计基于语法缺陷的判定集来确保实例文档的准确性。判定集包含了对元数据缺陷的捕获,元数据缺陷针对 XBRL 标记本身,存在于实例文档和分类标准中,用于评价信息技术。包括:①符合语法规则缺陷,指实例文档违反了 XML 的基本语法规则,错误地标记了经济事项;②有效性缺陷,指实例文档违反了 XML 的模式文档,错误地标记了经济事项;③恰当表达缺陷,指实例文档不恰当地使用 XBRL 元素来对经济事项进行标记;④恰当分类标准缺陷,指在分类标准扩展中不恰当地使用通用和特定行业的 XBRL 分类标准;⑤有效分类标准扩展缺陷,指在分类标准扩展中违反了 XML 或 XBRL 的语法规则;⑥恰当元素扩展缺陷,指在分类标准扩展中不恰当地引入了新元素;⑦恰当的链接库缺陷,指在分类标准扩展中不恰当或错误地使用了链接库。

Boritz 和 No(2011)也构造了一个用于鉴证 XBRL 实例文档的概念框架。与 Srivastava 和 Kogan 的概念框架不同的是,该框架额外包含了内控和一致性组件,而且框架可以识别审计师的目标和任务。

张天西和高锦萍(2007)指出,随着 XBRL 技术的深入推广,它将对审计功能、审计程序和审计技术产生具体的影响,最终实现对实时信息系统的连续审计。随后,高锦萍(2011)借用 Srivastava 和 Kogan 鉴证 XBRL 实例文档的概念框架的思想,探讨了 XBRL 财务报告和传统财务报告两者并存环境和 XBRL 财务报告替代传统报告环境的审计鉴证框架以及应对机制。在并存环境下,审计人员的基本职责是确定被审计单位管理层对 XBRL 财务报告中商业事实、元素标记和元素拓展 3 个层次的认定是否恰当;在替代环境下,创建审计信息分类标准是 XBRL 财务报告审计得以高效率、低风险实施的保证机制。

针对中国目前尚未开展 XBRL 实例文档的审计工作,林琳和潘琰(2011)效仿 Srivastava 和 Kogan 鉴证 XBRL 实例文档的概念框架,定义了鉴证目标、鉴证对象、鉴证层次、鉴证标准等 XBRL 鉴证业务的基本概念和与 XBRL

实例文档数据相关的认定、与 XBRL 实例文档元数据相关的认定以及与 XBRL 分类标准相关的认定构成的管理层认定概念体系,并对实施 XBRL 实例文档审计各主要阶段的特别考虑展开了探讨。此外,李世新和邬晓岚(2006)对比了传统手工审计取证和计算机审计取证,提出了一种基于 XBRL 和 Web 服务的网络化审计取证模式。吕志明(2011)采用 Web 服务、数据加密、数字签名和安全认证等技术,初步设计了基于 XBRL 的审计流程的基本框架。

上述研究表明,对实例文档鉴证的研究从早期的语法类鉴证逐渐过渡到语义类鉴证,对实例文档的语义鉴证均以 Srivastava 和 Kogan 的鉴证框架为理论基础。

3.3 对国内外研究现状的评价

目前关于 XBRL 财务报告的研究已经逐步由对 XBRL 优点介绍(沈颖玲,2002;潘琰,2003;曲吉林等,2005;赵惠芳等,2005;曾乐和杨健,2011)、技术论证(王松年和沈颖玲,2001;朱本霞和吕科,2006)转入到对 XBRL 本身的研究,包括:分类标准的制定(张天西,2006a)、扩展(高锦萍,2008)、实施(陈文铭等,2011)和评价(高锦萍和张天西,2006),实例文档的创建(Bovee 等,2005)、评价(杨周南等,2006)和鉴证(高锦萍,2011)等问题。随着 XBRL 的推广和应用,逐渐出现了对分类标准质量评价和改进的关注。

3.3.1 对分类标准相关研究的评价

目前分类标准的理论研究大多数是针对制定、扩展、实施和评价等方面的问题。制定分类标准涉及多种交叉学科(财务会计、计算机科学、本体论等),需要由项目管理思想和工程化方法来指导,是一项复杂的系统工程。当企业自愿披露的信息没有在基准分类标准中定义时,扩展分类标准是必不可少的,它为报告使用者带来新的信息,但是要注意不要重复扩展,避免冗余扩展为报告使用者带来的额外搜索成本。在分类标准的实施方面,虽然公司的决策主体对实施分类标准的认识存在很大的分歧,但是实施需要企业组建会计人员和信息技术人员相结合的实施团队,对企业内部控制有一定的影响。在实施过程中,企业提高了获取信息的能力,完善了决策过程,检验了内部控制的有效性。从评价的角度看,完整性、效率性和合规性评价构成了目前对分类标准评价的3个视角。

上述研究解决了分类标准理论与实践中的一些问题,但是从对分类标准的评价角度看,仅从合规性、完整性和效率性3个角度评价分类标准还存在一定的缺陷。毋庸置疑,分类标准中的信息应尽量完整,这意味着允许各企业任意自行扩展信息元素以满足其需要。那么分类标准将最终成为"巴别塔"(何玉和张天西,2006)——虽然强化了信息完整性约束,但是对不同报告实体以及报告实体的不同期间的信息进行比较将很困难,丧失了公司间的信息可比性,减弱了财务信息对利益相关者决策的影响。因此,摆在研究者面前的是如何将完整性和可比性同时纳入分类标准质量评价的体系之中进行综合评价。此外,对分类标准改进方面的系统理论研究还比较缺乏。

3.3.2 对实例文档相关研究的评价

目前实例文档的理论研究大多数是针对创建、评价和鉴证等方面的问题。创建实例文档由早期的人工填报逐步过渡到了半自动填报。半自动创建实例文档包括先从源文件中获取财务信息元素构建实例文档,再对实例文档进行语法检查和语义校验(信息元素匹配)的过程,需要智能软件的支撑。对实例文档的正确性评价均采用了公开披露与实例文档比对的方法。实例文档的正确性问题不容忽视,部分错误缘于公司错误的扩展分类标准的信息元素。从鉴证角度看,虽然出于减少公司披露成本等原因,监管机构(如美国证监会)没有要求上市公司在披露 XBRL 财务报告的同时提供与报告内容对应的可靠性鉴证报告(Reuters,2007),但是研究者们就鉴证实例文档正确性问题提出了一套兼顾语义和语法的概念框架,以此来判定信息的正确性,因为错误的信息对利益相关者更是致命的,实例文档中的信息应该以准确无误为目标。

上述理论研究大多数是针对实例文档的正确性和鉴证方面,提出了鉴证实例文档的概念框架等理论。但是从正确性角度评价实例文档还不够全面，对实例文档评价和改进方面的系统理论研究还有待进一步完善。

3.4 本章小结

本章围绕 XBRL 财务报告分类标准质量评价这个核心，将相关研究文献归纳为分类标准和实例文档两个方面并进行了综合述评。分类标准是创建实例文档的基础，分类标准的质量直接影响着实例文档的质量。这两个方面的研究与本书的研究紧密相关。这些研究既是本书继续研究的基础，又为本书的研究指明了方向。

分类标准的扩展构成了第 4 章分类标准扩展模式的理论基础；同时为第 8 章财务报告分类标准的质量改进提供了重要借鉴。

第 4 章

分类标准的微观结构

"分类标准的微观结构"是本书研究的第一个问题。本章的研究就是从现有分类标准的构成、创建和扩展角度来回答这个问题。信息元素是构成分类标准的基础,本章首先分析了信息元素的遴选和归集方法,然后阐述了分类标准的两种创建模式,最后比较了分类标准的两种扩展模式。

4.1 信息元素的遴选和归集

信息元素的遴选和归集是分类标准微观结构的基础。分类标准中信息元素的遴选方法包括准则法(standard approach)和实务法(practice approach)两种(赵聪,2011)。信息元素的归集方法包括核心补充法和逐项法。

4.1.1 遴选方法

1. 准则法

准则法是以法规、会计准则和企业会计制度等政策背景为依据,从中提取信息构造财务信息元素的总体,再将语义相近的财务信息元素划分为同一模块,最终组合形成分类标准的方法。正如高锦萍(2007)提出的,XBRL 财务报告并不只是披露格式的改变,准则法从约束财务报告的特定政策依据(如法规、准则和制度等)中提取信息,对现行披露的信息进行定义,在 XML 框架下给每个信息建立标记,构造财务信息元素集合。

准则法与目标财务报告的政策背景直接相关,体现了政策制定者的监管要求。从 XBRL 财务报告的发展历史看,最早提出创建分类标准的是信息监管方(如国际会计准则委员会、中国财政部和证券交易所等)。监管机构推动并获取的 XBRL 数据,大部分与法规所要求的信息披露内容是一致的(李为,2009)。例如,国际会计准则委员会遴选信息元素的主要参考依据是国际会计准则和国际财务会计准则中关于财务报表和附注披露的要求①。中国财政部遴选信息元素的主要参考依据是《企业会计准则》和应用指南②。因此,准则法下遴选信息元素的参考依据是国家的法规、准则和制度等政策背景。

中国最早创建分类标准的信息监管方是证券交易所。上交所和深交所基本上同时完成了上市公司分类标准的制定和配套的信息披露网站的建设。其中,上交所上市公司分类标准的草案发布于 2005 年 7 月 7 日,上交所金融业分类标准的草案发布于 2006 年 12 月 31 日,两标准均通过了 XBRL 国际组织的认定。这意味着从信息技术的角度看,该分类标准遵循 XBRL2.1 规范,使用者可以通过 XBRL 国际组织的网站免费获得和使用该分类标准。

以上交所上市公司和金融业分类标准为例,采用逆向工程的研究方法,从 XBRL 中国网站下载获取上交所上市公司和金融业分类标准的压缩文件③:clcid-DTS.zip 和 clcid-2006-12-31-DTS.zip。解压缩后使用富士通(Fujitsu)公司的分类标准编辑器(taxonomy editor)打开位于相对路径..\cn\lcid\common\pt\2005-07-07\下的 clcid-pt-2005-07-07.xsd 文件和相对路径..\cn\lcid\common\fstr\2006-12-31\下的 clcid-fstr-2006-12-31.xsd 文件,导出元素定义表(element declaration table)。由于在元素定义表中定义了参考链接,所以可以得到信息元素的参考依据。

经统计发现,上交所上市公司和金融业分类标准中遴选信息元素的主要

---

① 源自:http://www.ifrs.org/XBRL/Resources/Documents/ITIbyIFRSZH20091117.pdf The IFRS Taxonomy Illustrated。访问时间:2012 年 9 月。
② 源自:http://upload.news.esnai.com/2012/0418/1334746716680.pdf 企业会计准则通用分类标准元素清单。访问时间:2012 年 9 月。
③ 源自:XBRL 中国网站(www.xbrl-cn.org)中披露的 2005 年上交所工商业分类标准和 2006 年上交所金融业分类标准。访问时间:2011 年 10 月。

参考依据是：中国财政部发布的《企业会计准则》和中国证监会发布的《公开发行证券的公司信息披露规范问答》(参见图4-1)。在上交所上市公司分类标准中，参考自《企业会计准则》的有2 380个信息元素，占分类标准中信息元素总体的四成以上；参考自《公开发行证券的公司信息披露规范问答》的有2 223个信息元素，同样占分类标准中信息元素总体的四成以上；在金融业分类标准中，参考自《企业会计准则》的有2 951个信息元素，占金融业分类标准中信息元素总体的四成以上；参考自《公开发行证券的公司信息披露规范问答》的有2 569个信息元素，占金融业分类标准中信息元素总体近四成。其他参考依据还有：中国证监会的《上海证券交易所上市公司临时报告系列格式指引》《上市公司股权分置改革说明书格式指引》《证券投资基金信息披露相关规则》和《信托投资公司信息披露管理暂行办法》等。

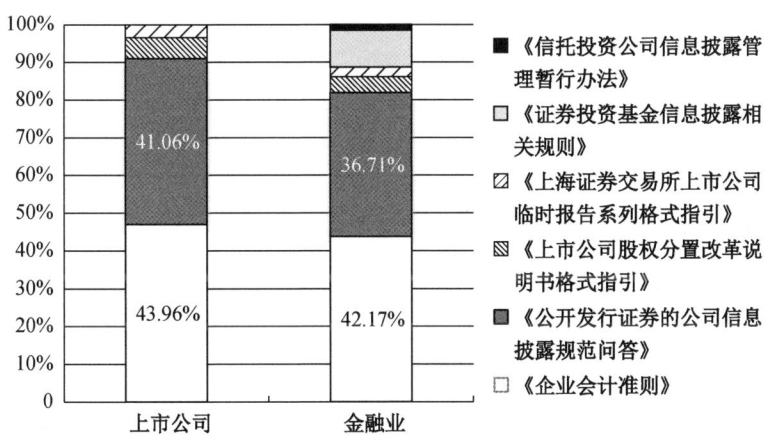

图4-1 上交所上市公司和金融业分类标准参照依据及信息元素分布

2. 实务法

实务法基于财务报告信息报送和披露的实践，以公司报送的财务报告和其他相关资料为起点，从中遴选信息元素，归纳形成分类标准。对于企业而言，以财务报告会计系统运行结果为基础构造分类标准。信息元素的总体是由企业对外披露的财务报告的信息元素构成，符合企业的披露习惯。国内外文献大多数会笼统地提及实务法，但是很少系统性地论述实务法遴选信息元素的原则和依据，本书将在第6章分类标准的质量改进部分，对实务法确定信息元素进行系统性的论述。

将信息元素的遴选方法划分为准则法和实务法,并不是说国家和行业在制定分类标准时,对两者的选择是非此即彼。尽管在实践中存在着仅用准则法的分类标准(如国际财务报告准则的分类标准和中国的通用分类标准等)和仅用实务法的分类标准(如美国公认会计准则的分类标准),但也还存在着以实务法为基础,兼顾了准则法分类标准(如中国银行业扩展分类标准)。在创建分类标准的时候,如果存在特定的制度背景,那么创建分类标准时要兼顾准则法和实务法,否则,行业分类标准更加侧重于采用实务法创建。

4.1.2 归集方法

归集信息元素就是根据不同会计信息语义内涵,将语义相近的信息元素置于同一模块中,形成不同语义内容的集合。实践中存在两类信息元素的归集方法:核心补充法和逐项法。

1. 核心补充法

核心补充法先将信息披露的核心财务信息元素组合在一起,形成集合,反映最重要的语义信息,然后围绕核心集合,将剩余的财务信息元素,按不同语义划分为相互独立且与核心集合相关的补充集合,完善核心语义信息。中国上交所工商业分类标准①和金融业分类标准归集信息元素的方法就是核心补充法。

仍以上交所工商业和金融业分类标准为例,采用逆向工程的研究方法对信息元素的模块构成进行分析。经统计发现,工商业分类标准的核心模块是财务报告模块,金融业分类标准的核心模块由财务报告、金融和重大事件3个模块构成(参见图4-2)。无论是工商业还是金融业分类标准,核心模块中的信息元素均占据了主导地位。核心模块中涵盖了主要财务和绩效指标摘要、公司简介、重大会计政策、会计估计和财务报表编制方法、税收、折旧的规定、股东权益变动表、或有事项、董事会报告、主营业务收入的解释、资产负债表、现金流量表、利润分配表、财务报表附注和股东权益新旧会计准则的监管声明等核心信息语义。

---

① 即上交所上市公司分类标准。上交所上市公司分类标准的草案发布于2005年,上交所金融业分类标准的草案发布于2006年,两个标准均通过了XBRL国际组织的认定。

此外,工商业分类标准的补充模块包含了全局通用文档、公司基本信息、管理人报告、重大事件和会计师报告等模块。金融业分类标准的补充模块包含了全局通用文档、公司基本信息、管理人报告、会计师报告、银行、保险、证券、投资基金和信托等模块(参见图4-2)。无论是工商业还是金融业分类标准,补充模块中的信息元素均占据了从属地位。在补充模块中,涵盖了公司基本信息、股本变动及股东状况、董事、监事和高管状况、附属公司简介、股份结构、股权分置改革前后的股份结构、变动和变动明细、公司治理结构、股东大会状况、董事会报告、监事会报告、重要通知、资金募集情况、重大事件、担保声明、关联方交易和附属公司信息等补充信息语义。

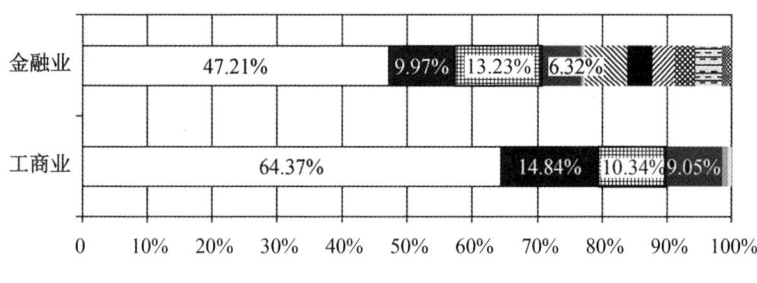

图4-2 上交所工商业和金融业分类标准分块及信息元素分布

资料来源:XBRL中国网站(www.xbrl-cn.org)中披露的2005年上交所工商业分类标准和2006年上交所金融业分类标准。访问时间:2011年10月。

核心补充法下的分类标准可以形式化为:

$$XBRL-FRT = U_{i=1}^{n}\{Core_i\} \bigcup U_{j=1}^{m}\{Add_j\} \quad \text{(公式4-1)}$$

式中:$Core_i$表示某个具体的核心信息元素构成的集合,$i \in [1,n]$,n为核心模块集合的数量;Add_j表示某个具体的补充信息元素构成的集合,$j \in [1,m]$,m为补充模块集合的数量。

2. 逐项法

逐项法依据国家法规、会计准则界定信息元素归集的边界,将法规和准则中语义相近的信息元素汇聚在同一个模块中,模块之间没有主次之分。中国财政部的通用分类标准归集信息元素的方法就是逐项法。通用分类标准在33个具体准则文件夹中分别规范了相应的信息元素以及信息元素之间的层级关系。在现行38项具体准则中,除《企业会计准则第32号——中期财务报告》暂未涉及外,其他37项具体准则均已包含在内。

以通用分类标准为例,通用分类标准中共有33个模块,采用逆向工程的研究方法对信息元素的模块构成进行分析。经统计发现,信息元素的总数为2 766个;最高比例的10个模块(参见表4-1)总计2 035个,占通用分类标准中信息元素总体的近3/4;最大模块信息元素的数量为812个,最小模块信息元素的数量为6个,全距为806个(812-6)。

表4-1 通用分类标准分块和信息元素分布

序号	模块	信息元素 数量(个)	比例	序号	模块	信息元素 数量(个)	比例
1	CAS30	812	29.36%	6	CAS20	95	3.43%
2	CAS37	441	15.94%	7	CAS8	73	2.64%
3	CAS26	184	6.65%	8	CAS36	71	2.57%
4	CAS31	124	4.48%	9	CAS2	64	2.31%
5	CAS33	109	3.94%	10	CAS4	62	2.24%

资料来源:http://upload.news.esnai.com/2012/0524/1337824444297.zip 企业会计准则通用分类标准。统计方法:逆向工程,不含维度和超立方体信息元素。访问时间:2012年9月。

其中,CAS30包括了与1年内到期的非流动资产、其他流动资产、在建工程、工程物资、商誉、长期待摊费用、其他非流动资产、应交税费、其他流动负债、其他非流动负债、实收资本或股本、资本公积、库存股、盈余公积、专项储备、未分配利润、税金及附加、销售费用和管理费用及财务费用、公允价值变动收益、投资收益、营业外支出、营业收入及营业成本和营业外收入等相关的信息语义;CAS37包括了与货币资金、交易性金融资产、应收票据、应收账款、可供出售的金融资产、持有至到期投资、长期应收款、交易性金融负债、应付票据、短期借款、应付账款、预收账款、应付利息、应付股利、其他应付款、1年内到期的非流动负债、长期借款、应付债券、长期应付款、预付账款、应收利息、应收股利、其他应收账款和专项应付款等相关的信息语义。

逐项法下的分类标准可以形式化为：

$$XBRL-FRT = U_{i=1}^{n}\{Cas_i\} \qquad (公式4\text{-}2)$$

式中：Cas_i 表示某个具体的企业会计准则信息元素构成的集合，$i \in [1, n]$，n 为准则模块集合的数量。

4.2 分类标准的创建模式

分类标准的创建模式是分类标准微观结构的核心。目前，创建分类标准已经由创建3张固定格式的财务报表主表逐步过渡到创建财务报告附注中可变的多维表格。可变表格的创建模式可以分为元组模式和维度模式两种。

4.2.1 元组模式

元组(tuple)是一种组合信息的建模技术，其中既可以定义财务信息元素，也可以嵌套定义其他元组。对于采用元组技术建模创建财务报告附注中的可变多维表格的方式，可称其为元组模式。该模式下，财务信息元素是构成财务报告附注明细表信息的最基本单元，财务报告附注中的可变多维表格由财务信息元素集合直接构造而成。

1. 微观结构

目前，中国采用元组模式的分类标准有：上交所上市公司分类标准、上交所金融业分类标准、上交所基金公司分类标准、深交所上市公司分类标准和证监会基金分类标准等。

以上交所上市公司分类标准表达财务报告附注中的货币资金明细表为例，通过分析该元组的 XBRL 语法的定义(参见附录1)和 UML 类图(参见附录2)可以得出，HuoBiZiJinWaiBiMingXi(货币资金外币明细)直接引用的财务信息元素有：HuoBiZiJinWaiBiBiZhong(货币资金外币币种)、HuoBiZiJinWaiBiJinE(货币资金外币金额)、HuoBiZiJinWaiBiHuiLv(货币资金外币汇率)和 HuoBiZiJinWaiBiZheHeRenMinBiJinE(货币资金外币折合人民币金额)等,它们是财务报告附注中可变表格的最基本单元,其语义层次结构如图 4-3 所示。在表达可变表格信息时,元组模式直接定义和引用了财务信息元素的标签、来源、表达和计算等关系,形成分类标准的模块。财务信息元素是元组模式中构建分类标准的最基本单元,企业通过直接定义新的财务信息元素来扩展财务报告附注的多维表格。

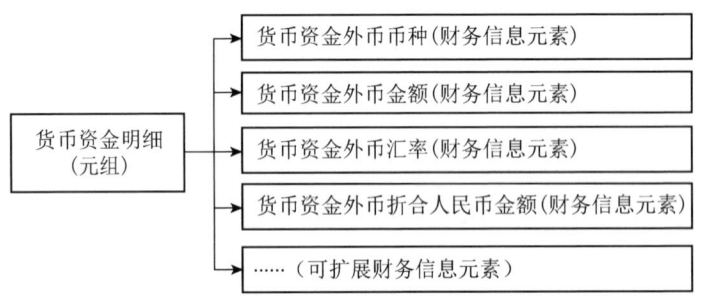

图 4-3 货币资金语义层次关系(元组模式)

2. 形式化描述

通过集合论的方法可以对财务信息元素和分类标准的财务信息元素空间进行形式化表达(黄长胤,2012)。分类标准的财务信息元素空间可以形式化为:

$$\Phi = \{e_j \mid j \in J\} \qquad \text{(公式 4-3)}$$

式中:j 表示某个报告主体的财务报告中某个具体的列报项目,$j \in J$,J 是列报项目集合。

在元组模式下,将财务信息元素理论作如下补充。

1) 分类标准

财务报告中的信息元素由元组构成。分类标准的模块集合可以形式化为:

$$Cas/Core/Add = U_{j=1}^{r}\{t_j\} \qquad \text{(公式 4-4)}$$

式中:Cas 表示信息元素的归集方法为逐项法时,某个具体的企业会计准则信息元素及其关系构成的集合;$Core/Add$ 表示信息元素的归集方法为核心补充法时,某个具体的核心(补充)信息元素及其关系构成的集合;t_j 用来表达 $Cas/Core/Add$ 中的元组,$j\in[1,r]$,r 是元组的数量。

2) 元组

元组 t 可以形式化为:

$$t = U_{l=1}^{v}\{e_l\} \qquad \text{(公式 4-5)}$$

式中:e_l 用来表达财务报告附注($Cas/Core/Add$ 模块)中的元组模式中的财务信息元素,$l\in[1,v]$,v 是元组模式中的财务信息元素的数量。

在解析了元组技术建模财务报告附注中的可变多维表格后,可以发现:元组模式以财务信息元素为构建 XBRL-FRT 的最基本单元;企业在表达明细信息的时候,通过元组直接定义和引用财务信息元素的标签、来源、表达和计算的细节,形成了以元组为纽带连接财务信息元素和 XBRL-FRT 的桥梁。

4.2.2 维度模式

维度由轴和项目构造而成。对于采用维度技术建模创建财务报告附注中的可变多维表格的方式,可称为维度模式。多个行集合和一个列集合的交叉搭建可以构造一个 $n\times1$ 型维度。特殊情况下,一个行集合和一个列集合的交叉搭建可以构造一个 1×1 型维度。

1. 微观结构

目前,中国采用维度模式的分类标准有通用分类标准、石油行业分类标准和银行业分类标准等。

以通用分类标准金融工具列报模块(CAS 37)中的货币资金年初期末余额表为例(参见表 4-2),该表格信息采用了 2×1 型维度建模方式构造。分析该维度表的 XBRL 语法定义(参见附录 3)可以得出,该维度模式的第一个轴成员元素集合反映了货币资金类别,其中包含了 3 个成员:库存现金、银行存款和其他货币资金;第二轴成员元素集合反映了货币种类,其中包含了 3 个成员:人民币、美元和欧元;唯一的概念元素集合包含了 3 个成员:原币金额、折算汇率和人民币金额。

表 4-2 货币资金年初期末余额表

轴成员元素集合		概念元素集合（即列报项目信息元素）		
		原币金额	折算汇率	人民币金额
人民币	库存现金			
	银行存款			
	其他货币资金			
美元	库存现金			
	银行存款			
	其他货币资金			
欧元	库存现金			
	银行存款			
	其他货币资金			

对上述两个轴元素集合成员和一个概念元素集合成员（2×1型维度）进行笛卡尔乘积，可以构造出27个影子财务信息元素（3×3×3），其语义层次结构关系如图4-4所示。使用该维度可以构造出库存现金美元原币金额、银行存款欧元折算汇率和其他货币资金美元人民币金额等影子财务信息元素。

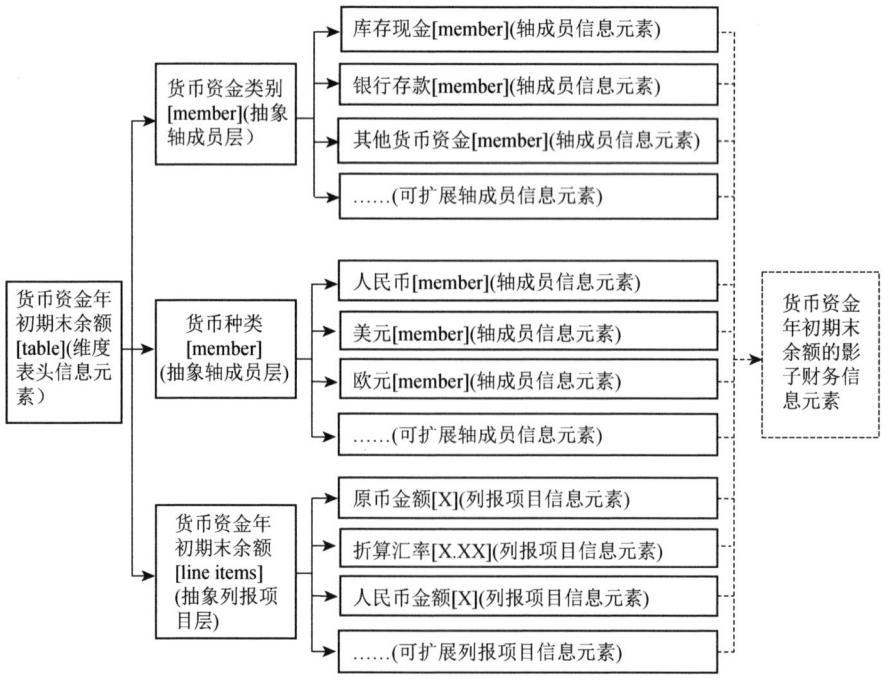

图 4-4 货币资金语义层次关系（维度模式）

归纳上述分析结果可以得到,维度模式基于多维表格的微观结构特征,将表格类信息拆分成轴成员(行)和列报项目(列),其所表达的信息内涵由轴成员和列报项目共同决定(参见表 4-2)。维度由表、轴成员和列报项目元素构造而成。表、轴成员和列报项目信息元素是构成财务报告附注明细表信息的最基本单元;维度模式中财务信息元素并未在分类标准中直接定义,而是通过轴成员和列报项目的定义间接构造而成,即通过维度的行集合成员和列集合成员的笛卡尔乘积构造了财务信息元素;企业通过扩展轴成员和列报项目中的信息元素来间接定义新的财务信息元素,形成了对财务报告附注明细信息的扩展。

2. 形式化描述

维度模式下,将财务信息元素理论作如下补充。

1) 分类标准

财务报告中的信息元素由维度构成。分类标准的模块集合可以形式化为:

$$Cas/Core/Add = \bigcup_{j=1}^{z}\{d_j\} \quad (公式\ 4\text{-}6)$$

式中:Cas 表示信息元素的归集方法为逐项法时,某个具体的企业会计准则信息元素及其关系构成的集合;$Core/Add$ 表示信息元素的归集方法为核心补充法时,某个具体的核心(补充)信息元素及其关系构成的集合;d_j 用来表达 $Cas/Core/Add$ 中的维度,$j \in [1, z]$,z 是维度的数量。

2) 维度

$n \times 1$ 型维度 d_j 是由表头信息元素、轴成员元素和列报项目元素构成,可以形式化为:

$$d_j = \{d_{j,t} \bigcup d_{j,v} \bigcup d_{j,w}\} \quad (公式\ 4\text{-}7)$$

式中:$d_{j,t}$ 表示表头信息元素集合;$d_{j,v}$ 表示轴成员信息元素集合;$d_{j,w}$ 表示列报项目信息元素集合。

3) 表头信息元素

表头信息元素集合可以形式化为:

$$d_{j,t} = U_{j=1}^{z}\{t_j\} \quad \text{(公式 4-8)}$$

式中：t_j 表示表头信息元素，$j \in [1, z]$，z 是维度表集合的势。

4) 轴成员信息元素

轴成员信息元素集合可以形式化为：

$$d_{j,v} = \{U_{x_1=1}^{v_1}\{r_{x_1}\}\} \cup \{U_{x_2=1}^{v_2}\{r_{x_2}\}\} \cup \cdots \cup \{U_{x_n=1}^{v_n}\{r_{x_n}\}\} \quad \text{(公式 4-9)}$$

式中：$d_{j,v}$ 由有限个轴成员信息元素集合构成；$U_{x_1=1}^{v_1}\{r_{x_1}\}$ 表示第一个轴成员信息元素集合，r_{x_1} 表示第一个轴成员集合中的信息元素，$x_1 \in [1, v_1]$，v_1 是第一个轴成员集合的势；以此类推，$U_{x_n=1}^{v_n}\{r_{x_n}\}$ 表示第 n 个轴成员信息元素集合，r_{x_n} 表示第 n 个轴成员集合中的信息元素，$x_n \in [1, v_n]$，v_n 是第 n 个轴成员集合的势。

5) 列报项目信息元素

列报项目信息元素集合可以形式化为：

$$d_{j,w} = \{U_{y=1}^{w}\{l_y\}\} \quad \text{(公式 4-10)}$$

式中：$U_{y=1}^{w}\{l_y\}$ 表示列报项目信息元素集合，l_y 表示列报项目信息元素，$y \in [1, w]$，w 是列报项目集合的势。

6) 影子财务信息元素

由 n 个轴成员信息元素集合和 1 个列报项目信息元素集合的笛卡尔乘积可以构造出影子财务信息元素集合，形式化为：

$$e_j = U_{x_1=1}^{v_1}\{r_{x_1}\} \times U_{x_2=1}^{v_2}\{r_{x_2}\} \times \cdots \times U_{x_n=1}^{v_n}\{r_{x_n}\} \times U_{y=1}^{w}\{l_y\}$$

(公式 4-11)

式中：×表示集合的笛卡尔乘积。

在解析了维度技术建模财务报告附注中的可变多维表格后，可以发现：维度模式下，分类标准的最基本单元是表、轴成员和列报项目信息元素；维度模式中的轴成员信息元素和列报项目信息元素的笛卡尔乘积构造了影子财务信息元素，形成了以维度模式为纽带连接影子财务信息元素和分类标准的桥梁；维度模式可以是 1×1 型，也可以是 $n \times 1$ 型。

虽然元组模式和维度模式均可以用来建模财务报告附注中的可变表格，但是两者在构造信息时存在本质上的差异，前者采用了直接法，后者采用了间接法。元组模式以财务信息元素作为构建分类标准的最基本单元，维度模式以表、轴成员和列报项目信息元素为构建分类标准的最基本单元。

4.3 分类标准的扩展模式

分类标准的扩展模式建立了由分类标准微观结构到 XBRL 财务报告的桥梁。目前，编报主体采用两种模式来扩展分类标准，创建 XBRL 财务报告（黄长胤，2012）：直接扩展模式和行业扩展模式。研究分类标准的扩展模式前，本节假设分类标准采用维度模式创建。

4.3.1 直接扩展模式

编报主体创建 XBRL-FRI 时，若所需的信息元素在国家层级分类标准中已经定义，则直接复用该信息元素；若没有定义，则直接在企业层级分类标准中扩展该信息元素。本书称其为直接扩展模式，它是最简单的分类标准扩展模式。目前，中国上市公司在创建 XBRL 格式的财务报告时，以通用分类标准为基准的分类标准就是采用该模式。

1. 微观结构

直接模式下，上市公司将自愿披露的信息元素与通用分类标准中的信息元素进行比较。如果在通用分类标准中已经存在了所需的维度、表、轴成员、列报项目信息元素的定义，就可以直接复用这些不同类型的信息元素（参见图 4-5 上半部分）：在复用层级 3 中定义了复用维度表的表头信息元素，在复用层级 2 中定义了复用维度表的轴成员信息元素和列报项目信息元素，在复用层级 1 中定义了复用影子财务信息元素。

如果在通用分类标准中没有所需的信息元素定义，上市公司需要依据 XBRL 语法规范扩展定义相应的信息元素，形成企业扩展的维度、表头信息元素集合、轴成员信息元素集合、列报项目信息元素集合以及影子财务信息元素集合(参见图4-5下半部分);在扩展层级3中定义了维度表的表头信息元素,在扩展层级2中定义了维度表的轴成员信息元素和列报项目信息元素,在扩展层级1中定义了影子财务信息元素。

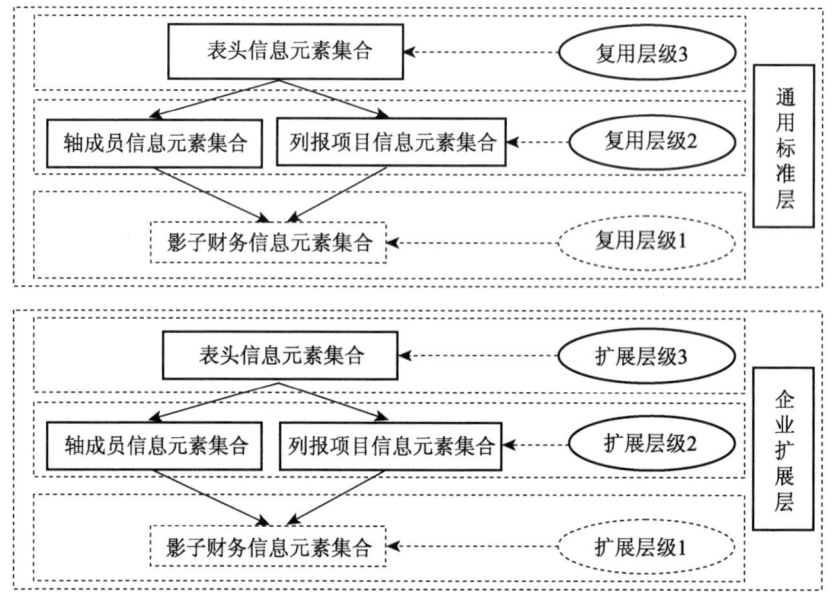

图 4-5　直接扩展模式下信息元素集合的微观结构图

2. 形式化描述

在直接扩展模式下,将财务信息元素理论作如下补充。

1) 通用标准层

在通用标准层中(参见图 4-5 的上半部分),维度可以用公式 4-7 来形式化描述;在复用层级 3 中,维度表的表头信息元素集合可以用公式 4-8 来形式化描述;在复用层级 2 中,维度表的轴成员信息元素集合可以用公式 4-9 来形式化描述;在复用层级 2 中,维度表的列报项目信息元素集合可以用公式 4-10 来形式化描述;在复用层级 1 中,影子财务信息元素集合可以用公式 4-11 来形式化描述。

2) 企业扩展层

企业扩展层参见图 4-5 的下半部分。

(1) 企业扩展维度。

企业扩展的 $n×1$ 型维度 xd_u 是由维度表头信息元素、维度轴成员元素和维度列报项目元素构成,可以形式化为:

$$xd_u = \{xd_{u,t} \cup xd_{u,v} \cup xd_{u,w}\} \quad \text{(公式 4-12)}$$

式中: xd_u 表示企业扩展的维度关系,$u \in [1, xz]$,xz 是企业扩展的维度集合的数量; $xd_{u,t}$ 表示企业扩展的维度表头信息元素集合,$xd_{u,v}$ 表示企业扩展的维度轴成员元素集合,$xd_{u,w}$ 表示企业扩展的维度列报项目元素集合。

(2) 企业扩展表头信息元素。

扩展层级 3 是企业扩展的维度表头信息元素集合,可以形式化为:

$$xd_{u,t} = U_{u=1}^{xz}\{xt_u\} \quad \text{(公式 4-13)}$$

式中: $U_{u=1}^{xz}\{xt_u\}$ 表示企业扩展的维度表集合,xt_u 表示企业扩展的维度表头信息元素,$j \in [1, xz]$,xz 是企业扩展的维度表集合的势。

(3) 企业扩展轴成员信息元素。

扩展层级 2 中企业扩展的维度表的轴成员元素集合,可以形式化为:

$$xd_{u,v} = \{U_{x_1=1}^{xv_1}\{xr_{x_1}\}\} \cup \{U_{x_2=1}^{xv_2}\{xr_{x_2}\}\} \cup \cdots \cup \{U_{x_n=1}^{xv_n}\{xr_{x_n}\}\} \quad \text{(公式 4-14)}$$

式中: $U_{x_1=1}^{xv_1}\{xr_{x_1}\}$ 表示企业扩展的第一个轴成员集合,xr_{x_1} 表示企业扩展的维度表中的第一个轴成员变量,$x_1 \in [1, xv_1]$,xv_1 是企业扩展的第一个轴成员集合的势;以此类推,$U_{x_n=1}^{v_n}\{xr_{x_n}\}$ 表示企业扩展的第 n 个轴成员集合,xr_{x_n} 表示企业扩展的维度表中的第 n 个轴成员变量,$x_n \in [1, xv_n]$,xv_n 是企业扩展的第 n 个轴成员集合的势。

(4) 企业扩展列报项目信息元素。

扩展层级 2 中企业扩展的维度表的列报项目元素集合,可以形式化为:

$$xd_{u,w} = \{U_{y=1}^{xw}\{xl_y\}\} \quad \text{(公式 4-15)}$$

式中: $U_{y=1}^{xw}\{xl_y\}$ 表示企业扩展的列报项目集合,xl_y 表示企业扩展的维度表中的列报项目变量,$y \in [1, xw]$,xw 是企业扩展的列报项目集合的势。

(5) 企业扩展影子财务信息元素。

扩展层级 1 中企业扩展的 $n \times 1$ 型维度 xe_u 构造的影子财务信息元素集合,可以形式化为:

$$xe_u = U_{x_1=1}^{xv_1}\{xr_{x_1}\} \times U_{x_2=1}^{xv_2}\{xr_{x_2}\} \times \cdots \times U_{x_n=1}^{xv_n}\{xr_{x_n}\} \times U_{y=1}^{xw}\{xl_y\} \quad \text{(公式 4-16)}$$

式中: $U_{x_1=1}^{xv_1}\{xr_{x_1}\}$,$U_{x_2=1}^{xv_2}\{xr_{x_2}\}$,$U_{x_n=1}^{xv_n}\{xr_{x_n}\}$ 和 $U_{y=1}^{xw}\{xl_y\}$ 的含义与公式 4-14 和公式 4-15 的含义相同,×表示集合的笛卡尔乘积。

在解析了直接扩展模式后,可以发现:在该模式下,通用分类标准是企业分类标准的直接基准分类标准,企业分类标准是通用分类标准的直接扩展分类标准。上市公司创建 XBRL 财务报告时,若所需的信息元素在基准分类标准中已经定义,则直接复用该信息元素;若没有定义,则直接在企业层级分类标准中扩展该信息元素。扩展信息元素与创建模式相关,本节假设采用维度创建模式,扩展的信息元素集合包括维度集合、表头信息元素集合、轴成员信息元素集合、列报项目信息元素集合和影子财务信息元素集合等。

4.3.2 行业扩展模式

编报主体创建 XBRL-FRI 时,若所需的信息元素在行业层级分类标准中已经定义,则直接复用该信息元素;若所需的信息元素在国家层级分类标准中已经定义,则间接复用该信息元素;若没有定义,则直接在企业层级分类标准中扩展该信息元素。本书称 XBRL-FRI 为行业扩展模式,该模式下的参考基准分类标准是行业分类标准和通用分类标准。目前,中国采用行业扩展模式创建 XBRL 财务报告的上市公司占少数,仅有中国石油类(银行类)上市公司在创建 XBRL 格式的财务报告时,以石油行业(银行业)分类标准为直接基准分类标准,它们就是采用该模式。

1. 微观结构

在行业扩展模式下,上市公司将自愿披露的信息元素与行业和通用分类标准中的信息元素进行比较。如果在行业和通用分类标准中已经存在了所需的维度、表头、轴成员、列报项目信息元素的定义,就可以直接复用这些不同类型的信息元素(参见图 4-6 上半部分)。

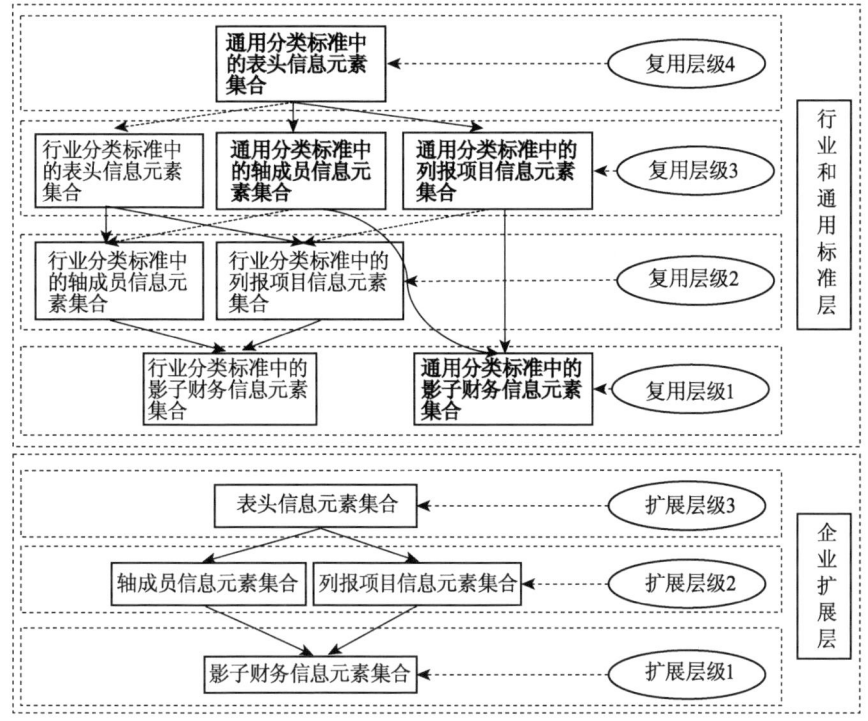

图 4-6 行业扩展模式下信息元素集合的微观结构图

在复用层级 4 中复用了通用分类标准中维度表的表头信息元素,在复用层级 3 中复用了通用分类标准中维度表的轴成员信息元素和列报项目信息元素以及行业分类标准中维度表的表头信息元素,在复用层级 2 中复用了行业分类标准中维度表的轴成员信息元素和列报项目信息元素,在复用层级 1 中复用了行业和通用分类标准中的影子财务信息元素。

如果在行业和通用分类标准中没有所需的信息元素定义,上市公司需要依据 XBRL 语法规范扩展定义相应的信息元素,形成企业扩展的维度、表头信息元素集合、轴成员信息元素集合、列报项目信息元素集合以及影子财务信息元素集合(参见图 4-6 下半部分),扩展层级 3 中定义了维度表的表头信息元素,扩展层级 2 中定义了维度表的轴成员信息元素和列报项目信息元素,扩展层级 1 中定义了影子财务信息元素。

2. 形式化描述

在行业扩展模式下,将财务信息元素理论作如下补充。

1) 通用标准层

通用标准层中(参见图 4-6 上半部分字体加粗的部分),维度可以用公式 4-7 来形式化描述;复用层级 4 中通用分类标准的维度表的表头信息元素集合可以用公式 4-8 来形式化描述;复用层级 3 中通用分类标准的维度表的轴成员信息元素集合可以用公式 4-9 来形式化描述;复用层级 3 中通用分类标准的维度表的列报项目信息元素集合可以用公式 4-10 来形式化描述;复用层级 1 中通用分类标准的影子财务信息元素集合可以用公式 4-11 来形式化描述。

2) 行业扩展层

行业扩展层参见图 4-6 的上半部分字体未加粗的部分。

(1) 行业扩展维度。

行业和通用标准层中的行业分类标准的 $n \times 1$ 型维度 id_m 是由维度表头信息元素、维度轴成员元素和维度列报项目元素构成,可以形式化为:

$$id_m = \{id_{m,t} \bigcup id_{m,v} \bigcup id_{m,w}\} \qquad (公式\ 4\text{-}17)$$

式中:id_m 表示行业分类标准的维度关系,$m \in [1, mz]$,mz 是行业分类标准的维度集合的数量;$id_{m,t}$ 表示行业分类标准的维度表头信息元素集合,$id_{m,v}$ 表示行业分类标准的维度轴成员元素集合,$id_{m,w}$ 表示行业分类标准的维度列报项目元素集合。

(2) 行业扩展表头信息元素。

复用层级 3 的行业分类标准的维度表头信息元素集合,可以形式化为:

$$id_{m,t} = U_{j=1}^{mz}\{t_j\} \qquad (公式\ 4\text{-}18)$$

式中:$U_{j=1}^{mz}\{t_j\}$ 表示行业层级的维度表集合;t_j 表示行业层级的维度表头信息元素,$j \in [1, mz]$,mz 是行业层级的维度表集合的势。

(3) 行业扩展轴成员信息元素。

复用层级 2 中行业分类标准的维度表的轴成员元素集合,可以形式化为:

$$id_{m,v} = \{U_{x_1=1}^{v_1}\{r_{x_1}\}\} \bigcup \{U_{x_2=1}^{v_2}\{r_{x_2}\}\} \bigcup \cdots \bigcup \{U_{x_n=1}^{v_n}\{r_{x_n}\}\}$$

$$(公式\ 4\text{-}19)$$

式中：$U_{x_1=1}^{v_1}\{r_{x_1}\}$ 表示行业分类标准的第一个轴成员集合，r_{x_1} 表示行业分类标准的维度表中的第一个轴成员变量，$x_1 \in [1, v_1]$，v_1 是行业分类标准的第一个轴成员集合的势；$U_{x_2=1}^{v_2}\{r_{x_2}\}$ 表示行业分类标准的第二个轴成员集合，r_{x_2} 表示行业分类标准的维度表中的第二个轴成员变量，$x_2 \in [1, v_2]$，v_2 是行业分类标准的第二个轴成员集合的势；$U_{x_n=1}^{v_n}\{r_{x_n}\}$ 表示行业分类标准的第 n 个轴成员集合，r_{x_n} 表示行业分类标准的维度表中的第 n 个轴成员变量，$x_n \in [1, v_n]$，v_n 是行业分类标准的第 n 个轴成员集合的势。

（4）行业扩展列报项目信息元素。

复用层级2中行业分类标准的维度表的列报项目元素集合，可以形式化为：

$$id_{m,w} = \{U_{y=1}^{w}\{l_y\}\} \qquad （公式4-20）$$

式中：$U_{y=1}^{w}\{l_y\}$ 表示行业分类标准的列报项目集合，l_y 表示行业分类标准的维度表中的列报项目变量，$y \in [1, w]$，w 是行业分类标准的列报项目集合的势。

（5）行业扩展影子财务信息元素。

复用层级1中行业分类标准的 $n \times 1$ 型维度 ie_m 构造的影子财务信息元素集合，可以形式化为：

$$ie_m = U_{x_1=1}^{v_1}\{r_{x_1}\} \times U_{x_2=1}^{v_2}\{r_{x_2}\} \times \cdots \times U_{x_n=1}^{v_n}\{r_{x_n}\} \times U_{y=1}^{w}\{l_y\}$$

$$（公式4-21）$$

式中：$U_{x_1=1}^{v_1}\{r_{x_1}\}$，$U_{x_2=1}^{v_2}\{r_{x_2}\}$，$U_{x_n=1}^{v_n}\{r_{x_n}\}$ 和 $U_{y=1}^{w}\{l_y\}$ 的含义与公式4-19和公式4-20的含义相同；$\times$ 表示集合的笛卡尔乘积。

3）企业扩展层

企业扩展层中(参见图4-6的下半部分)，扩展维度可以用公式4-12来形式化描述；扩展层级3中维度表的表头信息元素集合可以用公式4-13来形式化描述；扩展层级2中维度表的轴成员信息元素集合可以用公式4-14来形式化描述；扩展层级2中维度表的列报项目信息元素集合可以用公式4-15来形式化描述；扩展层级1中影子财务信息元素集合可以用公式4-16来形式化描述。

在解析了行业扩展模式后,可以发现:在该模式下,通用分类标准是行业分类标准的直接基准分类标准,行业分类标准是企业分类标准的直接基准分类标准,通用分类标准是企业分类标准的间接基准分类标准;企业分类标准是行业分类标准的直接扩展分类标准,行业分类标准是通用分类标准的直接扩展分类标准,企业分类标准是通用分类标准的间接扩展分类标准。上市公司创建 XBRL 财务报告时,若所需的信息元素在行业和基准分类标准中已经定义,则直接复用该信息元素;若没有定义,则直接在企业层级分类标准中扩展该信息元素。扩展信息元素与创建模式相关,本节假设采用维度创建模式,扩展的信息元素集合包括维度集合、表头信息元素集合、轴成员信息元素集合、列报项目信息元素集合和影子财务信息元素集合等。

4.4　本章小结

本章围绕"分类标准的微观结构是什么"这一问题,采用逆向工程的研究方法,对信息元素的遴选和归集方法作了对比分析。在此基础上,细分和比较了分类标准的创建模式和扩展模式,提出了在不同创建模式下分类标准的最基本单元不同的观点。元组模式中财务信息元素是构建分类标准的最基本单元;维度模式中结构信息元素(表、轴成员和列报项目等)是构建分类标准的最基本单元;由轴成员和列报项目信息元素构造了影子财务信息元素。理论上,本章引入集合论的表达方法描述了分类标准的微观结构,补充了现有的财务信息元素理论,并采用该方法对分类标准进行了形式化描述,为评价分类标准的创建质量和扩展质量奠定了理论基础。

第 5 章

分类标准评价——国际经验

IFRS 分类标准中包含大约 4 000 个元素,US GAAP 分类标准中包含大约 17 000 个元素,中国财政部制定的企业会计准则通用分类标准中包含近 3 000 个元素。分类标准的质量优劣直接影响 XBRL 财务报告的质量。本章从完整性、效率性和正确性角度归纳了当前评价分类标准的方法。

5.1 完整性评价

目前,研究者们从完整性、效率性和正确性 3 个方面对分类标准进行评价。完整性方面要求分类标准和企业披露意愿之间的差异足够小。

完整性研究方法方面,Bovee 等(2002)首先引入信息元素的匹配研究法来比较 2000 版美国工商业分类标准和上市公司年度财务报表。他们选取 67 个公司作为样本,将其 1999 年度财务报表中的信息元素与该分类标准中的信息元素进行配对,对比信息元素之间的不同,反映了报告实务与分类标准之间的差异。结果发现,虽然整体上分类标准与报表项目之间有一定的匹配度,但是不同行业之间匹配数量和比例存在显著的差异。同时指出,分类标准本质上存在一个潜在的信息损失,因为在分类标准与企业偏好的实践之间存在差异(如数据与账户的汇总程度的差异)。一方面,如果分类标准的汇总比企业偏好的汇总程度高,企业按分类标准编制报告,这将导致信息损失;企业也可能扩展分类标准(不同的企业很难采用一致的扩展元素)来编制报告,这又将会导致企业间信息可比性的损失。另一方面,如果分类标准汇总程度比企业偏好的汇总程度低,企业自身的偏好可使企业将分类标准中的几个子账户汇总起来编报,而这又要求自己扩展这个汇总元素,这也将导致企业间信息可比性的损失。

Katz(2004)认为,分类标准必须包括一般的披露财务数据的元素,这些数据可以对不同报告实体以及报告实体的不同期间进行比较;需要避免由于过分大的扩展分类标准而带来的报告负担,因为标准分类中的元素对使用者而言更容易被比较,而扩展分类中的元素有可能会影响信息的可比较性。

高锦萍和张天西(2006)将 Bovee 的匹配研究法应用于财务报表附注信息的完整性评价中,用分类标准和实务披露中财务信息元素的差异来度量信息的完整性,即 XBRL 标准中定义的信息元素覆盖原始文档中信息元素的程度。他们采用分类标准与公司偏好的实务报告之间信息匹配来对完整性进行量化,将 12 个行业 117 个上市公司 2005 年年报中披露的项目与上交所制定的《中国上市公司信息披露分类》标准中定义的相应元素进行比较,发现两者存在着较大的差异,而行业间的差异不显著。

Zhu 和 Wu(2011)使用了与高锦萍和张天西相同的完整性度量方法,对 481 个采用 US GAAP 作为分类标准的美国上市公司的财务报告(内含 1 231 个财务信息元素)进行了验证,结果表明,US GAAP 分类标准的平均完整性高达 86.78%。

赵聪(2011)使用了与 Bovee 相同的匹配研究法,通过匹配分类标准中的财务信息元素和企业实务披露的财务信息元素之间的差异,对中国财政部公布的通用分类标准中元素的冗余和不足作出了评价。从整体上讲,通用分类标准财务信息元素存在冗余和不足的现象。公司存在自愿披露意愿是分类标准中财务信息元素不足的重要原因,企业需要额外扩展 1/5 的财务信息元素。

在完整性的度量指标方面,黄长胤和吴忠生(2011)构造了"企业扩展元素总数",来反映上市公司披露实务中对通用分类标准扩展进行元素扩展的数量。张天西等(2011)根据分类标准中的元素对企业实务披露的元素的覆盖程度,归纳出了分类标准元素的覆盖率。他们还进一步构造了一系列评价分类标准中元素详细程度的指标。为了衡量不同上市公司,同一个报表项目信息披露最详细程度的差异构造出了"披露元素的最细粒度""复用元素的最细粒度"和"扩展元素的最细粒度"以及最细粒度的3个粒度指标之间相互联系;为了衡量不同上市公司,同一个报表项目信息披露综合详细程度的差异构造出了"披露元素的平均粒度""复用元素的平均粒度""纵向扩展元素的平均粒度"和"扩展元素的平均粒度"的相互关系。

5.2 效率性评价

效率性即分类标准扩展造成的元素冗余应该尽可能小。Boritz 和 No(2008)发现在美国证监会的 XBRL 自愿报送试点项目(voluntary filing program,VFP)中有公司扩展的分类表中存在信息冗余,如对同一信息的重复定义。Zhu 和 Wu(2010)认为,分类标准的质量应该和数据的质量区分开。分类标准的质量应该通过其对不同的报告主体报送报告的交互性(interoperability)的匹配度来评价,并进一步提出了评价分类标准交互性的测度矩阵,该矩阵包括完整性和相关性两个维度。完整性是指分类标准对报告主体需要报送的元素的涵盖程度。相关性(relevancy)是指分类标准中只包含报告主体需要报送的元素的比例。他们采用统计学定量化的方法,研究了分类标准质量评价的完整性和相关性。他们还提出评价分类标准质量的方法可以分为主观方法和客观方法。主观方法主要是通过对 XBRL 财务报告信息的利益相关者进行问卷;客观方法包括人工匹配度检测、直接质量矩阵的测度和间接测度采用相关分类标准的实例文档的可比性和其他属性。应用他们提出的矩阵,他们采用向美国 483 家公司(截至 2010 年 2 月)报送的实例文档测度了美国通用会计准则分类标准的交互性,发现 37% 的元素在不同公司的报告之间具有可比性;公司在报送的过程中,从通用分类标准中选用的元素比公司扩展的元素要多,平均每家公司选用 129 个元素,而扩展只有 20 个元素。

效率性方面,黄长胤和张天西(2011b)根据分类标准中的元素被上市公司在披露实务中复用的比例,构造了分类标准的评价指标——"分类标准的复用率"。该指标反映了分类标准中的元素被上市公司的实务披露复用的效率。

5.3 正确性评价

5.3.1 分类标准的正确性

分类标准的正确性是指分类标准中的财务信息元素和财务信息元素之间的关系定义要符合 XBRL 语法规范(specification),做到正确无误,即财务信息元素的定义和属性要正确、参考链接库的参考要权威、表达链接库的层次结构要合适、标签链接库的位置要正确,以及计算链接库的计算关系要正确等。

在正确性方面,Katz(2004)主要研究了分类标准是否遵守了 XBRL 2.1 规范的规定,是否符合 XBRL 财务报告分类体系结构框架(FRTA 1.0)的要求。在美国,证监会 SEC 对分类标准的合规性要求与 XBRL 国际组织的"已批准"认定一致(SEC,2005)。

在中国,王文礼等(2011)从概念层、关系层和可扩展分类集层等 3 个层次对国际财务报告准则基金会的分类标准 IFRS 20100630 版和中国财政部的企业会计准则通用分类标准 CAS 20100930 版进行了 FRTA(Financial Reporting Taxonomy Architecture)合规性的一致性校验分析。其中,在概念层次上,虽然两个分类标准与 FRTA 规范对标准标签的要求有不一致的地方,但是不会影响分类标准的应用,说明 FRTA 规范应该随着 XBRL 技术规范的不断更新而进行内容上的改进,从技术规范的角度为分类标准合规性的评价提出了框架和方法。

5.3.2 实例文档的正确性

对实例文档的评价主要集中在正确性方面。从决策有用性的视角看,错误的信息对利益相关者是致命的,高质量的实例文档中的信息是正确的。由于 XBRL 技术复杂,目前各国的 XBRL 实例文档在正确性方面都存在一定程度的问题。

在美国,Boritz 和 No(2008)校验了美国证监会 XBRL 自愿披露计划中的实例文档,指出部分实例文档差错的原因来自公司错误地扩展分类标准的信息元素,扩展的分类标准中大约 10% 的扩展元素存在有效性瑕疵、不一致性和差错。他们对 2007 年 12 月 31 日起半年内美国证监会 EDGAR 系统中披露的 XBRL 实例文档的研究表明,大约 2/3 的实例文档存在有效性瑕疵、不一致性和差错,原因来自公司错误地扩展分类标准的信息元素。同时他们还发现,所有的实例文档均未能通过 FRTA 和 FRIS 的有效性测试。

Boritz 和 No(2009)采用公开披露与实例文档比对的方法检验了实例文档的正确性。他们选取联合技术公司(United Technologies Corporation)2005 年第三季度季报,使用了 63 个小时完成了官方披露季报和 XBRL 实例文档的人工比对。虽然两者之间基本没有差异,XBRL 季报文档完整而准确地反映了官方披露季报的财务信息,但是其中存在财务信息元素冗余、遗漏合计项和拼写错误等问题,而且由于公司没有扩展 GAAP 准则指引,不能评估 XBRL 文档是否与 GAAP 规范一致。

Debreceny 等(2010)指出,实例文档的正确性问题大多数与分类标准的信息正确性问题直接关联。在第一批强制实施 XBRL 的上市公司中①,他们发现大约 1/4 的公司货币型元素的填报存在错误,其中有近一半的错误在于不正确地处理分类标准中的借贷方向,有 1/4 的错误在于遗漏或额外添加计算关系中的信息元素。

Bartley 等(2011)在采用 XBRL 格式进行自愿信息披露的上市公司中发现了 6 类错误,分别是遗漏元素、数量或日期错误,元素的符号和权重错误,元素的定义重复,元素定义错误和元素的展现错误。其中,元素的展现错误相对不严重,但是它的出错频度最高。与此类似,潘琰和林炎滨(2012)也指出实例文档的正确性问题源于映射的元素不准确、事实值不准确、事实的属性值不准确。

---

① 美国证监会 2008 年 12 月 17 日宣布分 3 年实施上市公司的 XBRL 强制披露制度,最大的 500 家上市公司要求从 2009 年 6 月 15 日起实施,剩余的上市公司要求从 2011 年 6 月 15 日起实施。

在中国,从上市公司情况看,交易所和企业均没有直接全面地披露上市公司 XBRL 财务报告实例文档,所以无法直接校验 XBRL 实例文档的正确性,这为研究中国实例文档的正确性问题带来了困难。以上交所为例,其信息披露网站上明确说明:"XBRL 实例文档中披露的信息仅供参考,请以 PDF 版本为准。"①尽管如此,通过 XBRL 财务报告的网页示范平台可以间接地校验 XBRL 实例文档的质量。立足于会计信息质量,聂萍和周戴(2011)构建了评价网页呈现质量的绩效指标和评分标准,对上海证券交易所、深圳证券交易所、台湾证券交易所、美国证监交易所和以色列证券交易所的 XBRL 示范服务平台进行了评价。总体上讲,美国证券交易所 XBRL 示范服务平台是最好的,除了呈现完整的财务报告信息之外,还呈现了高管薪酬以及管理层分析与讨论报告等信息,这些额外信息的呈现对于中国 XBRL 网页披露的改进是有借鉴意义的。何芹(2011)发现中国上市公司的报表中存在 6 类错误。她选取上交所 12 家上市银行 2009 年年报中的 4 张主表②,使用了与 Boritz 和 No 相同的比对方法,比较了 XBRL 财务信息与 PDF 报告中的财务信息,发现了 XBRL 报告中存在报表项目漏报、报表项目错报、报表项目顺序排列错误、金额错报和漏报、金额符号错误和合计金额错误 6 类。此外,杨周南等(2006)指出可以结合案例来建立 XBRL 应用评价体系,为实例文档评价提供一种可行的指导。

在印度,Watson(2009)发现上市公司 XBRL 实例文档中也存在错误。他选取 209 家印度上市公司披露的超过 1 400 个 XBRL 实例文档,发现存在着显著的数字汇总类错误问题,其中资产负债表存在错误的公司有 109 个,现金流量表存在错误的公司有 66 个,利润表存在错误的公司有 34 个。

由此可见,对实例文档的正确性评价均采用了公开披露与实例文档比对的方法。从各国的上市公司情况看,实例文档的正确性问题不容忽视。存在的错误包括重复、遗漏,以及拼写、数量或日期、元素的符号和权重、元素定义、元素的展现、报表项目顺序排列等问题,部分错误的原因与分类标准的信

---

① 源自:http://listxbrl.sse.com.cn/ssexbrl/presentAction.do 上海证券交易所上市公司 XBRL 信息披露平台。访问时间:2012 年 10 月。
② 资产负债表、利润表、现金流量表和股东权益变动表。

息正确性问题直接关联,源自公司错误的扩展分类标准的信息元素。

5.4 评价的结论和启示

对分类标准的评价主要集中在完整性方面,研究方法几乎都采用了Bovee提出的匹配研究法。在比较分类标准和上市公司年度财务报表之间的差异方面,张天西和黄长胤对分类标准的完整性评价指标作出了系统的归纳和构造。此外,研究者们对分类标准的正确性评价采用了符合XBRL语法规范的研究方法,并开始了对分类标准效率性评价指标的构造。

国内外的学者在不同的阶段,对不同的分类标准与公司的披露实务进行了匹配研究(accommodation research),发现现有的各分类标准在合规性方面比较完善,而在适用性方面存在不足。

在国外,Bovee等(2002)对美国财务报告分类标准(2000 version)的质量进行了实证检验。他们选取了67个工商企业(commercial and industrial, C&I)作为样本,将其1999年度财务报表中的元素与该分类标准中的元素进行配对,然后研究公司报告实务元素与分类标准元素之间的差异。结果发现,分类标准与报表项目整体上还是比较配对的,但是也还存在一定程度的差异。Chakraborty和Vasarhelyi(2010)利用软件工具和层级聚类算法对从《财富》世界500强企业(Fortune 500)中随机选取的120家公司2007年年报(10-K Form)进行了检验,发现实际报告中的元素结构和通用分类标准中的元素结构存在的最主要的差异,就是通用分类标准中的元素较披露实务的偏好要更概括,即通用分类标准中的元素在很多情况下是披露实务中元素的合计数(aggregated structure)。

在我国,高锦萍和张天西(2006)考察了2005年上海证券交易所制定的《中国上市公司信息披露分类标准》中的财务信息元素集合和当年12个行业中117家上市公司披露项目的匹配程度,研究发现XBRL财务报告分类标准与公司报告实务间存在较大的差异。

国内外对于分类标准评价的结论几乎都认为各自国家和地区现有的分

类标准有待改进。分类标准的扩展是改进的有效方法,但是也存在风险,需要有引导、规范化扩展。

1. 分类标准扩展的必要性

相关的研究指出,分类标准改进的一个重要途径就是进行分类标准的扩展。Cohen(2004)指出,尽管(通用)分类标准包含大量的信息,但它们仅仅是现行共同报告实践的综合,不可能满足每一个公司的特定信息报告要求。因此,竭力使 XBRL 财务报告完全反映纸质报告所有内容的要求是对分类标准进行扩展的原因。沈颖玲(2004)认为,XBRL 是 XML 关于企业报告的分支,继承了 XML 可扩展标记的特性。因此,XBRL 在遵循 XML 标准技术框架的同时,还保留了充分的弹性,以便于不同国家、不同行业甚至不同企业根据其实际情况扩展标记,从而在一定程度上解决了会计特色问题。Plumlee 等(2008)认为,为了确保报告主体自愿披露的权利,应该允许报告主体认为仅使用通用分类标准中的标准元素(standard elements)不能充分地表述其意愿披露的信息时,报告主体可以扩展分类标准,即使扩展的元素是该报告主体特有的元素。聂萍和周戴(2011)的研究发现,目前我国会计制度及会计准则并没有针对 XBRL 网络财务报告的新特点对披露内容进行限定和扩展,上市公司网络财务报告披露所依据的相关规范也没有给出企业自行设定子级分类标准的指导意见。提高 XBRL 网络财务报告的质量不仅以"用户为导向",注重网页的拓展性,而且也要注重内部分类标准技术的提高。可见,分类标准的扩展以及对扩展的规范是提高 XBRL 财务报告质量的需要。

更进一步,Bovee 等(2002)的研究特别提到了行业差异的显著性,并讨论了指定分行业分类标准的必要性。

2. 分类标准扩展的风险

对分类标准的扩展也可能带来新的风险,主要是报送者错误的扩展、可比性下降等对披露信息质量可能产生影响的风险。但对于此类可能存在的风险,学者的观点并不统一。毕马威(KPMG, 2004)认为,扩展不仅不会降低可比性,反而会提高可比性。因为如果报告主体在通用的分类标准中搜索不到合适的标准元素来标记其财务信息,而是通过将其财务信息组合成符合标准元素定义的信息,那么会使得 XBRL 实例文档与其权威的披露(HTML 或者 PDF 等格式)之间的关联减弱,反而限制了信息的可比性。Boritz 和 No (2005,2008)认为,报告主体扩展的分类标准会降低不同报告主体之间信息的可比性。Wagenhofer(2003)认为,就像报告主体会从通用分类标准中错误地选择元素一样,他们一样也可能错误地扩展分类标准。Plumlee 等(2008)也在他们的研究中指出,扩展也会引起可比性降低以及增加鉴证(assurance)的难度等问题。Baldwin 等(2006)提出,报送者对分类标准的扩展虽然会降低其实例文档与其他报告主体实例文档的兼容性(compatibility),并且还会使得这部分信息的可获得性降低,但是对于使用者而言,这些扩展存在着学习曲线(learning curve)效应,即这些负面效应会逐渐降低。

5.5　本章小结

本章从完整性、效率性和正确性3个角度总结当前评价分类标准的国内外经验。完整性方面要求分类标准和企业披露意愿之间的差异足够小。正确性是指分类标准中的财务信息元素和财务信息元素之间的关系定义要符合 XBRL 语法规范,做到正确无误。这3个方面的研究与本书的研究紧密相关。这些研究既是本书继续研究的基础,又为本书的研究指明了方向。分类标准的信息完整性评价构成了第 6 章分类标准创建质量评价模型的理论基础;分类标准的扩展和信息完整性评价共同构成了第 7 章中分类标准扩展质量评价模型的理论基础,同时为第 8 章财务报告分类标准的质量改进提供了重要借鉴。此外,当前研究中基于财务信息元素的质量评价、信息元素的匹配研究法以及数据层面由完备性和相关性组成的二维交互质量评价等观点是本书尝试构建分类标准创建质量评价模型和扩展质量评价模型的思想源泉。

第 6 章

分类标准的创建质量评价

"如何评价分类标准的质量"是本书研究的第二个问题。本章的研究就是从创建的视角来评价分类标准质量。首先,构建了基于成本收益和信息完整性的创建质量测度,用于测度分类标准的创建质量;其次,针对元组模式和维度模式,深化了该创建质量模型;最后,以财务报表附注的信息元素为样本,对不同的创建模式进行了创建效率、语义信息完整性和创建质量的度量与评价。

6.1 创建质量的理论模型

6.1.1 创建质量评价标准

目前,对分类标准的质量评价主要采用信息匹配法(Bovee 等,2002;高锦萍和张天西,2006)。有学者从上市公司实务披露和分类标准之间信息元素的差异角度评价了分类标准的完整性(Zhu 和 Wu,2011)和效率性(黄长胤和张天西,2011b)。评价分类标准的创建质量在以往的国内外文献中没有见到过,本书是首次涉及。

网络财务报告时代,分类标准是企业创建 XBRL 财务报告的模板,分类标准的质量影响着会计信息的质量。由于会计信息的质量是以成本效益原则为前提,已为世界各国的从业者(FASB,2006;财政部会计司编写组,2010)所认同,因此构造分类标准创建质量的评价标准时要考虑成本收益因素(王军,2011)。另外,分类标准中定义了不同种类的信息元素,它们有着不同含量的财务信息语义,是公司向利益相关者披露财务知识的载体。创建分类标准就是构造这些信息元素,所以信息元素是直接影响分类标准质量的因子。

综合上述成本效益原则、分类标准、信息元素和信息语义之间的关系,在构造分类标准的创建成本时,要从信息元素的成本角度来度量;在构造分类标准的创建效益时,要从信息元素呈现给报告使用者的披露收益角度来度量;在构造效率性测度时,需要同时考虑信息元素的创建成本和信息元素的披露收益;在构造完整性测度时,需要考虑不同种类信息元素的财务信息语义含量。

基于此,本书选择效率性和完整性两个质量因素来作为创建质量的评价标准。

6.1.2 创建质量度量指标

1. 创建质量——效率性测度

成本效益原则是定义创建效率的理论基础。

定义 6.1 分类标准的创建总成本由分类标准中信息元素的创建成本加总而成,也可以表示为分类标准中信息元素的平均创建成本和信息元素数量之间的乘积。由此,可以将分类标准的创建总成本定义列式为:

$$CT = \sum_{j=1}^{N_1} c(e_j) = N_1 \times \bar{c} \qquad (公式6\text{-}1)$$

式中:$c(e_j)$ 表示信息元素 e_j 的创建成本;N_1 表示信息元素空间中创建的元素总数;$\bar{c}$ 表示信息元素空间的单位创建成本。

定义 6.2 分类标准的披露总收益由分类标准中财务信息元素的披露收益加总而成,也可以表示为分类标准中财务信息元素的平均披露收益和财务信息元素数量之间的乘积。由此,可以将分类标准的披露总收益定义列式为:

$$RT = \sum_{j=1}^{N_2} r(e_j) = N_2 \times \bar{r} \qquad (公式6\text{-}2)$$

式中:$r(e_j)$ 表示财务信息元素 e_j 的收益;N_2 表示信息元素空间中披露

的财务信息元素总数;$\bar{r}$表示信息元素空间的单位披露收益。

定义 6.3 分类标准的创建效率是分类标准中披露财务信息元素所获总收益占创建信息元素的总成本的比例。由此,可以将分类标准的创建效率定义列式为:

$$CET = \frac{RT}{CT} \times 100\% = \frac{N_2 \times \bar{r}}{N_1 \times \bar{c}} \times 100\% \qquad (公式 6-3)$$

2. 创建质量——财务语义信息完整性测度

定义 6.4 分类标准的财务语义信息完整性是分类标准披露的财务信息语义总量占信息语义总量的比例。财务信息语义是信息语义中关于财务信息的加权平均,其中,财务信息元素的权重为 1,非财务信息元素的权重由它与财务信息元素之间的财务信息覆盖度决定。财务信息覆盖度越高的权重越接近于 1,财务信息覆盖度越低的权重越接近于 0。由此,可以将分类标准的财务语义信息完整性定义列式为:

$$CRT = \frac{N_2 + \mu \times N_3}{N_2 + N_3} \times 100\% \qquad (公式 6-4)$$

式中:N_2 表示信息元素空间中披露的财务信息元素总数;N_3 表示信息元素空间中非财务信息的元素总数;μ 为非财务信息元素与财务信息元素的财务信息覆盖程度。

3. 创建质量——整体测度

定义 6.5 分类标准的创建质量测度由创建效率和语义信息完整性共同决定。由此,可以将分类标准的创建质量测度定义列式为:

$$CQT_\beta = \frac{1+\beta^2}{\frac{\beta}{CET} + \frac{1}{CRT}} \qquad (公式 6-5)$$

式中:β 为重要性调节因子,表示创建质量中创建效率 CET 的重要性是语义信息完整性 CRT 的 β 倍。

不妨假设,分类标准创建质量中创建效率 CET 和语义信息完整性 CRT 同等重要,那么,可以将分类标准的创建质量测度表示为:

$$CQT_1 = \frac{2}{\frac{1}{CET} + \frac{1}{CRT}} \qquad \text{(公式 6-6)}$$

该测度指标越大,说明分类标准的创建质量越高。

6.2 创建质量的实现模型

6.2.1 元组模式的实现模型

1. 信息元素空间

信息元素空间是信息元素的集合以及信息元素之间的相互关系(黄长胤,2012)。在元组模式下,财务报告附注中的可变多维表格由财务信息元素集合直接构造而成,财务信息元素是构成财务报告附注明细表信息的最基本单元。由此,分类标准的财务信息元素空间表示为:

$$\Phi = \{e_j \in J\} \qquad \text{(公式 6-7)}$$

式中:e_j 表示分类标准的财务信息元素,J 是分类标准中的元组。

2. 实现模型

1)信息元素空间的基数

在元组模式下,分类标准的信息元素空间和财务信息元素空间完全重合,信息元素空间中创建的元素总数和信息元素空间中披露的财务信息元素总数相同。所以:

$$N_1 = N_2 = |\Phi| \qquad \text{(公式 6-8)}$$

式中:$|\Phi|$ 是分类标准的财务信息元素空间的基数;N_1 表示信息元素空间中创建的元素总数;N_2 表示信息元素空间中披露的财务信息元素总数。

另外,元组模式下信息元素空间中仅有财务信息元素,没有非财务信息元素,所以:

$$N_3 = 0 \qquad \text{(公式 6-9)}$$

式中:N_3 表示信息元素空间中非财务信息的元素总数。

为了简化研究问题,不妨假设:无论是元组模式还是维度模式,财务信息元素空间的单位创建成本均相同,用 $\bar{c}$ 表示;无论是元组模式还是维度模式,财务信息元素空间的单位披露收益均相同,用 $\bar{r}$ 表示。

2) 创建效率

将公式 6-8 代入定义 6.1,可以得到元组模式下分类标准的创建总成本为:

$$CT = N_1 \times \bar{c} = |\Phi| \times \bar{c} \quad \text{(公式 6-10)}$$

将公式 6-8 代入定义 6.2,可以得到元组模式下分类标准的披露总收益为:

$$RT = N_2 \times \bar{r} = |\Phi| \times \bar{r} \quad \text{(公式 6-11)}$$

将公式 6-8 代入定义 6.3,可以得到元组模式下分类标准的创建效率为:

$$CET = \frac{\bar{r}}{\bar{c}} \times 100\% \quad \text{(公式 6-12)}$$

3) 语义信息完整性

将公式 6-8 和公式 6-9 代入定义 6.4,可以得到元组模式下分类标准的语义信息完整性为:

$$CRT = \frac{N_2}{N_2} \times 100\% = 100\% \quad \text{(公式 6-13)}$$

4) 创建质量测度

若创建质量中创建效率 CET 和语义信息完整性 CRT 同等重要,将公式 6-12 和公式 6-13 代入定义 6.5 的公式 6-6,可以得到元组模式下分类标准的创建质量测度为:

$$CQT_1 = \frac{2}{\frac{\bar{c}}{\bar{r}} + 1} \quad \text{(公式 6-14)}$$

6.2.2 维度模式的实现模型

维度模式下,广义财务信息元素空间可以被划分为结构信息元素空间、单项财务信息元素空间和影子财务信息元素空间(参见图 6-1)。

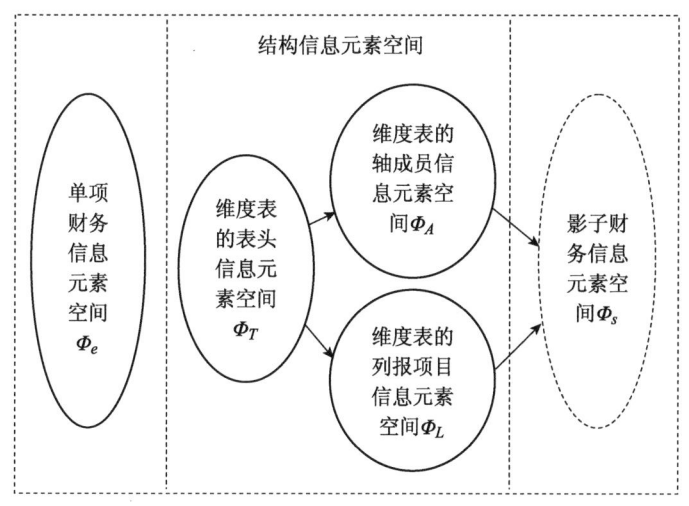

图 6-1 通用分类标准广义财务信息元素空间的结构关系

1. 结构信息元素空间

结构信息元素空间由维度表的表头信息元素空间 Φ_T、维度表的轴成员信息元素空间 Φ_A 和维度表的列报项目信息元素空间 Φ_L 构造而成(参见图 6-1)。以通用分类标准的货币资金年初期末余额表为例(参见表 4-2),货币资金年初期末余额明细表是维度表的表头信息元素空间 Φ_T 的一员;货币种类(参见表 4-2 第一列)和货币资金类别(参见表 4-2 第二列)是维度表的轴成员信息元素空间 Φ_A 的一员;货币资金年初期末余额概念(参见表 4-2 第一行)是维度表的列报项目信息元素空间 Φ_L 的一员。

1) 维度表的表头信息元素空间

维度表的表头信息元素空间可以表示为:

$$\Phi_T = \{e_d \mid d \in D\} \quad \text{(公式 6-15)}$$

式中:e_d 表示维度型的表头信息元素。

2) 维度表的轴成员信息元素空间

维度 d 中轴成员信息元素空间可以表示为:

$$\Phi_A = \{e_v \mid v \in V\} \quad \text{(公式 6-16)}$$

式中：e_v 表示维度型的轴成员信息元素。

维度 d 的第 i 个轴成员信息元素空间可以表示为：

$$\Phi_{A_i} = \{e_{x_i} \mid x_i \in X_i\} \qquad (公式6-17)$$

式中：e_{x_i} 表示维度 d 中第 i 个轴成员信息元素，对于 $n \times 1$ 型维度，$i = 1 \cdots n$。

3）维度表的列报项目信息元素空间

维度 d 中列报项目信息元素空间可以表示为：

$$\Phi_L = \{e_y \mid y \in Y\} \qquad (公式6-18)$$

式中：e_y 表示维度型的列报项目信息元素。

2. 单项财务信息元素空间

在维度模式下，单项财务信息元素是分类标准中直接定义的非维度构造的财务信息元素。例如，通用分类标准财务报告附注中的货币资金模块的银行承兑汇票保证金元素，就是非维度构造的财务信息元素空间 Φ_e（见图 6-1 的左侧）的一员。

单项财务信息元素空间可以表示为：

$$\Phi_e = \{e_k \mid k \in K\} \qquad (公式6-19)$$

式中：e_k 表示非维度构造的财务信息元素。

3. 影子财务信息元素空间

在维度模式下，影子财务信息元素空间 Φ_S（参见图 6-1 的右侧）是由维度表的轴成员信息元素空间 Φ_A 和维度表的列报项目信息元素空间 Φ_L 构造而成。

仍以通用分类标准的货币资金年初期末余额表为例（参见表 4-2），它是一个 2×1 型维度。其中，轴元素集合有两类信息元素：一类是货币资金类别，包含 3 个信息元素：库存现金、银行存款和其他货币资金等；另一类是货币种类，包含 3 个信息元素：人民币、美元和欧元等。列报项目元素集合只有 1 类信息元素，包含 3 个信息元素：原币金额、折算汇率和人民币金额等。

影子财务信息空间可以表示为：

$$\Phi_S = \Phi_{A_1} \times \Phi_{A_2} \times \cdots \times \Phi_{A_n} \times \Phi_L \qquad (公式6-20)$$

第6章 分类标准的创建质量评价

式中：Φ_{A_n} 表示第 n 个轴成员信息元素空间，Φ_L 表示列报项目信息元素空间，× 表示笛卡尔乘积。

4. 实现模型

1) 信息元素空间的基数

维度模式中的非财务信息元素是结构信息元素。所以，信息元素空间中非财务信息的元素总数可以表示为：

$$N_3 = |\Phi_T| + \sum_{d=1}^{|\Phi_T|}(|\Phi_{A_1}| + |\Phi_{A_2}| + \cdots + |\Phi_{A_n}| + |\Phi_L|) \quad \text{（公式 6-21）}$$

式中：$|\Phi_T|$ 是分类标准中的维度表的表空间的基数，$|\Phi_{A_1}|$ 是维度 d 中第一个轴成员信息元素空间的基数，$|\Phi_{A_2}|$ 是维度 d 中第二个轴成员信息元素空间的基数，$|\Phi_{A_n}|$ 是维度 d 中第 n 个轴成员信息元素空间的基数，$|\Phi_L|$ 是维度 d 中列报项目信息元素空间的基数。

信息元素空间中创建的元素由非维度构造的单项财务信息元素和结构信息元素构成。所以：

$$N_1 = |\Phi_e| + N_3 \quad \text{（公式 6-22）}$$

式中：$|\Phi_e|$ 是单项财务信息元素空间的基数，N_3 是信息元素空间中非财务信息的元素总数。

财务信息元素空间中披露的元素由非维度构造的单项财务信息元素和影子财务信息元素构成。所以：

$$N_2 = |\Phi_e| + |\Phi_S| \quad \text{（公式 6-23）}$$

式中：$|\Phi_e|$ 是单项财务信息元素空间的基数，$|\Phi_S|$ 是影子财务信息空间的基数。

2) 创建效率

将公式 6-22 代入定义 6.1，可以得到维度模式下分类标准的创建总成本为：

$$CT = \left(|\Phi_e| + |\Phi_T| + \sum_{d=1}^{|\Phi_T|}(|\Phi_{A_1}| + |\Phi_{A_2}| + \cdots + |\Phi_{A_n}| + |\Phi_L|)\right) \times \bar{c}$$

（公式 6-24）

将公式 6-23 代入定义 6.2,可以得到维度模式下分类标准的披露总收益为:

$$RT = \left(|\Phi_e| + \sum_{d=1}^{|\Phi_T|} (|\Phi_{A_1}| \times |\Phi_{A_2}| \times \cdots \times |\Phi_{A_n}| \times |\Phi_L|) \right) \times \bar{r} \quad \text{(公式 6-25)}$$

将公式 6-22 和公式 6-23 代入定义 6.3,可以得到维度模式下分类标准的创建效率为:

$$CET = \frac{\left(|\Phi_e| + \sum_{d=1}^{|\Phi_T|} (|\Phi_{A_1}| \times |\Phi_{A_2}| \times \cdots \times |\Phi_{A_n}| \times |\Phi_L|) \right) \times \bar{r}}{\left(|\Phi_e| + |\Phi_T| + \sum_{d=1}^{|\Phi_T|} (|\Phi_{A_1}| + |\Phi_{A_2}| + \cdots + |\Phi_{A_n}| + |\Phi_L|) \right) \times \bar{c}} \times 100\%$$

(公式 6-26)

3) 语义信息完整性

将公式 6-21 和公式 6-23 代入定义 6.4,可以得到维度模式下分类标准的语义信息完整性为:

$$CRT = \frac{(|\Phi_e| + |\Phi_S|) + \mu_1 \times \left(\sum_{d=1}^{|\Phi_T|} (|\Phi_{A_1}| + |\Phi_{A_2}| + \cdots + |\Phi_{A_n}|) \right) + \mu_2 \times |\Phi_L|}{(|\Phi_e| + |\Phi_S|) + \sum_{d=1}^{|\Phi_T|} (|\Phi_{A_1}| + |\Phi_{A_2}| + \cdots + |\Phi_{A_n}| + |\Phi_L|)} \times 100\%$$

(公式 6-27)

式中:μ_1 为轴成员信息元素与财务信息元素之间的财务信息覆盖程度;μ_2 为列报项目信息元素与财务信息元素之间的财务信息覆盖程度。所以,轴成员信息元素的财务信息覆盖程度可以表示为:

$$\mu_1 = \frac{\left(\sum_{d=1}^{|\Phi_T|} (|\Phi_{A_1}| + |\Phi_{A_2}| + \cdots + |\Phi_{A_n}|) \right)}{\left(\left(\sum_{d=1}^{|\Phi_T|} (|\Phi_{A_1}| + |\Phi_{A_2}| + \cdots + |\Phi_{A_n}|) \right) + |\Phi_L| \right)} \quad \text{(公式 6-28)}$$

列报项目信息元素的财务信息覆盖程度可以表示为:

$$\mu_2 = \frac{|\Phi_L|}{\left(\left(\sum_{d=1}^{|\Phi_T|} (|\Phi_{A_1}| + |\Phi_{A_2}| + \cdots + |\Phi_{A_n}|) \right) + |\Phi_L| \right)} \quad \text{(公式 6-29)}$$

4）创建质量测度

若创建质量中创建效率 CET 和语义信息完整性 CRT 同等重要，将公式 6-26 和公式 6-27 代入定义 6.5 的公式 6-6，可以得到维度模式下分类标准的创建质量测度。

6.3　创建质量的应用检验

6.3.1　样本选择

为了评价不同模式下分类标准的创建质量，本章选取上交所上市公司分类标准作为元组模式的样本，选取通用分类标准作为维度模式的样本。同时，考虑到财务报表附注是财务报告信息披露的核心，仅统计财务报告中财务报表的信息不够全面，本章将信息范围扩展到财务报表附注部分。

6.3.2　统计方法

我们采用逆向工程和人工统计相结合的混合统计法。

上交所上市公司分类标准采用的是逆向工程统计法。从 www.xbrl-cn.org 网站下载获取上交所工商业分类标准的压缩文件：clcid-DTS.zip，使用 Fujitsu 公司的 Taxonomy Editor 软件打开位于相对路径..\cn\lcid\common\pt\2005-07-07\中的 clcid-pt-2005-07-07.xsd 文件，导出分类标准的元素定义表(element declaration table)。由于该分类标准在元素定义表中定义了完备的参考链接，因此可以判断导出的财务信息元素是否属于财务报表附注，从而得到上交所上市公司分类标准的信息元素集合。

通用分类标准采用的是人工统计法。从财政部网站下载通用分类标准文件和《企业会计准则通用分类标准元素清单》[①]；根据清单说明，筛选出分类标准文件中哪些模块哪些信息元素属于财务报表附注；对属于财务报表附注

---

① 引自：http://www.mof.gov.cn/mofhome/kjs/zhengwuxinxi/gongzuodongtai/201005/P020100526302881961564.pdf，可扩展商业报告语言(XBRL)通用分类标准元素 2010。访问时间：2012 年 9 月。

的模块和信息元素进行人工统计,得到通用分类标准的信息元素集合。

6.3.3 财务信息元素分布统计

1. 元组模式——以上交所上市公司分类标准为例

对上交所上市公司分类标准进行逆向工程统计,可以得到上交所上市公司在财务报表附注部分中的财务信息元素分布(参见表6-1)。该表的最后一列统计了上交所上市公司分类标准核心模块的财务信息元素分布。涵盖主要财务和绩效指标摘要、公司简介、重大会计政策、会计估计和财务报表编制方法、税收、折旧的规定、股东权益变动表、或有事项、董事会报告、主营业务收入的解释、资产负债表、现金流量表、利润分配表、财务报表附注和股东权益新旧会计准则的监管声明等内容,其中财务报表附注的财务信息元素为3 024个。

表6-1 上交所上市公司分类标准在财务报表附注部分的财务信息元素分布

模块名	对应法规	财务信息元素
Module 1	《公开发行证券的公司信息披露规范问答第1号——非经常性损益》(2007年修订)	35
Module 2	《公开发行证券的公司信息披露规范问答第5号——分别按国内外会计准则编制的财务报告差异及其披露》	28
Module 3	《公开发行证券的公司信息披露内容与格式准则第2号——年度报告的内容与格式》(2003年修订)	142
Module 4	《公开发行证券的公司信息披露编报规则第15号——财务报表的一般规定》	613
Module 5	《企业会计准则》	1 167
Module 6	《企业会计制度——会计科目和会计报表》	1 039
合计		3 024

2. 维度模式——以通用分类标准为例

对通用分类标准进行人工统计,可以得出通用分类标准在财务报表附注部分的财务信息元素分布(参见表6-2)。表中,第四行CAS1包括了存货(一般工商业)和存货(房地产行业)的财务信息元素;第五行CAS2包括了长期股权投资的财务信息元素;第六行CAS3包括了投资性房地产的财务信息元素;第七行CAS4包括了固定资产的财务信息元素;第八行CAS5包括了生产性生物资产和公益性生物资产的财务信息元素;第九行CAS6包括了无形资产的财务信息元素;第十行CAS8包括了资产减值准备和资产减值损失净额的财务信息元素;第十一行CAS9包括了应付职工薪酬的财务信息元素;第十二行CAS13包括了或有事项的财务信息元素;第十三行CAS18包括了递延所得税资产和递延所得税负债的财务信息元素;第十四行CAS27包括了油气资产的财务信息元素;第十五行CAS30包括了1年内到期的非流动资产、其他流动资产、在建工程、工程物资、商誉、长期待摊费用、其他非流动资产、应交税费、其他流动负债、其他非流动负债、实收资本或股本、资本公积、库存股、盈余公积、专项储备、未分配利润、税金及附加、销售费用和管理费用及财务费用、公允价值变动收益、投资收益、营业外支出、营业收入及营业成本和营业外收入的财务信息元素;第十六行CAS37包括了货币资金、交易性金融资产、应收票据、应收账款、可供出售的金融资产、持有至到期投资、长期应收款、交易性金融负债、应付票据、短期借款、应付账款、预收账款、应付利息、应付股利、其他应付款、1年内到期的非流动负债、长期借款、应付债券、长期应付款、预付账款、应收利息、应收股利、其他应收账款和专项应付款的财务信息元素。

表6-2 通用分类标准在财务报表附注部分的财务信息元素分布

模块名	单项财务信息元素 $\|\Phi_e\|$	维度——表头信息元素 $\|\Phi_T\|$	维度——轴成员信息元素 $\|\Phi_A\|$	维度——列报项目信息元素 $\|\Phi_L\|$	创建的信息元素 N_1	影子财务信息元素 $\|\Phi_S\|$	披露的信息元素 N_2
(1)	(2)	(3)	(4)	(5)	(6)	(7)	(8)
CAS1	11	4	28	29	72	149	160
CAS2	3	4	10	28	45	72	75
CAS3	6	2	3	35	46	39	45
CAS4	1	2	6	32	41	124	125
CAS5	2	4	16	28	50	148	150
CAS6	19	1	2	16	38	32	51
CAS8	16	1	16	4	37	64	80
CAS9	65	1	17	4	87	68	133
CAS13	3	1	7	4	15	28	31
CAS18	11	3	6	7	27	13	24
CAS27	3	3	8	24	38	68	71
CAS30	93	17	28	66	204	113	206

(续表)

模块名	单项财务信息元素 $\|\Phi_e\|$	维度——表头信息元素 $\|\Phi_T\|$	维度——轴成员信息元素 $\|\Phi_A\|$	维度——列报项目信息元素 $\|\Phi_L\|$	创建的信息元素 N_1	影子财务信息元素 $\|\Phi_S\|$	披露的信息元素 N_2
(1)	(2)	(3)	(4)	(5)	(6)	(7)	(8)
CAS37	122	20	50	75	267	165	287
合计	355	63	197	352	967	1 083	1 438

表 6-2 中,第二列单项财务信息元素是分类标准中直接定义的非维度构造的财务信息元素,该列统计了财务信息元素的数量 $\|\Phi_e\|$;第三列统计了维度中表头信息元素的数量 $\|\Phi_T\|$;第四列统计了维度中轴成员信息元素的数量 $\|\Phi_A\| = \sum_{d=1}^{|\Phi_T|}(|\Phi_{A_1}|+|\Phi_{A_2}|+\cdots+|\Phi_{A_n}|)$;第五列统计了维度中列报项目信息元素的数量 $\|\Phi_L\|$;第六列统计了信息元素空间中创建的元素总数 $N_1 = |\Phi_e| + \sum_{d=1}^{|\Phi_T|}(|\Phi_{A_1}| \times |\Phi_{A_2}| \times \cdots \times |\Phi_{A_n}| \times |\Phi_L|)$;第七列统计了维度构造的影子财务信息元素空间的数量 $|\Phi_S| = |\Phi_{A_1} \times \Phi_{A_2} \times \cdots \times \Phi_{A_n} \times \Phi_L|$;最后一列统计了财务信息元素空间中披露的元素总数 $N_2 = |\Phi_e| + |\Phi_S|$。

6.3.4 创建质量测度结果

1. 元组模式——以上交所上市公司分类标准为例

根据上交所上市公司在财务报表附注部分中的财务信息元素分布统计结果,参考 6.2.1 元组模式的实现模型,可以计算出上交所上市公司分类标准的创建总成本、创建总收益、创建效率、语义信息完整性和创建质量测度(参见表 6-3)。

表 6-3 中,通过公式 6-10 可以得到创建总成本(第三列),通过公式 6-11 可以得到创建总收益(第四列),通过公式 6-12 可以得到创建效率(第五列),通过公式 6-13 可以得到语义信息完整性(第六列),通过公式 6-14 可以得到创建质量测度(第七列)。虽然最后 3 列不同的模块及合计的数值均为 100%,但是其内在的含义有很大的差异。

表 6-3　上交所上市公司分类标准的创建质量测度（元组模式）

模块名	财务信息元素	创建总成本	创建总收益	创建效率	语义信息完整性	创建质量测度
		CT	RT	CET	CRT	CQT_1
(1)	(2)	(3)	(4)	(5)	(6)	(7)
Module 1	35	35	35	100%	100%	100.00%
Module 2	28	28	28	100%	100%	100.00%
Module 3	142	142	142	100%	100%	100.00%
Module 4	613	613	613	100%	100%	100.00%
Module 5	1 167	1 167	1 167	100%	100%	100.00%
Module 6	1 039	1 039	1 039	100%	100%	100.00%
合计	3 024	3 024	3 024	100%	100%	100.00%

2. 维度模式——以通用分类标准为例

根据通用分类标准在财务报表附注部分中的财务信息元素分布统计结果，参考 6.2.2 维度模式的实现模型，可以计算出通用分类标准的创建总成本、创建总收益、创建效率、语义信息完整性和创建质量测度（参见表 6-4）。

表 6-4　通用分类标准的创建质量测度（维度模式）

模块名	创建的元素总数	披露的元素总数	创建总成本	创建总收益	创建效率	轴成员——财务信息近似度	列报项目——财务信息近似度	语义信息完整性	创建质量测度
	N_1	N_2	CT	RT	CET	μ_1	μ_2	CRT	CQT_1
(1)	(2)	(3)	(4)	(5)	(6)	(7)	(8)	(9)	(10)
CAS1	72	160	72	160	222.22%	49.23%	50.77%	85.56%	123.55%
CAS2	45	75	45	75	166.67%	30.43%	69.57%	83.90%	111.62%
CAS3	46	45	46	45	97.83%	11.90%	88.10%	89.87%	93.68%
CAS4	41	125	41	125	304.88%	19.05%	80.95%	92.24%	141.63%
CAS5	50	150	50	150	300.00%	38.46%	61.54%	87.81%	135.86%
CAS6	38	51	38	51	134.21%	15.00%	85.00%	92.82%	109.74%
CAS8	37	80	37	80	216.22%	77.27%	22.73%	92.42%	129.49%
CAS9	87	133	87	133	152.87%	78.26%	21.74%	94.98%	117.17%
CAS13	15	31	15	31	206.67%	61.54%	38.46%	86.01%	121.47%
CAS18	27	24	27	24	88.89%	47.37%	52.63%	77.97%	83.07%
CAS27	38	71	38	71	186.84%	28.95%	71.05%	85.66%	117.47%
CAS30	204	206	204	206	100.98%	35.16%	64.84%	82.53%	90.83%
CAS37	267	287	267	287	107.49%	42.77%	57.23%	82.06%	93.07%
合计	967	1 438	967	1 438	148.71%	38.61%	61.39%	84.84%	108.04%

表 6-4 中,通过公式 6-24 可以计算出创建总成本(第四列),通过公式 6-25 可以计算出创建总收益(第五列),通过公式 6-26 可以计算出创建效率(第六列),通过公式 6-28 可以计算出轴成员信息元素的财务信息近似度(第七列),通过公式 6-29 可以计算出列报项目信息元素的财务信息近似度(第八列),通过公式 6-27 可以计算出语义信息完整性(第九列);通过公式 6-26、公式 6-27 和公式 6-6 可以计算出创建质量测度(第十列)。

3. 创建模式的质量评价

对比元组模式和维度模式下的创建质量测度(表 6-3 的第七列和表 6-4 的第十列)、创建效率(表 6-3 的第五列和表 6-4 的第六列)和语义信息完整性(表6-3 的第六列和表 6-4 的第九列),可以得出如下结果:

(1) 通用分类标准总体的创建质量优于上交所上市公司分类标准。创建质量提高了 8.04 个百分点(108.04%－100%);上交所上市公司分类标准的创建质量均为 100%;创建质量的最佳模块是通用分类标准的 CAS4 模块,其创建质量高出了通用分类标准总体 33.59 个百分点(141.63%－108.04%);创建质量的最差模块是通用分类标准的 CAS18 模块,其创建质量低于通用分类标准总体 24.97 个百分点(83.07%－108.04%)。

(2) 通用分类标准总体的创建效率优于上交所上市公司分类标准。创建效率提高了 48.71%(148.71%－100%);上交所上市公司分类标准的创建效率均为 100%;创建效率的最佳模块是通用分类标准的 CAS4 模块,其创建效率高出了通用分类标准总体 156.17 个百分点(304.88%－148.71%);创建效率的最差模块是通用分类标准的 CAS18 模块,其创建效率低于通用分类标准总体 59.82 个百分点(88.89%－148.71%)。

(3) 通用分类标准总体的语义信息完整性差于上交所上市公司分类标准。语义信息完整性降低了 15.16%(100%－84.84%);上交所上市公司分类标准的语义信息完整性均为 100%;通用分类标准中,语义相关性最好的是 CAS9 模块,其语义相关性高出了通用分类标准总体 10.14 个百分点(94.98%－84.84%);语义相关性最差的是 CAS18 模块,其语义相关性低于通用分类标准总体 6.87 个百分点(77.97%－84.84%)。

由此可以归纳出：维度模式分类标准的创建质量优于元组模式分类标准；维度模式分类标准的创建效率优于元组模式分类标准；元组模式分类标准的语义信息完整性优于维度模式分类标准。

6.4 本章小结

本章围绕"分类标准的创建质量评价"这一问题，在假定信息元素空间的单位创建成本相同，信息元素空间的单位披露收益相同，创建效率和语义信息完整性同等重要的前提下，评价了元组模式和维度模式下分类标准的创建质量。对比结果表明，总体上维度模式分类标准的创建质量优于元组模式分类标准；维度模式分类标准的创建效率优于元组模式分类标准；元组模式分类标准的语义信息完整性优于维度模式分类标准。基于此，本章为今后创建分类标准的实践提供如下指导：采用维度模式创建分类标准，而不是元组模式。

第 7 章

分类标准的扩展质量评价

本章继续深入研究本书的第二个问题"如何评价分类标准的质量"。与第 6 章不同,本章的研究是从扩展的视角来评价分类标准质量。首先,基于分类标准中信息元素的扩展频数和复用频数,构建了分类标准的完整性、效率性和可比性测度模型,用于测度分类标准的扩展质量;然后,针对直接扩展模式和行业扩展模式,深化该质量模型;最后,以石油行业上市公司财务报告附注的信息元素为样本,统计了不同扩展模式中信息元素的扩展频数和复用频数,对分类标准的完整性、效率性和可比性进行了度量、评价和稳健性检验。

7.1 扩展质量的理论模型

Elliott(2002)的信息价值链模型中,数据是原材料,信息是产成品。数据在特定的"背景"下可以转化为有用的信息。如果信息是 XBRL 财务报告,数据是 XBRL 实例文档,那么"背景"就是 XBRL 分类标准,其中包含了数据和数据之间的标识、表达、计算、参考等相互关系。扩展分类标准就是对"背景"内容进行扩充。若所需的"背景元素"在基准分类标准中已经定义,则复用该"背景元素";若没有定义,则在企业层级分类标准中扩展该"背景元素"。"背景元素"就是分类标准中的信息元素。由此可见,对分类标准扩展质量评价这一抽象目标,可以转化为对扩展"背景元素"的具体评价。

基于此,本节以信息元素为切入点,从 XBRL 财务报告使用者的视角来构造分类标准扩展的质量评价模型。

7.1.1 扩展质量评价标准

目前,分类标准的扩展质量评价主要从完整性和效率性两方面展开。

完整性方面,研究者们(Bovee 等,2002;高锦萍和张天西,2006;Zhu 和 Wu,2011;赵聪,2011)使用了信息匹配法,通过匹配分类标准中的信息元素和企业实务披露的信息元素之间的差异,对分类标准信息的完整性作出了评价。张天西等(2011)根据分类标准中的元素对于上市公司实务披露的元素的覆盖程度,归纳出了分类标准"元素的覆盖率",来评价分类标准完整性。在 Zhu 和 Wu(2011)的研究中称其为"数据完备度"(data completeness)。

效率性方面,黄长胤和张天西(2011b)根据分类标准中的元素被上市公司在披露实务中被复用的比例构造了分类标准效率性的评价指标——分类标准的复用率,反映了分类标准中的元素被上市公司的实务披露复用的程度。在 Zhu 和 Wu(2011)的研究中称其为"数据关联度"(data relevancy)。

除此之外,作为对分类标准扩展质量评价的补充,还可以从信息的可比性角度来对分类标准的扩展质量进行评价,从 XBRL 财务报告使用者的视角来构造分类标准扩展的可比性评价模型。目前,在不同扩展模式下,对于分类标准的可比性质量评价在以往的国内外文献中没有见到过,本书是首次涉及。

虽然,早在 20 世纪 70 年代,FASB 就对会计信息可比性进行了定性描述,高质量的财务报告要求公司提供的财务信息满足同一公司不同时期可比以及不同公司之间相同会计期间可比。但是,对可比性的研究主要是间接地从会计准则协调或实务协调的角度来考察会计信息的可比性,如会计准则国际协调(杨钰和曲晓辉,2008)、会计实务国际协调(Van der Tas,1988;魏明海,2003)和会计协调效果(Weetman 等,1998;徐经长等,2003)等,而非直接从可比性的内涵(即不同上市公司的信息在同一会计期间可比)角度进行研究,尤其是多个上市公司之间的可比更是如此①。

---

① 基于 XBRL 数据标准的可比性模型也仅适用于两个公司之间的比较。

对上市公司而言,扩展分类标准的过程中会复用和扩展基准分类标准中的信息元素,这为度量会计信息的可比性提供了可能。同一会计期间,当某信息元素 j 的复用和扩展频数大于等于 $i(i\geq 2)$ 次时,说明至少有 i 个公司披露了该信息元素 j 的实例,这为信息使用者比较同期 i 个公司披露的信息元素 j 提供了可能,尤其是当这些公司同属于一个行业时更有比较的意义。

以中国石化(600028)、中国石油(601857)、吉林化纤(000420)和南京化纤(600889)2010 年度财务报告附注中应交税费(如表 7-1 所示)为例。

表 7-1 2010 年度财务报告附注——应交税费

证券代码和名称		600028 中国石化		601857 中国石油		000420 吉林化纤		600889 南京化纤	
时期	频数	期末余额	期初余额	期末余额	期初余额	期末余额	期初余额	期末余额	期初余额
(1)	(2)	(3)	(4)	(5)	(6)	(7)	(8)	(9)	(10)
消费税	2	12 505.00	11 686.00	11 073.00	8 087.00	—	—	—	—
所得税	4	7 620.00	1 953.00	22 169.00	9 721.00	1.85	0.44	−4.68	−0.12
增值税	3	−5 287.00	−8 307.00	—	—	−15.52	−29.11	−24.68	−9.55
营业税	2	—	—	—	—	0.24	0.24	−8.31	0.00
城建税	2	—	—	—	—	1.60	0.40	−0.31	0.19
土地增值税	1	—	—	—	—	—	—	−3.36	0.00
石油特别收益金	2	5 242.00	3 703.00	14 788.00	9 897.00	—	—	—	—
矿产资源补偿费	1	711.00	722.00	—	—	—	—	—	—
个人所得税	2	—	—	—	—	0.49	0.08	0.02	0.01
印花税	2	—	—	—	—	0.13	0.08	0.00	0.00
教育费附加	2	—	—	—	—	0.69	0.24	−0.07	0.20
防洪基金	1	—	—	—	—	1.35	1.35	—	—
堤围防护费	1	—	—	—	—	—	—	0.00	0.00
车船税	1	—	—	—	—	—	—	0.00	0.00
房产税	1	—	—	—	—	−0.48	—	—	—
城镇土地使用税	1	—	—	—	—	0.00	0.00	—	—
其他税	3	3 807.00	3 060.00	9 247.00	7 258.00	—	—	0.33	0.71
合计税费	4	24 598.00	12 817.00	57 277.00	34 963.00	−9.64	−26.25	−41.07	−8.56

表 7-1 中,应交税费是维度型表头信息元素;第一列第四行到第二十一行 18 个信息元素是维度型的轴成员信息元素;第二行的期末余额和期初余额是维度型的 2 个列报项目信息元素。由轴成员信息元素和列报项目信息元素交叉作用可以构造出 36 个(36=2×18)维度表的影子财务信息元素。

字体加粗的信息元素是通用分类标准已定义的信息元素,包含消费税、所得税、增值税、营业税、城建税、土地增值税和合计税费7个信息元素。字体未加粗的信息元素是企业扩展的信息元素,如600889南京化纤扩展了个人所得税、印花税、教育费附加和其他税4个轴成员信息元素以及期末余额和期初余额2个列报项目信息元素。

从复用通用分类标准的信息元素角度统计,所得税和合计税费的复用频数为4次,增值税的复用频数为3次,消费税、营业税和城建税的复用频数为2次。从扩展通用分类标准的信息元素角度统计,其他税的扩展频数为3次,石油特别收益金、个人所得税、印花税和教育费附加的扩展频数为2次。

对财务报告使用者而言,可以通过比较该会计期间不同公司的轴成员元素,来获得有可比意义的财务会计信息,这与FASB对会计信息的可比性描述相吻合。高质量的财务报告要求公司提供的财务信息满足不同公司之间相同会计期间可比。同样,对财务报告使用者而言,比较该会计期间不同公司的其他结构信息元素(表头信息元素和列报项目信息元素)和影子财务信息元素,也可以获得有可比意义的财务会计信息。

基于此,本章以信息元素的"频数"来作为构造分类标准可比性的基础,以完整性、效率性和可比性来共同作为分类标准扩展的质量评价标准。

7.1.2 扩展质量度量指标

本书发展了"扩展(复用)频数"来评价分类标准的完整性和效率性,并将该研究方法扩展应用于分类标准的可比性测度的构建,对分类标准扩展质量的评价方法进行了探索。

1. 扩展质量——完整性测度

本书采用"累计扩展信息量"来作为扩展分类标准的完整性质量测度。

定义7.1 "元素的扩展频数"记为xf_i,表示上市公司扩展基准分类标准、创建企业层级信息元素的频数。

假设,样本企业的数量为n,基准分类标准中信息元素的数量为m。

定义7.2 "频数的扩展密度"记为xd_j,表示扩展频数为j次的信息元素的数量,说明了在n个企业的样本中,扩展频数为j次的元素有xd_j个。这些元素在基准分类标准中没有定义,由企业重新定义而成。

定义 7.2' "频数的扩展概率密度"记为 pxd_j,是"频数的扩展密度" xd_j 经单位化处理后的结果,表示出现扩展频数为 j 次的信息元素的概率为 pxd_j,可以表示为"频数的扩展密度" xd_j 除以"扩展密度合计":

$$pxd_j = \frac{xd_j}{\sum_{j=1}^{n} xd_j}$$

定义 7.3 "扩展信息量"表示扩展频数为 j 次的信息总量,反映出在 n 个企业的样本中,有多少信息在分类标准中没有定义,而企业确有这样的披露需求。扩展信息量是扩展频数和扩展频数的密度的乘积:

$$xq_{j,x} = xf_i \times xd_j$$

定义 7.4 "累计扩展信息量"记为 $Axq_{i,x}$,表示扩展基准分类标准信息元素"频数"大于等于 i 次的信息总量,是"频数的扩展密度"的衍生测度。它反映出有多少信息量在分类标准中没有定义,而上市公司确有这样的披露需求,体现了分类标准的不足。累计扩展信息量越多,说明分类标准的完整性越低;反之,累计扩展信息量越少,说明分类标准的完整性越高。它可以表示为:

$$Axq_{i,x} = \sum_{j=i}^{n} (j \times xd_j)$$

2. 扩展质量——效率性测度

本书采用"累计复用信息量"来作为扩展分类标准的效率性质量测度。

定义 7.5 "元素的复用频数"是上市公司复用基准分类标准信息元素的频数,记为 rf_i。

定义 7.6 "频数的复用密度"记为 rd_j,表示复用频数为 j 次的信息元素的数量,说明了在 n 个企业的样本中,复用频数为 j 次的元素有 rd_j 个,这些元素在基准分类标准中有定义。

定义 7.6' "频数的复用概率密度"记为 prd_j,是频数的复用密度 rd_j 经单位化处理后的结果,表示出现复用频数为 j 次的信息元素的概率为 prd_j,

可以表示为"频数的复用密度"rd_j除以"复用密度合计":

$$prd_j = \frac{rd_j}{\sum_{j=1}^{n} rd_j}$$

定义 7.7 "复用信息量"表示复用频数为j次的信息总量,反映出在n个企业的样本中,企业使用了分类标准中多少信息。复用信息量是复用频数和复用频数的密度的乘积:

$$rq_{j,x} = rf_i \times rd_j$$

定义 7.8 "累计复用信息量"记为$Arq_{i,r}$,它表示复用基准分类标准信息元素"频数"大于等于i次的信息总量,是复用频数的密度的衍生测度。它反映出上市公司使用了分类标准中多少信息量,是分类标准效率性的反映。累计复用信息量越多,说明分类标准的效率性越高;反之,累计复用信息量越少,说明分类标准的效率性越低。它可以表示为:

$$Arq_{i,r} = \sum_{j=i}^{n} (j \times rd_j)$$

定义 7.9 "复用信息占比"记为MC_i,i为频数。复用信息占比可作为度量分类标准的完整性测度。复用信息占比越高,说明分类标准的完整性越高;反之,复用信息占比越低,说明分类标准的完整性越低。它表示复用信息量占总信息量的比例:

$$MC_i = \frac{rq_{j,x}}{(rq_{j,x} + xq_{j,x})}$$

定义 7.10 "平均复用信息量"记为ME_i,i为频数。平均复用信息量可作为度量分类标准的效率性测度。平均复用信息量越多,说明分类标准的效率性越高;反之,平均复用信息量越少,说明分类标准的效率性越低。它表示分类标准中信息元素的平均复用次数:

$$ME_i = \frac{rq_{i,r}}{m}$$

仍以中国石化(600028)、中国石油(601857)、吉林化纤(000420)和南京化纤(600889)2010年度财务报告附注中应交税费(参见表7-1)为例。第二列中字体未加粗的部分统计了元素的扩展频数 xf_i,依据定义7.2、定义7.2′、定义7.3、定义7.4和定义7.9,可以分别计算出对应频数的扩展密度、扩展概率密度、扩展信息量、累积扩展信息量和复用信息占比(参见表7-2的Panel A)。

另外,在表7-1的第二列中字体加粗的部分统计了元素的复用频数 rf_i,依据定义7.6、定义7.6′、定义7.7、定义7.8和定义7.10可以分别计算出对应频数的复用密度、复用概率密度、复用信息量、累积复用信息量和平均复用信息量(参见表7-2的Panel B)。

表7-2 扩展质量的完整性测度和效率性测度举例——应交税费

Panel A 完整性测度

频数	扩展密度 xd_j	扩展概率密度 pxd_j	扩展信息量 $xq_{j,x}$	累计扩展信息量 $Axq_{i,x}$	复用信息占比 MC_i
1	6	0.5455	6	17	0.14
2	4	0.3636	8	11	0.86
3	1	0.0909	3	3	0.43
4	0	0	0	0	1.14

Panel B 效率性测度

频数	复用密度 rd_j	复用概率密度 prd_j	复用信息量 $rq_{j,x}$	累计复用信息量 $Arq_{i,r}$	平均复用信息量 ME_i
1	1	0.1429	1	18	14.29
2	3	0.4286	6	17	42.86
3	1	0.1429	3	11	50
4	2	0.2857	8	8	100

3. 扩展质量——可比性测度

从"元素的复用频数"对财务报告使用者的效用来看,信息元素的复用频数与可比性成正向关系,复用的程度越高,信息的可比性程度越高,对财务报告的使用者越有利。但是,复用频数的增加不会线性地增加财务报告使用者的效用。复用频数对财务报告使用者的边际效用会随着复用频数的增加而递减,服从边际效用递减的规律。

定义 7.11 基于财务报告使用者对上市公司信息可比性的非线性效用,可以将分类标准的可比性质量测度定义为:

$$TC_i = \frac{Arq_{i,r}}{n \times (N_r + N_x)} \times \sqrt{\frac{i}{n}} \times 100\% \quad (公式\ 7\text{-}1)$$

该测度是基于"累计复用信息量"(效率性测度)的衍生测度,是对不同公司之间相同会计期间可比性的度量。

式中:N_r 表示全体公司中复用的信息元素的总数;N_x 表示全体公司中扩展的信息元素的总数;$Arq_{i,r}$ 表示复用基准分类标准信息元素"频数"大于等于 i 次的信息总量。

4. 扩展质量——整体测度

定义 7.12 分类标准的扩展质量测度由完整性、效率性和可比性共同决定。不妨假设,分类标准扩展质量中完整性、效率性和可比性同等重要,那么,可以将分类标准的扩展质量测度表示为:

$$XT = \frac{3}{\frac{1}{TI} + \frac{1}{TE} + \frac{1}{TC}} \quad (公式\ 7\text{-}2)$$

式中:TI 表示分类标准的完整性测度;TE 表示分类标准的效率性测度;TC 表示分类标准的可比性测度。XT 测度指标越大,说明分类标准的扩展质量越高。

定理 1(完整性定理) 行业扩展模式的完整性优于直接扩展模式。

证明:分类标准的完整性反映了分类标准中的信息元素对于企业实务披露信息元素的覆盖程度(Bovee 等,2002;高锦萍和张天西,2006;Zhu 和 Wu,2011)。若直接扩展模式的基准分类标准为 A,行业扩展模式的基准分类标准为 A',企业披露的信息元素的集合为 B(参见图 7-1),那么,直接扩展模式的完整性为 $card(A \cap B)/card(B)$,行业扩展模式的完整性为 $card(A' \cap B)/card(B)$。其中,$card$ 为有限集合的基数运算符,$card(A)$ 表示通用分类标准信息元素的个数。

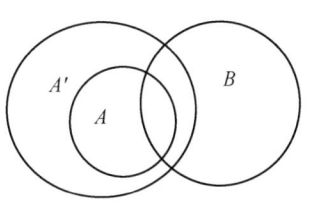

图 7-1 分类标准和企业实务披露的关系

行业分类标准包含了直接引用通用分类标准中定义的部分信息元素、间接引用通用分类标准中定义的其余信息元素和扩展新定义行业特色的信息元素3个部分。前两部分的可用信息元素就是通用分类标准中的信息元素。由此可见,行业分类标准中可用的信息元素的数量一定多于通用分类标准中可用信息元素的数量。直接扩展模式的信息元素的可用集合是行业扩展模式的信息元素的可用集合的真子集。

所以 $A \subset A' \Rightarrow card(A \cap B)/card(B) < card(A' \cap B)/card(B)$

即:行业扩展模式的完整性优于直接扩展模式。分类标准和企业实务披露关系参见图7-1。

定理2(效率性决定定理) 行业扩展模式和直接扩展模式之间效率性高低由行业分类标准增量部分的效率性决定。行业分类标准增量部分的效率性高于通用分类标准的效率性时,行业扩展模式的效率性优于直接扩展模式;行业分类标准增量部分的效率性低于通用分类标准的效率性时,行业扩展模式的效率性劣于直接扩展模式。

证明:分类标准的效率性反映了分类标准中的信息元素被企业复用的比例(黄长胤和张天西,2011b)。沿用定理1证明中关于 A、A' 和 B 的定义。不难看出,直接扩展模式的效率性为 $card(A \cap B)/card(A)$,行业扩展模式的效率性为 $card(A' \cap B)/card(A')$。

然而,$A \subset B$ 不能推出

$$\begin{cases} card(A \cap B)/card(A) < card(A' \cap B)/card(A') \\ \text{or} \\ card(A \cap B)/card(A) > card(A' \cap B)/card(A') \end{cases}$$

即:行业扩展模式和直接扩展模式之间效率性无法直接判定。

假设行业分类标准增量部分信息元素的集合为 $\Delta A = A' - A$,由效率性的定义可以得到,行业分类标准增量部分的效率性为 $card(\Delta A \cap B)/card(\Delta A)$。

若行业分类标准增量部分的效率性高于通用分类标准的效率性,那么

$$\frac{card(\Delta A \cap B)}{card(\Delta A)} > \frac{card(A \cap B)}{card(A)}$$

$$\Rightarrow card(\Delta A \cap B) \times card(A) > card(A \cap B) \times card(\Delta A)$$

$$\Rightarrow \frac{card(\Delta A \cap B) \times card(A)}{card(A')} > \frac{card(A \cap B) \times card(\Delta A)}{card(A')}$$

$$\Rightarrow \frac{card(\Delta A \cap B)}{card(A')} > \frac{card(A \cap B) \times card(\Delta A)}{card(A') \times card(A)} = \frac{card(A \cap B) \times card(A' - A)}{card(A') \times card(A)}$$

$$= card(A \cap B) \times \left(\frac{1}{card(A)} - \frac{1}{card(A')}\right)$$

$$\Rightarrow \frac{card(\Delta A \cap B)}{card(A')} + \frac{card(A \cap B)}{card(A')} > \frac{card(A \cap B)}{card(A)}$$

$$\Rightarrow \frac{card(A' \cap B)}{card(A')} > \frac{card(A \cap B)}{card(A)}$$

即:行业分类标准增量部分的效率性高于通用分类标准的效率性时,行业扩展模式的效率性优于直接扩展模式。同理可以证明,行业分类标准增量部分的效率性低于通用分类标准的效率性时,行业扩展模式的效率性劣于直接扩展模式。

7.2 扩展质量的实现模型

7.2.1 元素的频数统计

1. 复用频数统计

在创建 XBRL-FRI 的信息元素实例时,如果在基准分类标准中已经存在了该元素的定义,企业将在实例文档中复用该元素。以复用维度表的轴成员信息元素(表头、列报项目和影子信息元素参见附录6)为例,如果某个企业的维度表的轴成员元素实例集合($ed_{j,v}$)中的元素实例复用了基准分类标准的维度表的轴成员元素集合($d_{j,v}$)中的元素,那么 $d_{j,v}$ 中对应的轴成员元素的复用频数为1;如果 $d_{j,v}$ 中的轴成员元素没有被企业复用,那么该元素的复用频数为0。对 k 个企业复用 $d_{j,v}$ 中的轴成员元素进行统计,可以得出 $d_{j,v}$ 中轴成员信息的"元素的复用频数"集合,即:

$$\Phi_{g,v} = \left\{\sum_{j=1}^{k}[rf(ed_{j,v} \cap d_{j,v}) = 1]\right\} \quad \text{(公式 7-3)}$$

通过公式 7-3 可以统计出轴成员元素的复用频数。若 k 个企业从通用分类标准中复用了 m_v 个轴成员元素,那么上式可以表达为:

$$\Phi_{g,v} = \{rf_{1,t}, rf_{2,t}, \cdots, rf_{m_d,t}\} = \{rf_{i,t}\}, i \in \{N^+ \cap [1, m_v]\} \quad (公式\ 7\text{-}4)$$

式中: $rf_{i,t} \in \{N^+ \cap [1, k]\}$。

对公式 7-4 中频数集合 $\Phi_{g,v}$ 按复用频数 $rf_{i,t}$ 进行归类统计(算法参见附录 5),可以构造出基于 $\Phi_{g,v}$ 的"频数的复用密度"统计集合,即:

$$\Phi_{g,v,f} = \{rd_1, rd_2, \cdots, rd_k\} = \{rd_j\}, j \in \{N^+ \cap [1, k]\} \quad (公式\ 7\text{-}5)$$

式中: rd_j 表示 k 个企业中复用轴成员元素频次为 j 次的信息元素的密度(数量)。所以,k 个企业轴成员元素的总复用信息量为:

$$N_{g,v} = \sum_{j=1}^{k}(j \times rd_j) \quad (公式\ 7\text{-}6)$$

k 个企业复用轴成员元素频次大于等于 i 次的累计复用信息量为:

$$N_{g,v,\geqslant i} = \sum_{j=i}^{k}(j \times rd_j) \quad (公式\ 7\text{-}7)$$

2. 扩展频数统计

如果在基准分类标准中没有该轴成员元素的定义,企业需要先依据 XBRL 语法规范扩展定义该信息元素,再在实例文档中引用该元素。仍以复用维度表的轴成员信息元素(表头、列报项目和影子信息元素参见附录 6)为例,如果某个企业的维度表的轴成员元素实例集合($ed_{j,v}$)中的元素实例使用了企业扩展的轴成员元素集合($xd_{u,v}$)中的元素,那么 $xd_{u,v}$ 中对应的轴成员元素的复用频数为 1。对 k 个企业使用 $xd_{u,v}$ 中的轴成员元素进行统计,可以得出 $xd_{u,v}$ 中轴成员信息的"元素的扩展频数"集合,即:

$$\Phi_{g,v,x} = \left\{ \sum_{j=1}^{k}[xf(ed_{j,v} \cap xd_{u,v}) = 1] \right\} \quad (公式\ 7\text{-}8)$$

通过公式 7-8 可以统计出轴成员元素的扩展频数。若 k 个企业使用了 m_{vx} 个企业扩展分类标准中的轴成员元素,那么上式可以表示为:

$$\Phi_{g,v,x} = \{xf_{1,t}, xf_{2,t}, \cdots, xf_{m_{vx},t}\} = \{xf_{i,t}\}, i \in \{N^+ \cap [1, m_{vx}]\}$$

(公式 7-9)

式中：$xf_{i,t} \in \{N^+ \cap [1,k]\}$。

对公式 7-9 中频数集合 $\Phi_{g,v,x}$ 按扩展频数 $xf_{i,t}$ 进行归类统计（算法参见附录 5），可以构造出基于 $\Phi_{g,v,x}$ 的"频数的扩展密度"统计集合，即：

$$\Phi_{g,v,x,f} = \{xd_1, xd_2, \cdots, xd_k\} = \{xd_j\}, j \in \{N^+ \cap [1,k]\} \quad \text{（公式 7-10）}$$

式中：xd_j 表示 k 个企业中扩展轴成员元素频次为 j 次的信息元素的密度（数量）。所以，k 个企业轴成员元素的总扩展信息量为：

$$N_{g,v,x} = \sum_{j=1}^{k}(j \times xd_j) \quad \text{（公式 7-11）}$$

k 个企业扩展轴成员元素频次大于等于 i 次的累计扩展信息量为：

$$N_{g,v,x,\geqslant i} = \sum_{j=i}^{k}(j \times xd_j) \quad \text{（公式 7-12）}$$

根据公式 7-6 和公式 7-11，k 个企业披露的轴成员元素的总信息量等于总复用信息量加总扩展信息量，可以表示为：

$$N_{3,g,v} = N_{g,v} + N_{g,v,x} \quad \text{（公式 7-13）}$$

根据公式 7-7 和公式 7-12，k 个企业披露的轴成员元素频次大于等于 i 次的累计信息量为：

$$N_{3,g,v,\geqslant i} = N_{g,v,\geqslant i} + N_{g,v,x,\geqslant i} \quad \text{（公式 7-14）}$$

7.2.2　直接扩展模式下的实现模型

在直接扩展模式下，上市公司创建 XBRL-FRI 实例时的参考基准分类标准是通用分类标准，通过复用和扩展通用分类标准中维度表的表头信息元素、轴成员信息元素、列报项目信息元素以及由轴成员和列报项目构造的影子财务信息元素来构造企业层级分类标准。

如果 k 个企业从通用分类标准中复用了 m_d 个表头信息元素，m_v 个轴成员信息元素，m_w 个列报项目信息元素和 m_e 个影子财务信息元素，那么全体（k 个企业）复用的信息元素的总数为：

$$N_r = m_d + m_v + m_w + m_e \qquad \text{(公式 7-15)}$$

如果 k 个企业使用了企业扩展分类标准中的 m_{dx} 个表头信息元素,m_{vx} 个轴成员信息元素,m_{wx} 个列报项目信息元素和 m_{ex} 个影子财务信息元素,那么全体(k 个企业)扩展的信息元素的总数为:

$$N_x = m_{dx} + m_{vx} + m_{wx} + m_{ex} \qquad \text{(公式 7-16)}$$

如果 k 个企业披露的维度表的表头信息元素频数大于等于 i 的总数,为 $N_{3,g,d,\geq i}$,轴成员信息元素频数大于等于 i 的总数,为 $N_{3,g,v,\geq i}$,列报项目信息元素频数大于等于 i 的总数,为 $N_{3,g,w,\geq i}$,影子财务信息元素频数大于等于 i 的总数,为 $N_{2,g,e,\geq i}$,那么全体(k 个企业)披露的信息元素频数大于等于 i 的总数为:

$$Arq_i = N_{3,g,d,\geq i} + N_{3,g,v,\geq i} + N_{3,g,w,\geq i} + N_{2,g,e,\geq i} \qquad \text{(公式 7-17)}$$

根据公式 7-1、公式 7-15、公式 7-16 和公式 7-17,可比性测度可以表示为:

$$TC_{g,i} = \frac{N_{3,g,d,\geq i} + N_{3,g,v,\geq i} + N_{3,g,w,\geq i} + N_{2,g,e,\geq i}}{k \times (m_d + m_v + m_w + m_e + m_{dx} + m_{vx} + m_{wx} + m_{ex})} \times \sqrt{\frac{i}{k}} \times 100\%$$

$$\text{(公式 7-18)}$$

7.2.3 行业扩展模式下的实现模型

在行业扩展模式下,上市公司创建 XBRL-FRI 实例时的参考基准分类标准是行业和通用分类标准,通过复用、扩展行业和通用分类标准中维度表的表头信息元素、轴成员信息元素、列报项目信息元素以及由轴成员和列报项目构造的影子财务信息元素来构造企业层级分类标准。

如果 k 个企业从行业分类标准中复用了 $m_{d,i}$ 个表头信息元素,$m_{v,i}$ 个轴成员信息元素,$m_{w,i}$ 个列报项目信息元素和 $m_{e,i}$ 个影子财务信息元素,从通用分类标准中复用了 m_d 个表头信息元素,m_v 个轴成员信息元素,m_w 个列报项目信息元素和 m_e 个影子财务信息元素,那么全体(k 个企业)复用的信息元素的总数为:

$$N_r = m_{d,i} + m_{v,i} + m_{w,i} + m_{e,i} + m_d + m_v + m_w + m_e \quad \text{(公式7-19)}$$

全体(k个企业)扩展的信息元素的总数 N_x 的计量参见公式7-16,全体(k个企业)披露的信息元素频数大于等于 i 的总数 Arq_i 的计量参见公式7-17。

根据公式7-1、公式7-16、公式7-17 和公式7-19,可比性测度可以表示为:

$$TC_{i,i} = \frac{N_{3,g,d,\geq i} + N_{3,g,v,\geq i} + N_{3,g,w,\geq i} + N_{2,g,e,\geq i}}{k \times (m_{d,i} + m_{v,i} + m_{w,i} + m_{e,i} + m_d + m_v + m_w + m_e + m_{dx} + m_{vx} + m_{wx} + m_{er})} \times \sqrt{\frac{i}{k}} \times 100\% \quad \text{(公式7-20)}$$

7.3 数据收集和样本选择

7.3.1 数据收集

本书没有直接统计上市公司 XBRL-FRI,而是采用人工翻阅上市公司的 PDF 年报附注,并依据石油行业和通用分类标准进行人工判断的方法,主要是基于以下3个原因:

(1) 公开可以获得的 XBRL-FRI 数量很少,仅有深交所提供40家上市公司2010年年报实例文档的下载,而且没有提供石油行业上市公司实例文档的下载。

(2) 交易所披露的 XBRL-FRI 仅覆盖了财务报表的信息元素,其内容是实际披露内容的子集,不能完全反映披露实务,要全面评价分类标准的扩展质量,不能缺少对财务报告附注中会计科目明细表的统计。PDF 年报中包含财务报告附注信息,能更精确地表达企业的披露意愿,据此创建的 XBRL-FRI 更能体现 XBRL 财务报告的信息质量特征。

(3) 交易所披露的 XBRL-FRI 所依据的分类标准是证券交易所早期制定的基于元组模式创建的分类标准(上交所上市公司分类标准和深交所上市公司分类标准等)。考虑到分类标准的创建质量不同,元组模式和维度模式的分类标准之间存在着很大的差异,而且后者的创建质量更优。所以,直接使用证券交易所披露的实例文档来统计信息元素的复用和扩展会有很大的偏误。

综上所述,使用 PDF 年报附注解决了 XBRL-FRI 限量获取的难题,能更好地反映公司的披露实务。准确匹配维度模式下的行业和通用分类标准,便于对复用和扩展信息元素的意愿进行全面的统计和分析,充分体现出了 XBRL 财务报告的信息质量特征。

7.3.2 样本选择

1. 基准分类标准

截至 2012 年,中国正式采用行业扩展模式创建 XBRL-FRI 的分类标准很少,仅有《石油和天然气行业扩展分类标准》(简称石油行业分类标准)①,处于征求意见阶段的行业扩展分类标准仅有《企业会计准则通用分类标准银行业扩展分类标准》(简称银行业分类标准)②。因此,本书选择石油行业分类标准和通用分类标准作为行业扩展模式中的基准分类标准,选择通用分类标准作为直接扩展模式中的基准分类标准。

石油行业分类标准适用于国民经济行业分类(GB/T 4754—2011)"B07 石油和天然气开采业""C251 精炼石油产品制造""C26 化学原料及化学制品制造业"和"C28 化学纤维制造业"中执行企业会计准则的企业。其对应的证监会行业分类分别是:"B03 石油和天然气开采业""C41 石油加工及炼焦业""C43 化学原料及化学制品制造业"和"C47 化学纤维制造业"(简称证监会石油行业)。

2. 公司抽样

为了降低样本公司间因行业差异带来的创建 XBRL-FRI 质量的不同,本书的样本公司来自证监会石油行业,样本总体是 2010 年沪深两市所有的 A 股非金融类上市公司,石油行业样本公司的列表参见附录 4,石油行业样本的选择程序参见表 7-3。

---

① 引自:http://www.xbrl-cn.org/2011/1216/75086.shtml 财政部《关于印发石油和天然气扩展行业分类标准的通知》。访问时间:2012 年 10 月 10 日。

② 引自:http://www.xbrl-cn.org/2012/0929/81550.shtml 财政部关于就《企业会计准则通用分类标准银行业扩展分类标准(征求意见稿)》征求意见的函。访问时间:2012 年 10 月 10 日。

表7-3 石油行业样本的选择程序

初始样本	2010年12月31日之前A股上市公司	2 113家
剔除	金融类上市公司	37家
	终止和暂停上市	93家
样本总体	除剔除部分	1 983家
行业样本	分行业等距抽样	340家
石油行业样本	石油行业上市公司	34家

依据中国证监会2001年发布的《上市公司行业分类指引》所列的除金融行业外的12个基本行业门类,对每个行业门类的公司根据其2010年度营业收入的规模排序,以5为步长,进行等距抽样。如果某行业首次抽样的样本数达到或者超过10,则停止抽样;如果未达到10,则以不放回抽样的方式循环上述抽样过程直至行业样本数达到10。从行业样本中筛选属于证监会所列石油行业的企业,最终得到34个样本。石油行业样本上市公司具有与抽样总体一致的子行业分布,化学原料及化学制品制造业公司所占比重最大,为61.76%。石油行业样本的子行业分布参见表7-4。

表7-4 石油行业样本的子行业分布

子行业门类	子行业门类代码	样本数	占样本总数百分比	子行业上市公司数量	占行业上市公司总数百分比
石油和天然气开采业	B 03	2	5.88%	3	1.54%
石油加工及炼焦业	C 41	1	2.94%	13	7.18%
化学原料及化学制品制造业	C 43	21	61.76%	159	77.44%
化学纤维制造业	C 47	10	29.41%	23	13.85%
合计		34		195	

3. 信息元素范围

本章从财务报告附注中统计信息元素的复用和扩展频数。财务报告附注是财务报告信息披露的核心,仅统计财务报告中财务报表的信息元素是不够全面的。为了充分反映企业披露的意愿,有必要将统计范围扩大到财务报告附注范围;财务报表的格式比较统一,不同创建模式下XBRL-FRI的信息披露基本相同。然而,现实的财务报告中信息披露有着不同的侧重,为了充分体现企业披露的差异,也有将统计范围扩大到财务报告附注范围的必要。

7.4 应用检验与分析

首先,对石油行业样本公司实际披露信息元素、复用通用分类标准信息元素、复用行业分类标准信息元素和不同扩展模式下累计复用频数进行了描述性统计。其次,借用信息匹配法(Bovee 等,2002;高锦萍和张天西,2006;Zhu 和 Wu,2011;赵聪,2011)的思想,根据上市公司披露的信息元素和基准分类标准中的信息元素之间的差异,计算了不同扩展模式下扩展分类标准的完整性测度和效率性测度;衡量和评价了分类标准的信息可比性的差异。最后,对分类标准的完整性、效率性和可比性测度进行了稳健性检验。

7.4.1 描述性统计

1. 实际披露的信息元素

表 7-5 列示了石油行业样本公司实际披露信息元素的描述性统计结果。

表 7-5 描述性统计——石油行业样本中实际披露的信息元素

信息元素	数量	均值	标准差	最小值	1/4 分位	中位数	3/4 分位	最大值
表头	34	49.88	8.71	27	44	50	56	66
轴成员	34	260.26	40.41	161	236	264	282	336
列报项目	34	237.38	40.27	137	208	246.5	268	306
结构	34	547.53	87.39	325	496	565	612	708
影子	34	745.79	98.79	538	667	748	797	950
整体	34	1 293.32	177.44	863	1 184	1 279	1 410	1 625

由第七行整体信息元素的中位数 1 279 小于均值 1 293.32 可得,样本公司中整体信息元素呈左偏态。同理可得,样本公司中影子信息元素(第六行)呈右偏态;结构信息元素(第五行)呈右偏态;表头信息元素(第二行)呈右偏态;轴成员信息元素(第三行)呈右偏态;列报项目信息元素(第四行)呈右偏态。

从上述对样本的偏态分析可以得出,虽然样本公司披露的表头、轴成员、列报项目、结构和影子信息元素呈现右偏态,但是整体信息元素呈现左偏态。

2. 复用基准分类标准中的信息元素

表 7-6 的 Panel A 报告了直接扩展模式下,样本公司复用通用分类标准信息元素的情况。第三行表头信息元素的中位数 18 大于其均值 17.79,呈现右偏趋势;第四行轴成员信息元素的中位数 82.5 小于其均值 82.56,呈现左偏趋势;第五行列报项目信息元素的中位数 87.5 大于其均值 86.97,呈现右偏趋势;第六行结构信息元素的中位数 186 小于其均值 187.32,呈现左偏趋势;第七行影子信息元素的中位数 277.5 小于其均值 278.03,呈现左偏趋势;第八行信息元素整体的中位数 455.5 小于其均值 465.35,呈现左偏趋势。

表 7-6 描述性统计——石油行业样本中复用基准分类标准的信息元素

信息元素	数量	均值	标准差	最小值	1/4分位	中位数	3/4分位	最大值
Panel A 直接扩展模式——以通用分类标准为基准								
表头	34	17.79	2.29	13	16	18	20	22
轴成员	34	82.56	10.31	64	76	82.5	89	106
列报项目	34	86.97	10.16	65	78	87.5	95	107
结构	34	187.32	19.90	155	171	186	199	234
影子	34	278.03	35.36	216	247	277.5	309	359
整体	34	465.35	49.03	378	436	455.5	495	566
Panel B 行业扩展模式——以行业分类标准为基准								
表头	34	26.82	3.21	21	24	28	29	33
轴成员	34	123.97	11.95	102	116	123.5	130	152
列报项目	34	128.97	15.25	102	114	131	141	152
结构	34	279.76	28.04	234	256	280	298	326
影子	34	374.50	46.37	290	336	362	411	475
整体	34	654.26	66.90	534	609	647.5	706	783

表 7-6 的 Panel B 报告了行业扩展模式下,样本公司复用行业分类标准信息元素的情况。第十行表头信息元素的中位数 28 大于其均值 26.82,呈现右偏趋势;第十一行轴成员信息元素的中位数 123.5 小于其均值 123.97,呈现左偏趋势;第十二行列报项目信息元素的中位数 131 大于其均值 128.97,呈现右偏趋势;第十三行结构信息元素的中位数 280 大于其均值 279.76,呈现右偏趋势;第十四行影子信息元素的中位数 362 小于其均值 374.50,呈现左偏趋势;第十五行信息元素整体的中位数 647.5 小于其均值 654.26,呈现左偏趋势。

从上述对样本的偏态分析可以得出,直接扩展模式和行业扩展模式下,除了结构信息元素的样本形态有差异之外,表头、轴成员、列报项目、影子和整体信息元素的样本形态相同。

对比表 7-6 的 Panel A 和 Panel B 中各种不同类型的信息元素的均值和标准差可以发现,直接扩展模式中表头、轴成员、列报项目、结构、影子和整体的信息元素的均值和标准差均小于行业扩展模式中对应的均值和标准差。例如,直接扩展模式的表头信息元素(第三行)均值 17.79 小于行业扩展模式的表头信息元素(第十行)均值 26.82,直接扩展模式的表头信息元素标准差 2.29 小于行业扩展模式的标准差 3.21。反映出在复用基准分类标准信息元素的绝对数上,行业扩展模式优于直接扩展模式。

3. 复用和扩展概率分布

1) 复用概率分布

附录 7 的 Panel A 统计了不同扩展模式下,石油行业样本上市公司复用表头、轴成员、列报项目、结构、影子和整体信息元素的密度。对密度进行单位化处理,通过使用特定频数的复用密度除以复用密度合计可以得到相应频数的复用概率。例如,直接扩展模式下,表头信息元素复用 1 次的概率=表头信息元素复用 1 次的复用密度/复用密度合计(14.05%≈17/121×100%)。如此,可以得到石油行业样本复用信息元素的离散型概率密度函数图(参见图 7-2)。

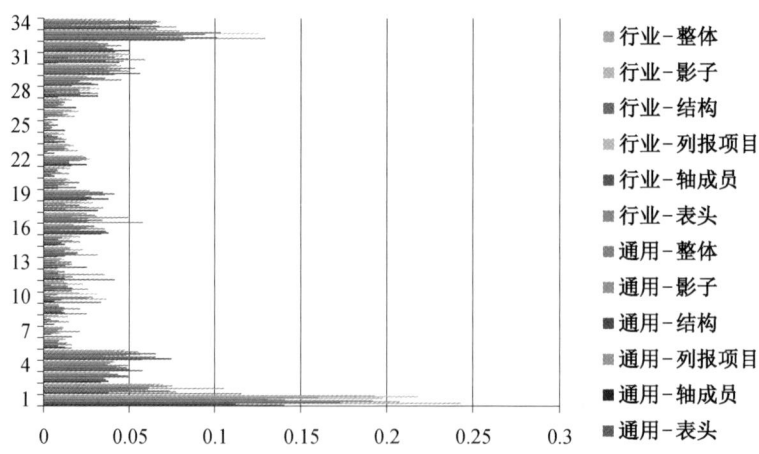

图 7-2 复用信息元素的概率密度函数——石油行业样本

图 7-2 展现出不同扩展模式下,样本上市公司复用不同类型的信息元素的概率密度函数近似相同。图 7-3 展示了行业扩展模式下,复用整体信息元素的概率分布拟合。通过直观比较不同的分布函数,可以初步得出:复用信息元素整体的概率分布接近于对数正态分布。进一步,对信息元素整体分别进行单样本柯尔莫哥洛夫-斯米尔诺夫(Kolmogorov-Smirnov)检验可以明确得出:复用信息元素整体的概率分布接近于对数正态分布。其他类型的信息元素也可以按同样的方法进行观察和检验,限于篇幅,不再赘述。需要指出的是,所有类型信息元素的复用概率的分布均接近于对数正态分布。

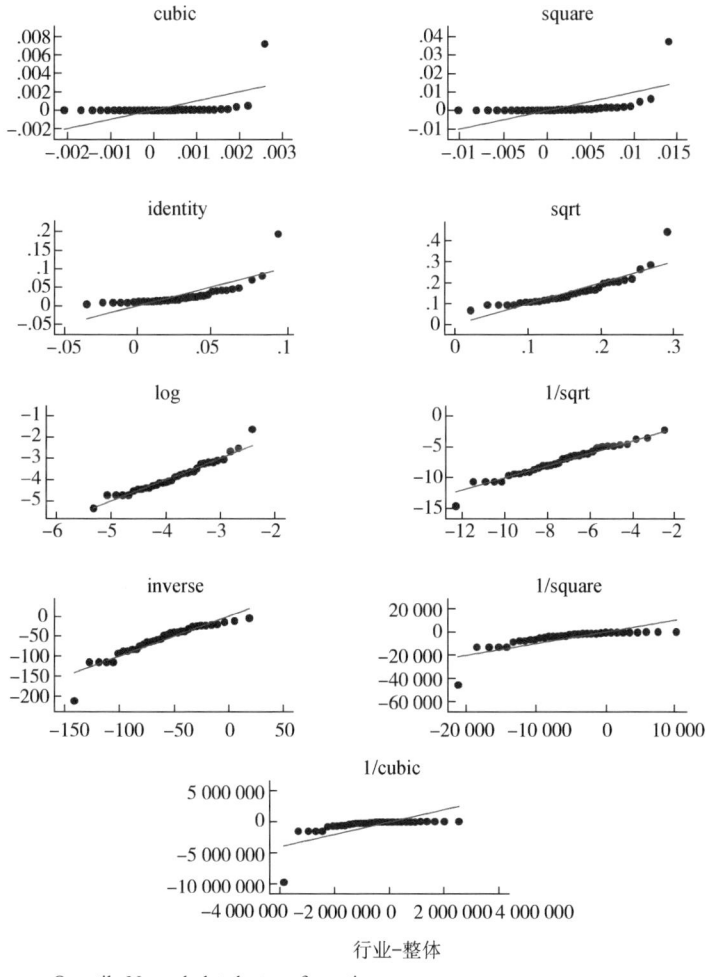

Quantile-Normal plots by transformation

图 7-3 行业扩展模式下复用整体信息元素的概率分布拟合

2) 扩展概率分布

附录 7 的 Panel B 统计了不同创建模式下,石油行业样本上市公司扩展表头、轴成员、列报项目、结构、影子和整体信息元素的密度。对密度进行单位化处理,通过使用特定频数的扩展密度除以扩展密度合计可以得到相应频数的扩展概率。例如,轴成员信息元素扩展 1 次的概率＝轴成员信息元素扩展 1 次的扩展密度/扩展密度合计(32.40%≈221/682×100%)。如此可以得到石油行业样本扩展信息元素的离散型概率密度函数图(参见图 7-4)。

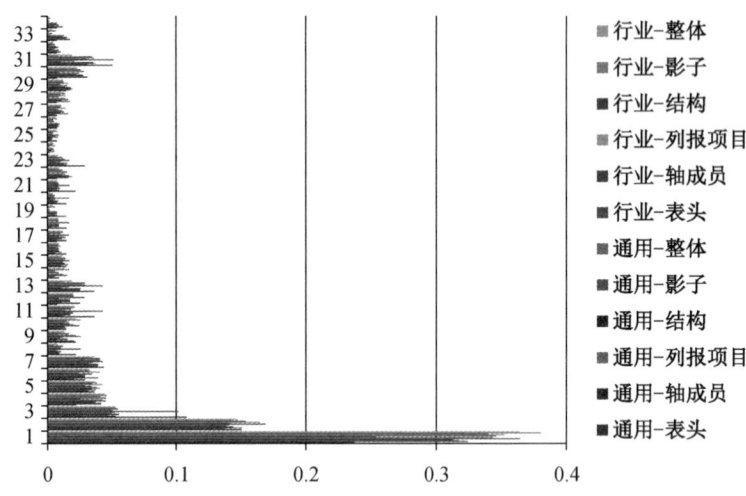

图 7-4　扩展信息元素的概率密度函数——石油行业样本

图 7-4 展现出不同扩展模式下,样本上市公司扩展不同类型的信息元素的概率密度函数近似相同。图 7-5 展示了行业扩展模式下,扩展整体信息元素的概率分布拟合,通过直观比较不同的分布函数,可以初步得出:扩展信息元素整体的概率分布接近于对数正态分布。进一步,对信息元素整体分别进行单样本柯尔莫哥洛夫-斯米尔诺夫(Kolmogorov-Smirnov)检验可以明确得出:复用信息元素整体的概率分布接近于对数正态分布。其他类型的信息元素也可以按同样的方法进行观察和检验,限于篇幅,不再赘述。需要指出的是,所有类型信息元素的扩展概率的分布均接近于对数正态分布。

4. 累计复用信息量和累积扩展信息量

石油行业的样本公司在直接扩展模式下,"累计复用信息量"和"累计扩展信息量”的统计结果参见附录 8。

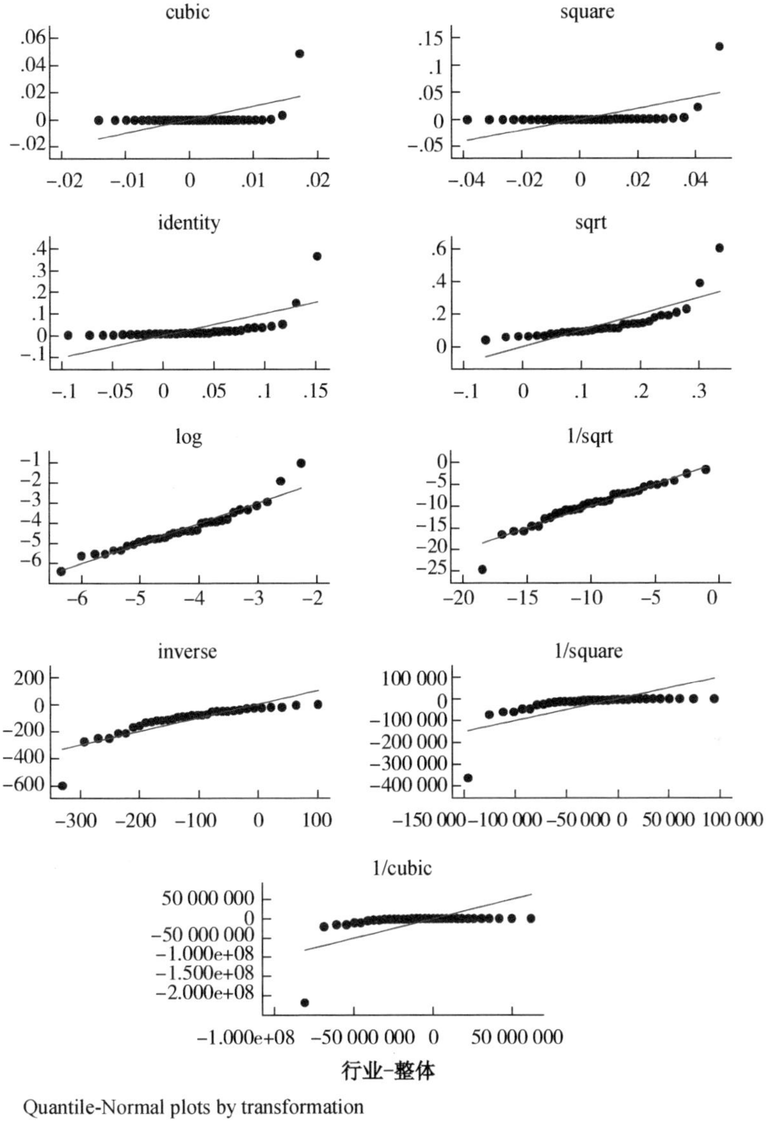
cubic
square
identity
sqrt
log
1/sqrt
inverse
1/square
1/cubic
行业-整体
Quantile-Normal plots by transformation

图 7-5　行业扩展模式下扩展整体信息元素的概率分布拟合

第一行表示信息元素复用频数等于 1 的“总复用量”和“总扩展量”。频数等于 1 时，复用通用分类标准中维度表的表头信息元素的总复用量为 1 720，扩展通用分类标准中维度表的表头信息元素的总扩展量为 1 242；复用通用分类标准中维度表的轴成员元素的总复用量为 2 835；扩展通用分类标准中维度表的轴成员元素的总扩展量为6 136;复用通用分类标准中维度表的列报项目元素的总复用量为2 957;扩展通用分类标准中维度表的列报项目元素的总扩展量为5 114;复用通用分类标准中维度表的影子财务信息元素的总复用量为9 128,扩展通用分类标准中影子财务信息元素的总扩展量为15 744。

第i行表示对信息元素复用频数大于等于$i(i\in[2,34])$的"累计复用量"和"累计扩展量"。例如,$i=17$表示对信息元素的复用频数为17次以上的"累计复用量"和"累计扩展量"。复用通用分类标准中维度表的表头信息元素频数在17次以上的"累计复用量"是1 319,扩展分类标准中维度表的表头信息元素频数在17次以上的"累计扩展量"是754;复用通用分类标准中维度表的轴成员元素频数在17次以上的"累计复用量"是2 406,扩展分类标准中维度表的轴成员元素频数在17次以上的"累计扩展量"是4 116;复用通用分类标准中维度表的列报项目元素频数在17次以上的"累计复用量"是2 461,扩展分类标准中维度表的列报项目元素频数在17次以上的"累计扩展量"是3 447;复用通用分类标准中维度表的影子财务信息元素的频数在17次以上的"累计复用量"是7 489,扩展分类标准中维度表的影子财务信息元素的频数在17次以上的"累计扩展量"是9 590。

同样可以得到在行业扩展模式下,"累计复用信息量"和"累计扩展信息量"的统计结果(参见附录9),其行列的含义和统计方法和附录8的相同,限于篇幅,不再赘述。

7.4.2 扩展质量测度

1. 完整性测度

"累计扩展信息量"测度了分类标准的不足,它反映出有多少信息量在分类标准中没有定义,而上市公司却有这样的披露需求。为了比较不同模式下上市公司扩展分类标准的累计差异,可以先对直接扩展和行业扩展模式下企业累计扩展信息量统计表(附录8和附录9的第三、第五、第七和第九列)中的信息元素计算差异①,再对扩展量差异进行单变量t检验。统计结果如表7-7所示。

---

① 累计扩展量差异=(1−行业扩展/直接扩展)×100%。

第7章 分类标准的扩展质量评价

表7-7 扩展模式下分类标准的完整性质量测度——累计扩展信息量

信息元素	数量	均值	1/4分位数	中位数	3/4分位数	标准差	95%置信区间	t-统计量
表头	34	37.10%	29.05%	31.74%	36.72%	17.47%	31.00% 43.19%	12.382 1***
轴成员	34	36.46%	26.59%	33.01%	37.96%	15.77%	30.96% 41.96%	13.485 3***
列报项目	34	39.96%	33.05%	35.26%	37.19%	17.99%	33.68% 46.24%	12.948 6***
影子	34	30.33%	23.63%	28.73%	30.11%	10.86%	26.54% 34.12%	16.290 2***

注：***表示1%水平上显著。

表7-7中，维度表的表头信息元素累计扩展信息量差异的中位数为31.74%，标准差为17.47%，95%的置信区间位于[31.00%，43.19%]，t-统计量为12.382 1；维度表的轴成员元素累计扩展信息量差异的中位数为33.01%，标准差为15.77%，95%的置信区间位于[30.96%，41.96%]，t-统计量为13.485 3；维度表的列报项目元素累计扩展信息量差异的中位数为35.26%，标准差为17.99%，95%的置信区间位于[33.68%，46.24%]，t-统计量为12.948 6；维度表的影子财务信息元素的累计扩展信息量差异中位数为28.73%，标准差为10.86%，95%的置信区间位于[26.54%，34.12%]，t-统计量为16.290 2。可见，行业扩展模式复用行业扩展分类标准中表头信息元素、轴成员元素、列报项目元素和影子财务信息元素的累计扩展信息量与直接扩展模式有显著的差异。

由上述"累计扩展信息量"检验结果可得，行业扩展模式在分类标准的完整性方面有明显的优势。平均而言，表头信息元素行业扩展模式比直接扩展模式少了1/3以上(37.10%)；轴成员元素行业扩展模式比直接扩展模式少了1/3以上(36.46%)；列报项目元素行业扩展模式比直接扩展模式少了将近四成(39.96%)；影子财务信息元素行业扩展模式比直接扩展模式少了三成以上(30.33%)。

2. 效率性测度

"累计复用信息量"测度了分类标准的效率，它反映出上市公司使用了分类标准中多少信息量。为了比较不同模式下复用基准分类标准的累计差异，可以先对直接扩展和行业扩展模式下企业累计复用信息量统计表(附录8和附录9的第2、4、6和8列)中的信息元素计算差异①，再对复用量差异进行单变量t检验。统计结果如表7-8所示。

---

① 累计复用量差异=(行业扩展/直接扩展－1)×100%。

表 7-8　扩展模式下分类标准的效率性质量测度——累计复用信息量

信息元素	数量	均值	1/4 分位数	中位数	3/4 分位数	标准差	95% 置信区间		t-统计量
表头	34	17.55%	14.18%	18.82%	20.77%	3.98%	16.17%	18.94%	25.747 9***
轴成员	34	56.53%	50.77%	56.04%	59.16%	7.06%	54.07%	59.00%	46.659 1***
列报项目	34	44.77%	40.91%	49.55%	50.67%	9.07%	41.60%	47.93%	28.784 4***
影子	34	37.66%	34.74%	35.35%	36.77%	13.24%	33.04%	42.28%	16.581 5***

注：*** 表示 1% 水平上显著。

表 7-8 中,维度表的表头信息元素累计复用信息量差异的中位数为 18.82%,标准差为 3.98%,95% 的置信区间位于 [16.17%, 18.94%],t-统计量为 25.747 9;维度表的轴成员元素累计复用信息量差异的中位数为 56.04%,标准差为 7.06%,95% 的置信区间位于 [54.07%, 59.00%],t-统计量为 46.659 1;维度表的列报项目元素累计复用信息量差异的中位数为 49.55%,标准差为 9.07%,95% 的置信区间位于 [41.60%, 47.93%],t-统计量为 28.784 4;维度表的影子财务信息元素累计复用信息量差异的中位数为 35.35%,标准差为 13.24%,95% 的置信区间位于 [33.04%, 42.28%],t-统计量为 16.581 5。可见,行业扩展模式复用表头信息元素、轴成员元素、列报项目元素和影子财务信息元素的累计复用信息量与直接扩展模式有显著的差异。

由上述"累计复用信息量"检验结果可得,行业扩展模式在分类标准的效率方面有明显的优势。平均而言,表头信息元素行业扩展模式比直接扩展模式提高了 1/6 以上(17.55%);轴成员元素行业扩展模式比直接扩展模式提高了一半以上(56.53%);列报项目元素行业扩展模式比直接扩展模式提高了将近一半(44.77%);影子财务信息元素行业扩展模式比直接扩展模式提高了 1/3 以上(37.66%)。

3. 可比性测度

"可比性测度"是基于"累计复用信息量"的衍生测度,是对不同公司之间相同会计期间可比的度量,测度了截面会计信息的可比性。根据石油行业样本公司不同扩展模式下累计复用和扩展信息量的统计(附录 8 和附录 9),以及分类标准的可比性测度模型(公式 7-18 和公式 7-20),可以计算出不同扩展模式、不同复用频次 $i(i \geqslant 2)$ 下的两组可比性质量测度值。

对这两组测度值进行单变量描述性统计,可以得到行业扩展模式的可比性(参见表7-9第二行)和直接扩展模式的可比性(参见表7-9第三行)的统计结果。行业扩展的可比性的均值为7.16%,标准差为1.91%,中位数为8.07%,四分位距为2.6%(8.57%－5.97%),有95%的可能性取值位于6.48%～7.83%;直接扩展的可比性的均值为5.14%,标准差为1.35%,中位数为5.79%,四分位距为1.63%(6.10%－4.47%),有95%的可能性取值位于4.66%～5.62%。

表7-9 扩展模式下分类标准的可比性质量测度

可比性质量	数量	均值	标准差	1/4分位数	中位数	3/4分位数	95%置信区间		t-统计量
行业扩展	33	7.16%	1.91%	5.97%	8.07%	8.57%	6.48%	7.83%	—
直接扩展	33	5.14%	1.35%	4.47%	5.79%	6.10%	4.66%	5.62%	—
可比性差异	33	2.01%	0.57%	1.66%	2.19%	2.46%	1.20%	2.83%	4.954 2***

注:***表示1%水平上显著。

对这两组测度值进行双变量均值检验,可以得到行业扩展模式与直接扩展模式的可比性差异(参见表7-9第四行)的统计结果。可比性差异的均值为2.01%,标准差为0.57%,中位数为2.19%,四分位距为0.8%(2.46%－1.66%),有95%的可能性取值位于1.20%～2.83%,t-统计量为4.954 2。可见,行业扩展模式的可比性与直接扩展模式有显著的差异。

由上述可比性检验结果可得,统计上,行业扩展模式可比性方面有明显的优势。经济上,平均而言,行业扩展模式比直接扩展模式好四成左右 [39.11%≈(2.01%/5.14%)×100%]。

7.4.3 稳健性检验

1. 完整性测度

除了采用"累计扩展信息量"作为完整性测度之外,还可以将"复用信息占比"(定义7.9)作为度量分类标准的完整性测度。该测度反映了在分类标准中定义的信息量覆盖企业信息披露需求的程度。复用信息占比越高,说明分类标准的完整性越好;复用信息占比越低,说明分类标准的完整性越差。

比较两种扩展模式下整体信息元素的完整性(参见图7-6)可得,在任意频数下,行业扩展模式的完整性均优于直接扩展模式,行业扩展模式的完整性对直接扩展模式的完整性是随机占优[①]的。

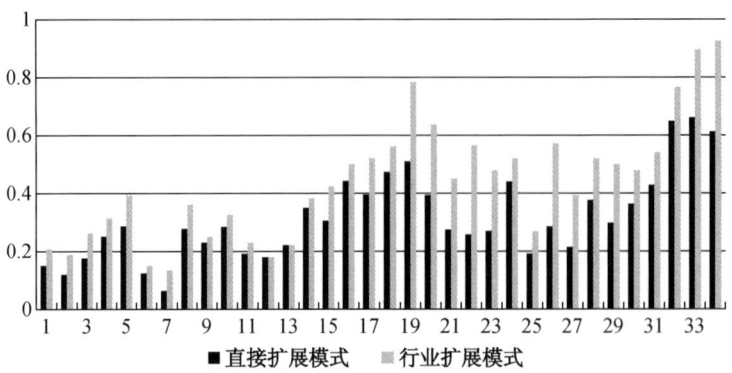

图 7-6 整体信息元素的完整性

为了获得两种扩展模式下完整性差异的定量结果,可选取行业扩展模式和直接扩展模式的信息元素进行配对样本均值 t 检验,统计结果如表 7-10 所示。

表 7-10 扩展模式下分类标准的完整性质量测度——复用信息占比

扩展模式	观测值	均值	标准误	标准差	95%置信区间		T 值
Panel A 结构信息元素							
行业扩展	34	42.89%	4.12%	24.01%	34.51%	51.27%	—
直接扩展	34	30.17%	3.21%	18.74%	23.63%	36.71%	—
完整性差异	34	12.72%	2.14%	12.51%	8.36%	17.09%	5.93***
Panel B 财务信息元素							
行业扩展	34	44.09%	3.51%	20.48%	36.94%	51.23%	—
直接扩展	34	32.31%	2.70%	15.75%	26.82%	37.81%	—
完整性差异	34	11.77%	1.56%	9.08%	8.60%	14.94%	7.56***
Panel C 整体信息元素							
行业扩展	34	43.83%	3.51%	20.49%	36.68%	50.98%	—
直接扩展	34	31.63%	2.54%	14.79%	26.47%	36.79%	—
完整性差异	34	12.20%	1.53%	8.94%	9.08%	15.32%	7.96***

注:*** 表示配对样本均值 t 检验在 1% 水平上显著;完整性差异=行业扩展完整性-直接扩展完整性。

---

① 随机占优是金融经济学的概念。假设投资者想在两个风险资产 x 和 y 之间作一个选择,如果在未来任何情况下 x 的收益总是超过 y 的收益,那么投资者不会持有 y,因为持有 x 得到的回报一定会更好,表明资产 x 对于资产 y 是随机占优的。

对比复用信息占比,当统计范围为结构信息元素时,行业扩展模式比直接扩展模式好四成多[42.16%≈(12.72%/30.17%)×100%];当统计范围为财务信息元素时,行业扩展模式比直接扩展模式好近四成[36.43%≈(11.77%/32.31%)×100%];当统计范围为整体信息元素时,行业扩展模式比直接扩展模式好近四成[38.57%≈(12.20%/31.63%)×100%]。由此可见,无论统计范围为何种类型的信息元素,统计上,行业扩展模式的完整性方面有显著的优势。经济上,行业扩展模式的完整性比直接扩展模式好四成左右。

此外,张天西等(2011)指出,"元素的覆盖率"是指分类标准中的元素对于上市公司实务披露的元素的覆盖程度,反映出上市公司实务披露中的元素有多少是复用自基准分类标准。"元素的覆盖率"可以表示为上市公司复用基准分类标准的元素数占企业实务披露中元素数的比例。为进一步检验不同扩展模式下分类标准完整性测度的稳健性,还可以选取"元素覆盖率"来测度分类标准的完整性。表7-11统计了直接扩展模式和行业扩展模式下分类标准各类信息的"元素覆盖率"。

表7-11 扩展模式下分类标准的完整性质量测度——元素覆盖率

信息元素	数量	均值	1/4分位	中位数	3/4分位	标准差	最小值	最大值
Panel A 直接扩展模式								
表头	34	36.42%	32.14%	35.89%	40.00%	0.0588	25.76%	51.52%
轴成员	34	32.19%	29.52%	31.84%	34.97%	0.0462	21.75%	47.83%
列报项目	34	37.40%	33.21%	35.25%	41.18%	0.0602	28.41%	54.09%
结构	34	34.82%	31.73%	33.54%	38.07%	0.0489	25.00%	47.69%
影子	34	37.71%	33.68%	36.86%	40.74%	0.0565	27.26%	52.60%
整体	34	36.44%	33.70%	35.56%	39.42%	0.0490	26.34%	50.75%
Panel B 行业扩展模式								
表头	34	54.81%	50.00%	53.03%	59.09%	0.0806	42.42%	77.78%
轴成员	34	48.53%	44.89%	47.71%	49.40%	0.0745	32.63%	72.63%
列报项目	34	55.34%	50.54%	53.70%	59.24%	0.0809	40.22%	77.84%
结构	34	52.03%	47.93%	50.59%	54.36%	0.0752	37.04%	75.20%
影子	34	50.83%	45.33%	49.79%	53.62%	0.0787	35.37%	78.83%
整体	34	51.28%	47.52%	49.65%	53.13%	0.0728	36.05%	77.42%

表7-11的Panel A为直接扩展模式下信息元素覆盖率的描述性统计,从

第三行到第八行可以看出,信息元素的平均元素覆盖率在1/3左右。表7-11的Panel B为行业扩展模式下信息元素覆盖率的描述性统计,从第十行到第十五行可以看出,信息元素的平均元素覆盖率在五成左右。这初步表明,行业扩展模式下上市公司各类型信息元素的覆盖率与直接扩展模式相比有较大的差异。

进一步对行业扩展模式与直接扩展模式下信息元素覆盖率进行均值差异性检验,结果参见表7-12。可以看出,统计上,不同扩展模式的元素覆盖率在表头信息元素、轴成员信息元素、列报项目信息元素、结构信息元素、影子财务信息元素和整体信息元素方面存在显著的差异。经济上,行业扩展模式在分类标准的完整性方面有明显的提高。其中,"表头信息元素"的完整性提高了一半以上(50.49%≈18.39%/36.42%);"轴成员信息元素"的完整性提高了一半以上(50.76%≈16.34%/32.19%);"列报项目信息元素"的完整性提高了将近一半(47.97%≈17.94%/37.40%);"结构信息元素"的完整性提高了将近一半(49.43%≈17.21%/34.82%);"影子财务信息元素"的完整性提高了三成以上(34.79%≈13.12%/37.71%);"整体信息元素"的完整性提高了四成以上(40.70%≈14.83%/36.44%)。

表7-12 扩展模式下分类标准的完整性质量测度的差异性检验——元素覆盖率

信息元素	数量	均值	1/4分位	3/4分位	标准差	95%置信区间		T值
表头	34	18.39%	16.07%	20.45%	3.56%	17.15%	19.64%	30.13***
轴成员	34	16.34%	14.54%	16.97%	4.23%	14.86%	17.81%	22.51***
列报项目	34	17.94%	16.99%	19.20%	3.03%	16.88%	18.99%	34.53***
结构	34	17.21%	15.56%	17.88%	3.30%	16.06%	18.36%	30.45***
影子	34	13.12%	11.91%	13.09%	3.54%	11.88%	14.35%	21.61***
整体	34	14.83%	13.51%	15.24%	3.27%	13.69%	15.98%	26.42***

注:***表示1%水平上显著。完整性测度差异 = 行业扩展完整性测度 − 直接扩展完整性测度。

综合上述完整性测度的稳健性检验结果,无论选用"累计扩展信息量"作为完整性测度指标,还是"复用信息占比"或"元素覆盖率"作为完整性测度指标,虽然完整性在绝对量上有差异,但是本书的主要研究结论保持不变。

2. 效率性测度

除了采用"累计复用信息量"作为效率性测度之外,还可以将"平均复用信息量"(定义 7.10)作为度量分类标准的效率性测度。该测度反映了在分类标准中每个信息元素的平均复用次数。平均复用信息量越高,说明分类标准的效率性越高;平均复用信息量越低,说明分类标准的效率性越低。

比较两种扩展模式下整体信息元素的效率性(参见图 7-7),有 1/4 左右的频数,行业扩展模式的效率性劣于直接扩展模式;有 3/4 左右的频数,行业扩展模式的效率性优于直接扩展模式。不同扩展模式之间的效率性不存在随机占优的性质。

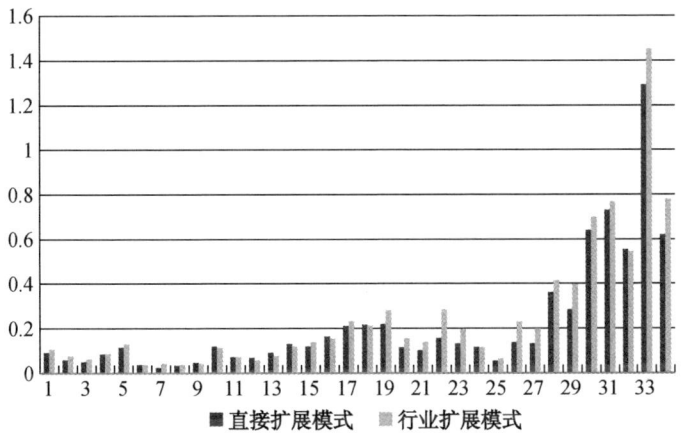

图 7-7 整体信息元素的效率性

为了获得两种扩展模式下效率性差异的定量结果,可选取行业扩展模式和直接扩展模式的信息元素进行配对样本均值 t 检验,统计结果如表 7-13 所示。对比效率性,当统计范围为结构信息元素时,行业扩展模式比直接扩展模式好两成[20%≈(4.45%/22.25%)×100%];当统计范围为财务信息元素时,行业扩展模式比直接扩展模式好一成多[11.50%≈(2.46%/21.39%)×100%];当统计范围为整体信息元素时,行业扩展模式比直接扩展模式好一两成左右[15.25%≈(3.32%/21.77%)×100%]。由此可见,无论统计范围为何种类型的信息元素,统计上,行业扩展模式的完整性方面有显著的优势。经济上,行业扩展模式的完整性比直接扩展模式好一两成左右。

表7-13　扩展模式下分类标准的效率性质量测度——平均复用信息量

扩展模式	观测值	均值	标准误	标准差	95%置信区间		T值
Panel A　结构信息元素							
行业扩展	34	26.70%	6.57%	38.30%	13.34%	40.06%	—
直接扩展	34	22.25%	5.67%	33.09%	10.71%	33.79%	—
效率性差异	34	4.45%	1.20%	7.01%	2.00%	6.90%	3.7***
Panel B　财务信息元素							
行业扩展	34	23.85%	4.27%	24.90%	15.16%	32.54%	—
直接扩展	34	21.39%	4.12%	24.03%	13.01%	29.77%	—
效率性差异	34	2.46%	0.76%	4.41%	0.92%	4.00%	3.25***
Panel C　整体信息元素							
行业扩展	34	25.09%	5.06%	29.49%	14.80%	35.38%	—
直接扩展	34	21.77%	4.53%	26.39%	12.56%	30.98%	—
效率性差异	34	3.32%	0.83%	4.83%	1.64%	5.01%	4.01***

注：***表示配对样本均值t检验在1%水平上显著；效率性差异＝行业扩展效率性－直接扩展效率性。

此外，黄长胤和张天西(2011b)指出，"元素的复用率"是具体企业的复用的元素数量占通用分类标准元素数量的比例，反映了分类标准中的元素被企业在企业的披露实务中复用的比例，体现出分类标准中的元素有多少被企业的实务披露复用了。为了进一步检验不同扩展模式下分类标准效率性测度的稳健性，还可以选取"元素复用率"来测度分类标准的效率性。表7-14统计了直接扩展模式和行业扩展模式下分类标准各类信息的"元素复用率"。

表7-14　扩展模式下分类标准的效率性质量测度——元素复用率

信息元素	数量	均值	1/4分位	中位数	3/4分位	标准差	最小值	最大值
Panel A　直接扩展模式								
表头	34	26.96%	24.24%	27.27%	30.30%	3.47%	19.70%	33.33%
轴成员	34	27.34%	25.17%	27.32%	29.47%	3.41%	21.19%	35.10%
列报项目	34	20.71%	18.57%	20.83%	22.62%	2.42%	15.48%	25.48%
结构	34	23.77%	21.70%	23.60%	25.25%	2.53%	19.67%	29.70%
影子	34	21.21%	18.84%	21.17%	23.57%	2.70%	16.48%	27.38%
整体	34	22.17%	20.77%	21.70%	23.58%	2.34%	18.01%	26.97%

(续表)

信息元素	数量	均值	1/4分位	中位数	3/4分位	标准差	最小值	最大值
Panel B 行业扩展模式								
表头	34	32.71%	29.27%	34.15%	35.37%	3.92%	25.61%	40.24%
轴成员	34	32.20%	30.13%	32.08%	33.77%	3.10%	26.49%	39.48%
列报项目	34	26.11%	23.08%	26.52%	28.54%	3.09%	20.65%	30.77%
结构	34	29.11%	26.64%	29.14%	31.01%	2.92%	24.35%	33.92%
影子	34	23.60%	21.17%	22.81%	25.90%	2.92%	18.27%	29.93%
整体	34	25.68%	23.90%	25.41%	27.71%	2.63%	20.96%	30.73%

表 7-14 的 Panel A 为直接扩展模式下信息元素复用率的描述性统计,从第三行到第八行可以看出,信息元素的平均元素复用率在 20%～28%。表 7-13 的 Panel B 为行业扩展模式下信息元素复用率的描述性统计,从第十行到第十五行可以看出,信息元素的平均元素复用率在 23%～33%。这初步表明,行业扩展模式下,上市公司各类型信息元素的复用率与直接扩展模式相比有一定的差异。

进一步,对行业扩展模式与直接扩展模式下信息元素复用率进行均值差异性检验,结果参见表 7-15。

表 7-15 扩展模式下分类标准的效率性质量测度的差异性检验——元素复用率

信息元素	数量	均值	1/4分位	3/4分位	标准差	95%置信区间		T值
表头	34	5.75%	4.47%	7.50%	1.99%	5.06%	6.44%	16.88***
轴成员	34	4.86%	3.80%	5.74%	1.76%	4.25%	5.48%	16.09***
列报项目	34	5.40%	4.30%	6.35%	1.34%	4.93%	5.87%	23.57***
结构	34	5.34%	4.36%	6.15%	1.23%	4.91%	5.77%	25.39***
影子	34	2.39%	1.77%	2.72%	1.22%	1.96%	2.82%	11.41***
整体	34	3.51%	2.82%	4.08%	1.10%	3.12%	3.89%	18.55***

注:***表示1%水平上显著,效率性测度差异 = 行业扩展效率性测度－直接扩展效率性测度。

可以看出,统计上,不同扩展模式的元素复用率在表头信息元素、轴成员信息元素、列报项目信息元素、结构信息元素、影子财务信息元素和整体信息元素方面存在显著的差异。经济上,行业扩展模式在分类标准的效率方面有较大的提高。其中,"表头信息元素"的效率提高了两成以上(21.33%≈5.75%/26.96%);"轴成员信息元素"的效率提高了近两成(17.78%≈4.86%/

27.34%);"列报项目信息元素"的效率提高了 1/4 以上(26.07%≈5.40%/20.71%);"结构信息元素"的效率提高了两成以上(22.47%≈5.34%/23.77%);"影子财务信息元素"的效率提高了一成以上(11.27%≈2.39%/21.21%);"整体信息元素"的效率提高了近 1/6(15.83%≈3.51%/22.17%)。

综合上述效率性测度的稳健性检验结果,无论选用"复用信息占比"作为效率性测度指标,还是选用"平均复用信息量"或"元素复用率"作为效率性测度指标,虽然效率性在绝对量上有差异,但是本书的主要研究结论保持不变。

3. 可比性测度

在可比性测度的稳健型检验中,本书选取当信息元素的统计范围发生变化的情况下,可比性测度模型的稳健性。可比性测度模型是以信息元素的全体为基础统计复用频数的(参见公式 7-1),信息元素的全体包含维度表的表头信息元素、轴成员信息元素、列报项目信息元素和影子财务信息元素。当将信息元素统计范围缩小到维度表的影子财务信息元素时,企业复用和扩展的信息元素仅为影子财务信息元素;当将信息元素统计范围缩小到维度表的结构信息元素(表头信息元素、轴成员元素和列报项目元素)时,企业复用和扩展的信息元素仅为结构信息元素。

根据石油行业样本公司不同扩展模式下复用频数统计表(附录 8 和附录 9),以及不同扩展模式下的可比性测度模型(参见公式 7-6 和公式 7-8),当将信息元素统计范围缩小到维度表的财务信息元素和结构信息元素时,可以计算出不同扩展模式、不同复用频次 $i(i \geqslant 2)$ 下的两组可比性测度值(参见表 7-16)。

统计范围缩小到维度表的财务信息元素时,对两组可比性测度值进行单变量描述性统计,可以得到行业扩展的可比性(参见表 7-16 第三行)和直接扩展的可比性(参见表 7-16 第四行)的统计结果。行业扩展的可比性的均值为 6.25%,标准差为 1.83%,中位数为 6.99%,四分位距为 2.27%(7.70%-5.43%),有 95%的可能性取值位于 5.60%~6.90%;直接扩展的可比性的均值为 4.61%,标准差为 1.36%,中位数为 5.18%,四分位距为 1.57%(5.61%-4.04%),有 95%的可能性取值位于 4.13%~5.09%。

第7章 分类标准的扩展质量评价

对这两组可比性测度值进行双变量均值检验,可以得到行业扩展与直接扩展的可比性差异(参见表7-16第五行)。可比性差异的均值为1.64%,标准差为0.48%,中位数为1.79%,四分位距为0.74%(2.05%−1.31%),有95%的可能性取值位于0.85%~2.43%,t-统计量为4.135 2。可见,行业扩展模式的可比性与直接扩展模式有显著的差异,平均而言,行业扩展模式比直接扩展模式好四成左右[35.57%≈(1.64%/4.61%)×100%]。

统计范围缩小到维度表的结构信息元素时,对两组可比性测度值进行单变量描述性统计,可以得到行业扩展的可比性(参见表7-16第七行)和直接扩展的可比性(参见表7-16第八行)的统计结果。行业扩展的可比性的均值为8.44%,标准差为2.08%,中位数为9.52%,四分位距为2.76%(10.00%−7.24%),有95%的可能性取值位于7.70%到9.18%;直接扩展的可比性的均值为5.90%,标准差为1.41%,中位数为6.58%,四分位距为1.85%(6.89%−5.04%),有95%的可能性取值位于5.40%~6.40%。

表7-16 基于财务信息元素和结构信息元素的可比性质量测度

可比性	数量	均值	标准差	1/4分位	中位数	3/4分位	95%置信区间		T值
Panel A 财务信息元素									
行业扩展	33	6.25%	1.83%	5.43%	6.99%	7.70%	5.60%	6.90%	—
直接扩展	33	4.61%	1.36%	4.04%	5.18%	5.61%	4.13%	5.09%	—
可比性差异	33	1.64%	0.48%	1.31%	1.79%	2.05%	0.85%	2.43%	4.135 2***
Panel B 结构信息元素									
行业扩展	33	8.44%	2.08%	7.24%	9.52%	10.00%	7.70%	9.18%	—
直接扩展	33	5.90%	1.41%	5.04%	6.58%	6.89%	5.40%	6.40%	—
可比性差异	33	2.54%	0.70%	2.08%	2.81%	3.05%	1.67%	3.42%	5.808 9***

注:*** 表示1%水平上显著;可比性测度差异 = 行业扩展可比性测度−直接扩展可比性测度。

对这两组可比性测度值进行双变量均值检验,可以得到行业扩展与直接扩展的可比性差异(参见表7-16第九行)。可比性差异的均值为2.54%,标准差为0.70%,中位数为2.81%,四分位距为0.97%(3.05%−2.08%),有95%的可能性取值位于1.67%~3.42%,t-统计量为5.808 9。可见,行业扩展模式的交互可比性与直接扩展模式有显著的差异,平均而言,行业扩展模式比直接扩展模式好四成左右[43.05%≈(2.54%/5.90%)×100%]。

综合上述可比性测度的稳健性检验结果，当用财务信息元素、结构信息元素替代全体信息元素时（对比表 7-16 和表 7-9），虽然可比性测度的绝对量上有差异，但是行业扩展和直接扩展的相对质量的差异基本相同的。统计上，不同扩展模式的可比性测度均有显著的差异；经济上，平均而言，行业扩展模式比直接扩展模式好四成左右。说明适用于大多数上市公司的可比性测度模型不会随着信息元素集合的缩小而发生变化，模型具有稳健型。

7.5 本章小结

分类标准按层级扩展特点可以分为两类：直接扩展模式和行业扩展模式。前者以通用层级的分类标准为基准，继承和复用通用层级分类标准中已定义的信息元素，扩展企业特定的通用层级中未定义的信息元素；后者以行业层级的分类标准为基准，继承和复用行业层级分类标准中已定义的信息元素，扩展企业特定的行业层级中未定义的信息元素。无论是直接扩展模式还是行业扩展模式，公司对外披露的 XBRL-FRI 都是基于 XBRL 语法规范、基准分类标准和公司具体的财务信息特征，创建 XBRL-FRI 的过程就是复用基准分类标准中已定义的信息元素和扩展基准分类标准中未定义的信息元素的过程。

本章引入频数统计法来评价分类标准的完整性，并将该研究方法扩展应用于分类标准的效率性和可比性测度的构建，对分类标准的研究方法进行了扩展。以石油行业上市公司样本中财务报告附注的信息元素为样本，统计了直接扩展模式和行业扩展模式中的分类标准信息元素的复用和扩展频数，对两种模式下的信息的完整性、效率性和可比性进行了度量、评价和稳健性检验。得出了如下结论：统计上，不同扩展模式的完整性、效率性和可比性有显著的差异；经济上，行业扩展模式有显著的完整性、效率性和可比性优势；平均而言，行业扩展模式的可比性比直接扩展模式好四成左右，而且差异不会随着信息元素集合的缩小而发生变化，反映出评价上市公司可比性的测度模型是稳健的。

第8章

分类标准的质量改进

本章的研究围绕本书研究的第三个问题"如何改进分类标准的质量",以创建行业分类标准为目标展开。首先基于财务信息元素理论,拓展了信息元素空间理论,为构造行业分类标准奠定了理论基础;然后以报告使用者决策有用性为目标,提出了基于频数的遴选信息元素的方法,构造了经济意义上确定频数的可比性效用最优理论模型和统计意义确定频数的直观方法;最后以市场占比最高的制造业为例,创建了制造业行业分类标准,为行业分类标准的实践提出了理论和方法上的支撑。

目前,上市公司在创建 XBRL 财务报告时,对分类标准面临着 4 种模式选择:

第一种:创建采用元组模式,扩展采用直接扩展模式(简称基于元组的直接扩展模式)。例如,上交所上市公司直接扩展"上交所上市公司分类标准"和深交所上市公司直接扩展"深交所上市公司分类标准"等。第二种:创建采用元组模式,扩展采用行业扩展模式(简称基于元组的行业扩展模式)。例如,上交所金融业上市公司扩展"上交所金融业分类标准"、基金公司扩展"上交所基金公司分类标准"和证券投资基金扩展"证监会基金分类标准"等。第三种:创建采用维度模式,扩展采用直接扩展模式(简称基于维度的直接扩展模式)。例如,上市公司直接扩展"通用分类标准"。第四种:创建采用维度模式,扩展采用行业扩展模式(简称基于维度的行业扩展模式)。例如,石油和天然气类上市公司扩展"石油和天然气行业扩展分类标准"和商业银行扩展"银行监管报表 XBRL 扩展分类标准"等。

创建阶段体现了分类标准的构造细节,扩展阶段反映了分类标准的应用路径,两者相互独立。从本书第 6 章对比不同创建模式分类标准质量的结果可以得出,整体上讲维度模式优于元组模式。从第 7 章对比不同扩展模式分类标准质量的结果可以得出,整体上讲行业扩展模式优于直接扩展模式。所以,上述 4 种模式中,采用基于维度的行业扩展模式的整体质量最佳。该模式在上市公司财务信息披露中的逐步使用将改善资本市场上的 XBRL 财务报告质量。全面推出基于维度的行业层级分类标准是该模式得以广泛使用的必要条件。目前,中国仅有石油行业①和银行业②有相应的行业分类标准,而且后者尚处于征求意见稿阶段,其他行业层级的分类标准还没有出台,这将是未来资本市场上分类标准建设和质量改进的重点。基于此,本章尝试研究创建基于维度的行业分类标准来作为对分类标准质量改进的实质建议。

8.1 行业分类标准的创建目标

创建 XBRL 行业分类标准,XBRL 财务报告的目标与财务报告的目标是一致的。行业分类标准中定义了与会计准则、行业信息披露密切相关的信息元素,它们可以通过网络财务呈报系统生成一般意义的财务报告,这些信息元素是网络财务报告的核心。当企业以行业分类标准为基准分类标准创建网络财务报告,向报告使用者提供财经信息时,行业分类标准是 XBRL 财务报告的一部分,同时 XBRL 财务报告也是财务报告的组成成分。正如图 8-1 左侧所示,每个较小的集合均为较大的集合的组成部分,这反映了 XBRL 行业分类标准、XBRL 财务报告和财务报告之间的从属关系。

财务报告是以利益相关者的决策有用性为目标。根据美国财务会计准

---

① 参见:http://www.xbrl-cn.org/2011/1216/75086.shtml 财政部《关于印发石油和天然气扩展行业分类标准的通知》。访问时间:2012 年 10 月 10 日。

② 参见:http://www.xbrl-cn.org/2012/0929/81550.shtml 财政部关于就《企业会计准则通用分类标准银行业扩展分类标准(征求意见稿)》征求意见的函。访问时间:2012 年 10 月 10 日。

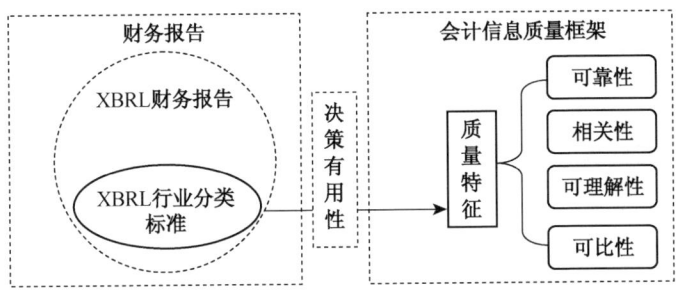

图 8-1　XBRL 行业分类标准的创建目标

则委员会发布的《财务会计概念公告第 2 号——会计信息的质量特征》(SFAC 2)中的观点,要求财务信息披露中的内容具有信息含量,对利益相关者的投资决策有用。披露了特定的会计信息后,能够导致投资者的决策差异(相关性),企业所反映的信息与企业的实际情况基本一致(可靠性),同一企业不同时期可比,而且不同企业相同会计期间可比(可比性)(参见图 8-1 右侧)。

所以,创建行业分类标准的根本目标是提高利益相关者的决策有用性。

8.2　行业分类标准的理论基础

分类标准的理论基础是财务信息元素理论(张天西,2006a)和信息元素空间理论(黄长胤,2012)。

1. 财务信息元素理论

财务信息元素理论中,张天西(2006a)界定了 XBRL 的财务信息元素概念。在此理论的基础上,本书第 3 章扩展出了与维度结构相关的表头信息元素、轴成员信息元素和列报项目信息元素等概念。这些基本概念是分类标准微观结构的最基本单元,它们是创建基于维度的行业分类标准的理论基础。只有明确界定了什么是 XBRL 微观结构的最基本单元,才能有效地构造出行业层级的扩展分类标准中的财务信息元素、结构信息元素以及它们之间的维度关系。

2. 信息元素空间理论

信息元素空间理论中,黄长胤(2012)曾提出,信息元素空间是信息元素的集合以及信息元素之间的相互关系,信息元素的空间可以表示为:$\Phi = \{e_j \in J\}$。以此为基础,本书将频数引入信息元素空间,将该理论由一维扩展到多维。

定义 8.1 "信息元素空间"中除了包含信息元素之外,还有包含一个与之对应的频数,记为:

$$\Phi_{(e,f)} = \{(e,f)_i \in I\} \quad \text{(公式 8-1)}$$

式中:$(e,f)_i$ 为信息元素 e 和频数 f 构成的二元组,i 表示某个报告主体的财务报告中某个具体的项目,I 是项目集合。

定义 8.2 "频数—密度空间"中包含了"复用(扩展)频数"和与之对应的信息元素的数量("密度"),记为:

$$\Phi_{(f,d)} = \{(f,d)_j \in J\} \quad \text{(公式 8-2)}$$

式中:$(f,d)_j$ 为"复用(扩展)频数"f 和"密度"d 构成的二元组,f 和 d 均为正整数。

定义 8.3 "频数—概率密度空间"中包含了"复用(扩展)频数"和与之对应的信息元素的复用(扩展)概率,记为:

$$\Phi_{(f,p)} = \{(f,p)_j \in J\} \quad \text{(公式 8-3)}$$

式中:$(f,p)_j$ 为"复用(扩展)频数"f 和"概率密度"p 构成的二元组,f 为正整数,p 为[0,1]区间上的概率。

定义 8.4 "信息元素空间"$\Phi_{(e,f)}$ 经过变换可以得到"频数—密度空间"$\Phi_{(f,d)}$。

证明:转换的算法参见附录 5。

定义 8.5 "频数—密度空间"$\Phi_{(f,d)}$ 经单位化变换可以得到"频数—概率密度空间"$\Phi_{(f,p)}$。

证明:单位化过程如下,根据定义 7.6',"频数的复用密度"rd 除以"复用密度合计"得到出现复用频数为 j 次的信息元素的概率为 prd_j。同理,根据定义 7.2′,"频数的扩展密度"xd_j 除以"扩展密度合计"得到出现扩展频数为 j 次的信息元素的概率为 pxd_j。

定义 8.6 "复用(扩展)频数"f 与可比性测度 TC_i 之间存在着函数关系。

证明:由"累计复用信息量"$Arq_{i,r}$ 的定义(参见第七章定义 7.9)可得,$Arq_{i,r}$ 与"复用频数"之间存在着函数关系;进一步,$Arq_{i,r}(i) = \sum_{j=i}^{k}(j \times rd_j)$ $= i \times rd_i + (i+1) \times rd_{i+1} + \cdots + k \times rd_k$,其中 i 为频数,rd 为密度。可见,$Arq_{i,r}(i)$ 随着 i 的增加而减少,是"复用频数"的减函数。

由可比性测度模型 $TC_i = \dfrac{Arq_{i,r}}{k \times (N_r + N_x)} \times \sqrt{\dfrac{i}{k}} \times 100\%$ 可得,TC_i 与"累计复用信息量"$Arq_{i,r}$ 之间存在着函数关系。

根据函数关系的传递性可得,TC_i 和"复用频数"之间存在着函数关系。

定义 8.7 "信息元素空间"$\Phi_{(e,f)}$ 与"频数—概率密度空间"$\Phi_{(f,p)}$ 之间存在着函数关系。

证明:由定义 8.4 可得,"信息元素空间"$\Phi_{(e,f)}$ 经过变换可以得到"频数—密度空间"$\Phi_{(f,d)}$;同时由定义 8.5 可得,"频数—密度空间"$\Phi_{(f,d)}$ 经单位化变换可以得到"频数—概率密度空间"$\Phi_{(f,p)}$。所以,"信息元素空间"$\Phi_{(e,f)}$ 经过变换后可以得到"频数—概率密度空间"$\Phi_{(f,p)}$,即得证。

8.3 行业分类标准的创建方法——频数法

制定分类标准涉及财务会计、计算机软件和产业组织等领域的知识,现有的研究大多数是从框架上勾画了创建分类标准的蓝图,不具备可操作性。例如,创建分类标准需要使用本体论(Spies,2010)、语义网和半自动化方法(Chakraborty 和 Vasarhelyi,2010),遵循以工程化的思想作为分类标准开发过程的指导,通过需求(Debreceny 等,2005)、建模和认证等环节来确保分类标准的成功创建。

本部分从披露实务出发,开启"频数法"来遴选分类标准的信息元素,构造行业分类标准。首先从企业的财务报告实践出发,对 XBRL 分类标准的微观结构的成员——表头信息元素、轴成员元素、列报项目元素和财务信息元素等进行"频数统计",然后通过转换得到对应频数的"复用密度"和"扩展密度",通过单位化变换得到对应频数的"概率密度分布",最后按一定的遴选原则确定频数下限,将大于等于该统计频数的信息元素构造形成行业层级的分类标准。根据遴选原则可以分为两类:一种是统计意义上的遴选——概率统计法;另一种是经济意义上的遴选——经济效用法。上述从实务角度构造分类标准的思想和方法在以往的分类标准创建方法的国内外文献中没有见到过,本书是首次涉及。

8.3.1 频数统计

1. 复用信息元素矩阵

复用信息元素是企业从基准分类标准的定义中引用的信息元素。

以制造业样本企业贵糖股份(000833)在 2010 年财务报告附注中披露"营业税金及附加"中的城市维护建设税为例,由于通用分类标准的"[830390] 附注——营业税金及附加"中存在"应交税费——城市维护建设税"的定义,企业直接引用该财务信息元素,并披露该会计期间发生的城市维护建设税为 4 924 662.46 元。

当对 k 个样本公司进行复用信息元素的频数统计时,若复用频数为 1 次的信息元素有 x_1 个,说明频数为 1 次的"复用密度①"为 x_1,该信息元素集合可以表示为列向量 $\{ie_{1,1}, ie_{2,1}, \cdots, ie_{x_1,1}\}^T$;…以此类推,复用频数为 $j(j \in [1,k])$ 次的信息元素有 x_j 个,说明频数为 j 次的"复用密度"为 x_j,该信息元素集合可以表示为列向量 $\{ie_{1,j}, ie_{2,j}, \cdots, ie_{x_j,j}\}^T$;…;复用频数为 k 次的信息元素有 x_k 个,说明频数为 k 次的"复用密度"为 x_k,该信息元素集合可以表示为列向量 $\{ie_{1,k}, ie_{2,k}, \cdots, ie_{x_k,k}\}^T$。从第 7 章石油行业样本(参见图 7-2 和图 7-3)可以得到,复用信息元素的概率分布接近于对数正态分

---

① "复用密度"的定义参见第 7 章定义 7.6。

布,复用频数为1次的信息元素的数量("复用密度")最大。所以,复用的"信息元素矩阵"可以表示为:

$$R_{(X\times k)} = \begin{bmatrix} ie_{1,1} & ie_{1,2} & \cdots & ie_{1,j} & \cdots & ie_{1,k} \\ ie_{2,1} & ie_{2,2} & \cdots & ie_{2,j} & \cdots & ie_{2,k} \\ \cdots & \cdots & \cdots & \cdots & \cdots & \cdots \\ \cdots & ie_{x_2,2} & \cdots & ie_{x_j,j} & \cdots & ie_{x_k,k} \\ ie_{x_1,1} & 0 & \cdots & 0 & \cdots & 0 \end{bmatrix}_{(X\times k)}$$
(公式8-4)

式中:X 是各级频数的"复用密度"的最大值,$X = \max\{x_1, x_2, \cdots, x_k\}$。一般地,$X = x_1$。$R_{(X\times k)}$ 是不同复用频数信息元素集合的稀疏矩阵,第一列为复用频数为1次的信息元素集合……以此类推,第 j 列为复用频数为 j 次的信息元素集合……第 k 列为复用频数为 k 次的信息元素集合,没有信息元素的位置为0。

2. 复用频数矩阵

与"信息元素矩阵" $R_{(X\times k)}$ 对应的"复用频数矩阵"可以构造为:

$$F_{(k\times X)} = \begin{bmatrix} 1 & 1 & \cdots & 1 & \cdots & 1 \\ 2 & 2 & \cdots & 2 & \cdots & 0 \\ \cdots & \cdots & \cdots & \cdots & \cdots & \cdots \\ \cdots & j & \cdots & j & \cdots & 0 \\ k & k & \cdots & k & \cdots & 0 \end{bmatrix}_{(k\times X)}$$
(公式8-5)

式中:$X = \max\{x_1, x_2, \cdots, x_k\}$,$k$ 为个样本公司的数量。"复用频数矩阵" $F_{(k\times X)}$ 的第一行与"信息元素矩阵" $R_{(X\times k)}$ 的第一列对应,当 $R_{(X\times k)}$ 的第一列的第 i 行有信息元素时,$F_{(k\times X)}$ 的第一行的第 i 列为1,所以,$F_{(k\times X)}$ 的第一行共有 x_1 个位置为1,表示复用1次的信息元素的"复用密度"为 x_1,复用1次的信息元素的"复用信息量"为$(1\times x_1)$;…以此类推,$F_{(k\times X)}$ 第 j 行与 $R_{(X\times k)}$ 的第 j 列对应。当 $R_{(X\times k)}$ 的第 j 列的第 i 行有信息元素时,$F_{(k\times X)}$ 的第 j 行的第 i 列为j,所以,$F_{(k\times X)}$ 的第 j 行共有 x_j 个位置为j,其余的位置为0,表示复用 j 次的信息元素的"复用密度"为 x_j,复用 j 次的信息元素的"复用

信息量"为 $(j \times x_j)$。

3. 扩展信息元素矩阵

扩展信息元素是企业从基准分类标准的定义中扩展生成的信息元素,当企业需要的信息元素在基准分类标准中没有定义时,企业需要扩展创建该信息元素的定义。

同样以制造业样本企业贵糖股份(000833)在 2010 年财务报告附注中披露"营业税金及附加"中的地方教育经费为例,由于通用分类标准的"[830390] 附注——营业税金及附加"中没有"地方教育经费"的定义,企业要先扩展通用分类标准的营业税金及附加表,定义新财务信息元素——地方教育经费,再在 XBRL 实例文档中引用该财务信息元素,并披露该会计期间发生的地方教育经费为 702 671.32 元。

企业扩展定义的信息元素可以细分为表头信息元素、轴成员信息元素、列报项目信息元素以及财务信息元素①。采用与构造复用的"信息元素矩阵"相同的方法,可以得到样本公司中扩展的表头信息元素矩阵 $DX_{(Z_1 \times k)}$,轴成员信息元素矩阵 $VX_{(Z_2 \times k)}$,列报项目信息元素矩阵 $WX_{(Z_3 \times k)}$,以及财务信息元素矩阵 $EX_{(Z_4 \times k)}$。同理,采用与构造"复用频数矩阵"相同的方法,可以得到样本公司中扩展的表头信息元素的频数矩阵 $DF_{(k \times Z_1)}$,轴成员信息元素的频数矩阵 $VF_{(k \times Z_2)}$,列报项目信息元素的频数矩阵 $WF_{(k \times Z_3)}$,以及财务信息元素的频数矩阵 $EF_{(k \times Z_4)}$。所以,样本公司中扩展的全体信息元素矩阵可以表示为:

$$IX_{(X \times k)} = \begin{bmatrix} DX_{(Z_1 \times k)} \\ VX_{(Z_2 \times k)} \\ WX_{(Z_3 \times k)} \\ EX_{(Z_4 \times k)} \end{bmatrix}_{(X \times k)} \quad \text{(公式 8-6)}$$

其中:$X = Z_1 + Z_2 + Z_3 + Z_4$。

---

① 维度表的财务信息元素由轴成员和列报项目信息元素交叉创建而成。

4. 扩展频数矩阵

样本公司中扩展的全体信息元素的频数矩阵可以表示为：

$$F_{(k \times X)} = \begin{bmatrix} DF_{(k \times Z_1)}, & VF_{(k \times Z_2)}, & WF_{(k \times Z_3)}, & EF_{(k \times Z_4)} \end{bmatrix}_{(k \times X)} \quad \text{（公式 8-7）}$$

8.3.2 密度转换

1. 复用密度向量和复用概率密度向量

与"复用频数矩阵"$F_{(k \times X)}$对应的"复用密度向量"$D_{(k \times 1)}$可以构造为：

$$D_{(k \times 1)} = [X_1, X_2, \cdots, X_j, \cdots X_k]^T \quad \text{（公式 8-8）}$$

根据定义 7.6′或定义 8.5，可以将"复用密度向量"$D_{(k \times 1)}$单位化为"复用概率密度向量"$p_{(k \times 1)}$：

$$p_{(k \times 1)} = \left[\frac{X_1}{\sum_{i=1}^{k} X_i}, \frac{X_2}{\sum_{i=1}^{k} X_i}, \cdots, \frac{X_j}{\sum_{i=1}^{k} X_i}, \cdots \frac{X_k}{\sum_{i=1}^{k} X_i} \right]^T \quad \text{（公式 8-9）}$$

2. 扩展密度向量和扩展概率密度向量

与表头信息元素"扩展频数矩阵"$DF_{(k \times Z_1)}$对应的"扩展密度向量"$DD_{(k \times 1)}$可以构造为：

$$DD_{(k \times 1)} = [Z_{1,1}, Z_{2,1}, \cdots, Z_{j,1}, \cdots Z_{k,1}]^T \quad \text{（公式 8-10）}$$

同理，可以构造出轴成员信息元素、列报项目信息元素和财务信息元素的"扩展密度向量"$VD_{(k \times 1)}$，$WD_{(k \times 1)}$ 和 $ED_{(k \times 1)}$。

根据定义 7.6′或定义 8.5，可以将表头信息元素"扩展密度向量"$DD_{(k \times 1)}$单位化为"扩展概率密度向量"$Dp_{(k \times 1)}$：

$$Dp_{(k \times 1)} = \left[\frac{Z_{1,1}}{\sum_{i=1}^{k} Z_{i,1}}, \frac{Z_{2,1}}{\sum_{i=1}^{k} Z_{i,1}}, \cdots, \frac{Z_{j,1}}{\sum_{i=1}^{k} Z_{i,1}}, \cdots \frac{Z_{k,1}}{\sum_{i=1}^{k} Z_{i,1}} \right]^T$$

（公式 8-11）

同理，可以构造出轴成员信息元素、列报项目信息元素和财务信息元素的"扩展概率密度向量"$Vp_{(k \times 1)}$，$Wp_{(k \times 1)}$ 和 $Ep_{(k \times 1)}$。

8.3.3 遴选原则——经济效用法

经济效用法是满足报告使用者效用最优情况下,通过选择信息元素"扩展频数"的下限来确定行业分类标准的方法。企业披露的 XBRL 财务报告的信息质量越高,报告使用者的效用就越高。本书选取会计信息可比性作为报告使用者经济效用的代理变量,基于"扩展频数"创建了可比性效用的理论模型,然后根据行业扩展分类标准的创建,实际构造了可比性效用的实现模型。该模型是以"扩展频数"为自变量的函数,最后通过最优化效用函数获得了对应的"扩展频数",将"扩展频数"与遴选的信息元素集合,与行业分类标准之间建立了对应的函数关系。

1. 可比性效用的理论模型

根据定义 8.6,"扩展频数"与可比性测度 TC_i 之间存在着函数关系。扩展频数的取值不同,可比性测度的取值也会发生变化。从扩展频数对财务报告使用者的收益角度看,信息元素的扩展频数越高,信息的可比性程度越高,对财务报告的使用者越有利。但是,扩展频数的增加不会线性地增加财务报告使用者的效用,扩展频数对财务报告使用者的边际效用会随着扩展频数的增加而递减,服从边际效用递减的规律。基于扩展频数对财务报告使用者的非线性收益,可以建立以"扩展频数"为自变量的平均可比性效用的理论模型:

$$ATC(f) = \frac{1}{k} \sum_{i=2}^{k} \left(\frac{Arq_{i,r} + Axq_{i,x}(f)}{k \times (N_r + N_x)} \times \sqrt{\frac{i}{k}} \right) \quad \text{(公式 8-12)}$$

式中:f 为"扩展频数",$f \in [2, k]$;k 为样本公司的总数;N_r 表示全体企业复用的信息元素的总数;N_x 表示全体企业扩展的信息元素的总数;$k \times (N_r + N_x)$ 表示所有信息元素被所有样本公司使用的总频数;$Arq_{i,r}$ 是"累计复用信息量"(参见第 7 章定义 7.8),表示复用基准分类标准信息元素"频数"大于等于 i 次的信息总量;$Axq_{i,x}$ 是"累计扩展信息量"(参见第 7 章定义 7.4),表示扩展基准分类标准信息元素"频数"大于等于 i 次的信息总量。

创建 XBRL 财务报告的实践中,信息元素的查询成本不可忽略,尤其是当信息元素的数量不断增加的时候,随着信息元素数量的增加,报告使用者的查询信息的成本也在线性增加。从扩展频数对财务报告使用者的成本角度看，扩展的信息元素数量越多，报告使用者的查询成本越高。综合考虑扩展频数对财务报告使用者的非线性收益和查询成本，可以建立如下经查询成本修正后的可比性效用（简称修正的可比性效用）的理论模型：

$$u_c(f) = \left[\frac{1}{k} \sum_{i=2}^{k} \left(\frac{Arq_{i,r} + Axq_{i,x}(f)}{k \times (N_r + N_x)} \times \sqrt{\frac{i}{k}} \right) \right] / sc(f) \quad (公式8-13)$$

式中：$sc(f)$ 为基于扩展频数的查询成本调节因子。

2. 可比性效用的实现模型

不妨假设信息元素的粒度（张天西等，2011）相同，即频数统计所得的每个信息元素对财务报告使用者的效用均相同。根据复用的"信息元素矩阵"（参见公式8-4）可以得到基准分类标准中的信息元素对财务报告使用者的效用矩阵：

$$U(R)_{(X \times k)} = \begin{bmatrix} u(ie_{1,1}) & u(ie_{1,2}) & \cdots & u(ie_{1,j}) & \cdots & u(ie_{1,k}) \\ u(ie_{2,1}) & u(ie_{2,2}) & \cdots & u(ie_{2,j}) & \cdots & u(ie_{2,k}) \\ \cdots & \cdots & \cdots & \cdots & \cdots & \cdots \\ \cdots & u(ie_{x_2,2}) & \cdots & u(ie_{x_j,j}) & \cdots & u(ie_{x_k,k}) \\ u(ie_{x_1,1}) & 0 & \cdots & 0 & \cdots & 0 \end{bmatrix}$$

$$= \begin{bmatrix} 1 & 1 & \cdots & 1 & \cdots & 1 \\ 1 & 1 & \cdots & 1 & \cdots & 1 \\ \cdots & \cdots & \cdots & \cdots & \cdots & \cdots \\ \cdots & 1 & \cdots & 1 & \cdots & 1 \\ 1 & 0 & \cdots & 0 & \cdots & 0 \end{bmatrix}_{(X \times k)}$$

(公式8-14)

将样本公司中复用信息元素的频数矩阵 $F_{(k \times X)}$ 左乘该效用值矩阵可以得到 k 行 k 列的矩阵 $G_{k \times k} = F_{(k \times X)} \times U(R)_{(X \times k)}$。$G_{k \times k}$ 的主对角线的值表示样本企业复用基准分类标准信息的"复用信息量"（参见第7章定义7.7），主对角线第二行第二列的元素值表示企业复用基准分类标准信息元素的频数为2次的信息总量。将 $G_{k \times k}$ 剔出第一到第 $i-1$ 行，同时剔出第一到第 $i-1$ 列后形成子矩阵 $G'_{(k-i+1) \times (k-i+1)}$。该矩阵的主对角线值之和表示样本企业复用基准分

类标准信息元素"频数"大于等于 i 次的信息总量("累计复用信息量",参见第 7 章定义 7.8):

$$Arq_{i,r} = tr(G'_{(k-i+1)\times(k-i+1)}) \quad \text{(公式 8-15)}$$

同样,不妨假设扩展频数统计所得的每个信息元素对财务报告使用者的效用均相同。根据扩展的全体信息元素矩阵(参见公式 8-6)可以得到扩展基准分类标准中的信息元素对财务报告使用者的效用值矩阵:

$$u(IX)_{(X\times k)} = \begin{bmatrix} u(DX)_{(Z_1\times k)} \\ u(VX)_{(Z_2\times k)} \\ u(WX)_{(Z_3\times k)} \\ u(EX)_{(Z_4\times k)} \end{bmatrix}_{(X\times k)} \quad \text{(公式 8-16)}$$

将样本公司中扩展信息元素的频数矩阵 $F_{(k\times X)}$ 左乘该效用值矩阵可以得到 k 行 k 列的矩阵 $X_{k\times k} = F_{(k\times X)}\times u(IX)_{(X\times k)}$。$X_{k\times k}$ 的主对角线的值,表示样本企业扩展基准分类标准信息的"扩展信息量"(参见第 7 章定义 7.3),主对角线第三行第三列的元素值表示企业扩展基准分类标准信息元素的频数为 3 次的信息总量。将 $X_{k\times k}$ 剔出第一到第 $i-1$ 行,同时剔出第一到第 $i-1$ 列后形成子矩阵 $X'_{(k-i+1)\times(k-i+1)}$。该矩阵的主对角线值之和表示样本企业扩展基准分类标准信息元素"频数"大于等于 i 次的信息总量("累计扩展量",参见第 7 章定义 7.4):

$$Axq_{i,x}(f) = tr(X'_{(k-f+1)\times(k-f+1)}) \quad \text{(公式 8-17)}$$

因此,平均可比性效用的实现模型可以表示为:

$$ATC(f) = \frac{1}{k}\sum_{i=2}^{k}\left(\frac{tr(G'_{(k-i+1)\times(k-i+1)}) + tr(X'_{(k-f+1)\times(k-f+1)})}{k\times(N_r+N_x)}\times\sqrt{\frac{i}{k}}\right)$$

$$\text{(公式 8-18)}$$

查询成本调节因子可以表示为:

$$sc(f) = \frac{N_r + \sum_{j=f}^{k}(xd_j)}{N_r + N_x} \quad \text{(公式 8-19)}$$

式中：xd_j 表示"扩展频数"为 j 次的信息元素的数量，$\sum_{j=f}^{k}(xd_j)$ 表示"扩展频数"大于等于 j 次的信息元素的总量。

所以，修正的可比性效用的实现模型可以表示为：

$$u_c(f) = \frac{N_r + N_x}{N_r + \sum_{j=f}^{k}(xd_j)} \times \left[\frac{1}{k} \sum_{i=2}^{k} \left(\frac{tr(G'_{(k-i+1)\times(k-i+1)}) + tr(X'_{(k-f+1)\times(k-f+1)})}{k \times (N_r + N_x)} \times \sqrt{\frac{i}{k}} \right) \right]$$

(公式 8-20)

当不同种类的信息元素对财务报告使用者的效用不相同时，公式 8-14 和公式 8-16 需要按照不同种类的效用重新调整，这留待今后的研究作进一步讨论。

3. 效用最优的扩展频数

修正的可比性效用的实现模型（参见公式 8-20）是"扩展频数" f 的离散函数。对行业分类标准"扩展频数"的下限 f 取离散值 $2, 3, \cdots, k$ 可得到一组可比性效用值 $u_c(2), u_c(3), \cdots, u_c(k)$，每一个"扩展频数" f 的取值与一种的信息元素集合相对应，取最大效用值对应的扩展频数 f^*，可以得到最优可比性效用对应的扩展信息元素的集合。效用最优的扩展频数可以表示为：

$$f^* = \text{argmax}\{u_c(f)\}, f \in [2, k] \quad \text{(公式 8-21)}$$

同时，每一种信息元素集合与一种的行业分类标准的选取值相对应。所以，"扩展频数"与行业分类标准存在着对应的函数关系，可以表示为：

$$IX = v(f) \quad \text{(公式 8-22)}$$

最优的行业分类标准可以表示为：

$$IX^* = v(\text{argmax}\{u_c(f)\}), f \in [2, k] \quad \text{(公式 8-23)}$$

上式建立了最优行业分类标准和扩展频数之间的函数映射关系。

8.3.4 遴选原则——概率统计法

概率统计法是基于"扩展信息元素"与"概率密度"之间的函数关系和"概

率密度"自身的统计意义,设计出的一种遴选信息元素的方法。

理论上,"信息元素空间"$\Phi_{(e,f)}$与"频数—概率密度空间"$\Phi_{(f,p)}$之间存在着函数关系(参见定义 8.7)。实际上,扩展信息元素经过"频数统计"(参见公式 8-7)、"密度转换"(参见公式 8-10)和"单位化变换"(参见公式 8-11)可以得到对应频数的"扩展密度向量"和"扩展概率密度向量"。"扩展密度向量"反映出对应"扩展频次"的信息元素的数量。扩展密度高的频次中信息元素的数量多;反之,扩展密度低的频次中信息元素的数量低。"扩展概率密度向量"反映出对应"扩展频次"的信息元素占信息元素总数的比例。概率密度高的频次中信息元素的比例高;反之,概率密度低的频次中信息元素的比例低。所以,"扩展信息元素"与"概率密度"之间存在着函数关系,这构成了概率统计法成立的前提。

不妨假设,信息元素的"扩展密度向量"为:$ED_{(k \times 1)} = [Z_{1,1}, Z_{2,1}, \cdots, Z_{j,1}, \cdots, Z_{k,1}]^T$,"扩展概率密度向量"为:

$$Ep_{(k \times 1)} = \left[\frac{Z_{1,1}}{\sum_{i=1}^{k} Z_{i,1}}, \frac{Z_{2,1}}{\sum_{i=1}^{k} Z_{i,1}}, \cdots, \frac{Z_{j,1}}{\sum_{i=1}^{k} Z_{i,1}}, \cdots, \frac{Z_{k,1}}{\sum_{i=1}^{k} Z_{i,1}} \right]^T$$

所以,累计扩展密度为:

$$Axd(f) = \left(\sum_{i=1}^{k} Z_{i,1} - \sum_{j=1}^{f} Z_{j,1} \right) = \sum_{i=f+1}^{k} Z_{i,1}$$

累计扩展概率密度为:

$$Axp(f) = \frac{\sum_{i=f+1}^{k} Z_{i,1}}{\sum_{i=1}^{k} Z_{i,1}} \times 100\%$$

如果信息元素筛选比例为 α,那么扩展频数的下限 f 可以通过不等式求得:

$$Axp(f) \leqslant \alpha \leqslant Axp(f-1), \text{且} f \geqslant 2 \qquad \text{(公式 8-24)}$$

式中:f 为行业分类标准扩展频数的下限。此方法确定频数比较直观,通过信息元素的数量(比例)来筛选出经常使用的信息元素。

8.3.5 行业分类标准的确定

确定了扩展频数的下限 f 后,取扩展频数大于等于 f 的信息元素,就构成了行业分类标准的信息元素矩阵:

$$IX_{(X^f \times k)} = \begin{bmatrix} ie_{1,f} & ie_{1,f+1} & \cdots & ie_{1,j} & \cdots & ie_{1,k} \\ ie_{2,f} & ie_{2,f+1} & \cdots & ie_{2,j} & \cdots & ie_{2,k} \\ \cdots & \cdots & & & & \\ \cdots & ie_{x_{f+1},f+1} & \cdots & ie_{x_j,j} & \cdots & ie_{x_k,k} \\ ie_{x_f,f} & 0 & \cdots & 0 & \cdots & 0 \end{bmatrix}_{(X^f \times k)}$$

(公式 8-25)

式中:$j \in [f, k]$,$X^f = \max\{x_f, x_{f+1}, \cdots, x_k\}$,矩阵 $IX_{(X^f \times k)}$ 是公式 8-6 的矩阵 $IX_{(X \times k)}$ 剔除第一列到第 $f-1$ 列后的子矩阵。

8.4 行业分类标准的创建步骤

行业分类标准的创建步骤如下:

(1) 根据国民经济行业分类(GB/T 4754—2011)或证监会发布的《上市公司行业分类指引》选择目标行业。

(2) 对目标行业的公司进行抽样。如果目标行业中有子行业,那么抽样公司的子行业分布比例要与目标行业总体的子行业分布近似相同,样本公司具有与抽样总体一致的子行业分布。

(3) 下载样本公司经审计鉴证后的截面年度财务报告数据。由于目前按 XBRL 格式披露的数据不完整而且没有有效的审计鉴证机制保障信息的正确有效,所以,当前通过下载 PDF 格式的财务报告来统计公司报告中的信息元素是更好的选择。从信息披露的视角看,XBRL 格式和 PDF 格式披露的信息元素的集合是等价的。

(4) 获得通用分类标准的元素清单①,将目标行业的样本公司中的维度表头信息元素、维度轴成员元素、维度列报项目元素和财务信息元素等信息元素与通用分类标准的对应信息元素进行比较。如果样本企业年度财务报告中使用了通用分类标准中的信息元素,可以看作是该样本企业复用了通用分类标准中的信息元素,将该信息元素的复用标记增加 1 次;如果样本企业年度财务报告中未使用通用分类标准中的信息元素,意味着企业需要扩展该信息元素的定义,记录扩展信息元素的同时将该扩展信息元素的标记增加 1 次。循环往复,直到统计完所有样本企业信息元素的复用频数和扩展频数为止。

(5) 若采用概率统计法,先确定概率统计水平 α,再根据公式 8-24 计算该概率统计水平下行业分类标准扩展频数的下限 f,最后根据公式 8-25 构造行业分类标准的信息元素矩阵 $IX_{(X^f \times k)}$。

(6) 若采用经济效用法,先根据公式 8-21 计算可比性效用最优时对应的行业分类标准扩展频数的下限值 f^*,再根据公式 8-25 构造行业分类标准的信息元素矩阵 $IX_{(X^f \times k)}$。

8.5 行业分类标准创建举例

8.5.1 样本选择

1. 行业选择

根据重要性原则,本章选择市场占比最高的行业作为研究对象。从国泰君安中国股票市场交易数据库中基本数据表②可以得到:截至 2010 年 12 月 31 日,剔出终止上市和暂停上市的公司,A 股上市公司总数为 2 020 家,其中制造业 1 186 家,占 A 股上市公司总体的 58.71%。目前,中国财政部颁布的

---

① 参见:http://upload.news.esnai.com/2012/0418/1334746716680.pdf 企业通用分类标准元素清单。

② 参见:CSMAR 中国股票市场交易数据库——基本数据表 TRD_Co。访问时间:2012 年 10 月 21 日。

石油行业分类标准①适用于国民经济行业分类"B07 石油和天然气开采业""C251 精炼石油产品制造业""C26 化学原料及化学制品制造业"和"C28 化学纤维制造业"中执行企业会计准则的企业。其对应的证监会行业分类分别是"B03 石油和天然气开采业""C41 石油加工及炼焦业""C43 化学原料及化学制品制造业"和"C47 化学纤维制造业"(简称证监会石油行业)。由于证监会行业分类 C41、C43 和 C47 属于制造业大类,因此,本章选择剔除适用于石油行业分类标准的制造业子类(证监会行业分类 C41、C43 和 C47)的制造业(简称制造业)作为研究对象。

2. 公司抽样

样本总体是 2010 年沪深两市所有的 A 股非金融类上市公司。依据中国证监会 2001 年发布的《上市公司行业分类指引》所列的除金融行业外的 12 个基本行业门类,对每个行业门类的公司根据其 2010 年度营业收入的规模排序,以 5 为步长,进行等距抽样。如果某行业首次抽样的样本数达到或者超过 10,则停止抽样;如果未达到 10,则以不放回抽样的方式循环上述抽样过程直至行业样本数达到 10。从行业样本中筛选属于制造业的企业,剔除适用于石油行业分类标准的制造业子类 C41、C43 和 C47,最终得到 153 个样本。样本的选择程序参见表 8-1。

表 8-1 制造业样本的选择程序

初始样本	2010 年 12 月 31 日之前 A 股上市公司	2 113 家
剔除	金融类上市公司	37 家
	终止和暂停上市	93 家
样本总体	除上述剔除部分	1 983 家
行业抽样	分行业等距抽样	340 家
初始制造业样本	初始制造业上市公司	185 家
剔除	制造业中石油子类 C41、C43 和 C47	32 家
最终制造业样本	最终制造业上市公司	153 家

---

① 参见:http://www.xbrl-cn.org/2011/1216/75086.shtml 财政部《关于印发石油和天然气扩展行业分类标准的通知》。访问时间:2012 年 10 月 10 日。

制造业样本公司的列表参见附录10。制造业样本企业具有与抽样总体一致的子行业分布,比例最高的5个子行业分别是:非金属矿物制品业、专用设备制造业、交通运输设备制造业、电器机械及器材制造业和医药制造业等,总比例为47.72%。制造业样本的子行业分布参见表8-2。

表8-2 制造业样本的子行业分布

子行业门类	子行业门类代码	样本数(个)	占样本总数百分比	子行业上市公司数量(个)	占行业上市公司总数百分比	分位数
交通运输设备制造业	C75	18	11.76%	87	9.03%	
非金属矿物制品业	C61	16	10.46%	64	6.65%	
专用设备制造业	C73	13	8.50%	92	9.55%	
电器机械及器材制造业	C76	13	8.50%	93	9.66%	
医药制造业	C81	13	8.50%	102	10.59%	
电子元器件制造业	C51	8	5.23%	76	7.89%	上四分位
食品加工业	C01	7	4.58%	32	3.32%	
饮料制造业	C05	7	4.58%	29	3.01%	
黑色金属冶炼及压延加工业	C65	7	4.58%	30	3.12%	
纺织业	C11	6	3.92%	47	4.88%	
塑料制造业	C49	6	3.92%	28	2.91%	中位数
普通机械制造业	C71	6	3.92%	64	6.65%	
造纸及纸制品业	C31	5	3.27%	25	2.60%	
生物制品业	C85	5	3.27%	21	2.18%	
服装及其他纤维制品制造业	C13	4	2.61%	23	2.39%	
金属制品业	C69	4	2.61%	31	3.22%	
食品制造业	C03	3	1.96%	19	1.97%	
有色金属冶炼及压延加工业	C67	3	1.96%	38	3.95%	下四分位
木材加工及竹、藤、棕、草制品业	C21	2	1.31%	5	0.52%	
日用电子器具制造业	C55	2	1.31%	15	1.56%	
其他制造业	C99	2	1.31%	17	1.77%	
皮革、毛皮、羽绒及制品制造业	C14	1	0.65%	3	0.31%	
家具制造业	C25	1	0.65%	2	0.21%	
其他电子设备制造业	C57	1	0.65%	20	2.08%	
合计		153		963		

3. 信息元素范围及数据收集方法

财务报告附注是企业详细披露公司财务信息的核心,为了充分反映企业披露的意愿,体现公司信息披露的不同侧重和差异,本书依旧采用人工翻阅上市公司的 PDF 年报附注的方法来统计制造业样本公司信息元素的复用和扩展频数。

8.5.2 描述性统计

1. 复用和扩展的信息元素

表 8-3 的 Panel A 报告了制造业样本公司复用通用分类标准信息元素的情况。从复用表头信息元素、轴成员信息元素、列报项目信息元素、结构信息元素、影子信息元素和信息元素整体的角度看,样本均呈现左偏趋势(中位数均小于其均值,如第五行列报项目信息元素的中位数 83 小于其均值 84.54)。

表 8-3 描述性统计——制造业样本中复用和扩展的信息元素

信息元素	数量	均值	标准差	最小值	1/4 分位	中位数	3/4 分位	最大值
Panel A 复用通用分类标准								
表	153	17.62	2.70	11	16	17	19	25
轴成员	153	77.81	12.58	51	68	77	86	119
列报项目	153	84.54	12.65	57	76	83	92	117
结构	153	179.97	25.92	126	161	178	199	256
影子	153	266.00	48.80	181	233	264	298	451
整体	153	445.97	71.14	315	388	444	489	671
Panel B 扩展行业分类标准								
表	153	33.16	7.41	16	28	32	38	61
轴成员	153	182.76	34.97	100	157	180	206	299
列报项目	153	156.24	34.45	86	132	152	179	277
结构	153	372.17	74.69	208	318	366	424	636
影子	153	488.61	98.91	221	406	480	554	753
整体	153	860.78	166.62	429	720	845	967	1 389

表 8-3 的 Panel B 报告了制造业样本公司扩展信息元素的情况。从扩展表头信息元素、轴成员信息元素、列报项目信息元素、结构信息元素、影子信息元素和信息元素整体的角度看,样本均亦呈现左偏趋势(中位数均小于其

均值,如第十四行影子信息元素的中位数 480 小于其均值 488.61)。

从上述对样本的偏态分析可以得出,制造业样本公司复用和扩展信息元素的形态相同,均呈现左偏趋势。

2. 复用频数分布

上市公司以通用分类标准为基准分类标准创建 XBRL-FRI 时,如果披露的信息元素在通用分类标准中有定义,企业会复用该信息元素,并在实例文档中披露该元素的具体内容。附录 11 统计了制造业样本上市公司复用表、轴成员、列报项目、结构、影子和整体信息元素的密度,对密度进行单位化处理,通过使用特定频数的复用密度除以复用密度合计可以得到相应频数的复用概率。如此,可以得到制造业样本企业复用通用分类标准信息元素的离散型概率密度函数图(参见图 8-2)。可以有趣地发现,复用概率服从 U 型分布,即复用概率较大和复用概率较小的比例均比较高。

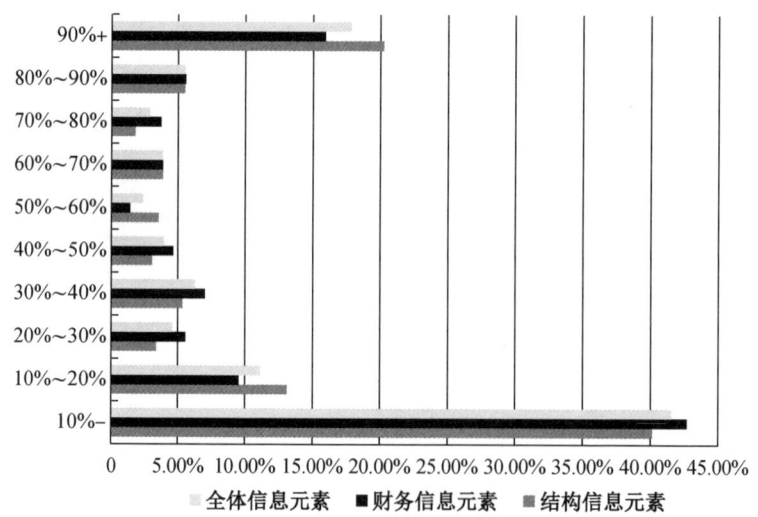

图 8-2 复用信息元素的概率密度函数——制造业样本

图 8-2 中全体信息元素是结构信息元素和财务信息元素的统称。信息元素是指维度表的表头信息元素、维度表的轴成员元素和维度表的列报项目元素。财务信息元素是指维度表的轴成员元素和维度表的列报项目元素交叉构造形成的影子财务信息元素。复用频数小于 10%(在 15 次以内)和大于

90%（在136次以上）的各类信息元素占了大多数。其中，复用频数小于10%的结构信息元素的比例为40.13%，复用频数小于10%的财务信息元素的比例为42.69%，复用频数小于10%的全体信息元素的比例为41.55%；频数大于90%的结构信息元素的比例为20.23%，复用频数大于90%的财务信息元素的比例为15.91%，复用频数大于90%的全体信息元素的比例为17.83%。

3. 扩展频数分布

如果披露的信息元素在通用分类标准中没有定义，企业要先扩展通用分类标准的信息元素的定义，再在XBRL实例文档中引用该元素的定义来创建具体的内容。附录11统计了制造业样本上市公司扩展表、轴成员、列报项目、结构、影子和整体信息元素的密度。对密度进行单位化处理，通过使用特定频数的扩展密度除以扩展密度合计可以得到相应频数的扩展概率。如此，可以得到制造业样本扩展信息元素的离散型概率密度函数图（参见图8-3）。与复用概率不同的是，扩展概率随着频数的增加而迅速衰减，稍有翘尾效应。

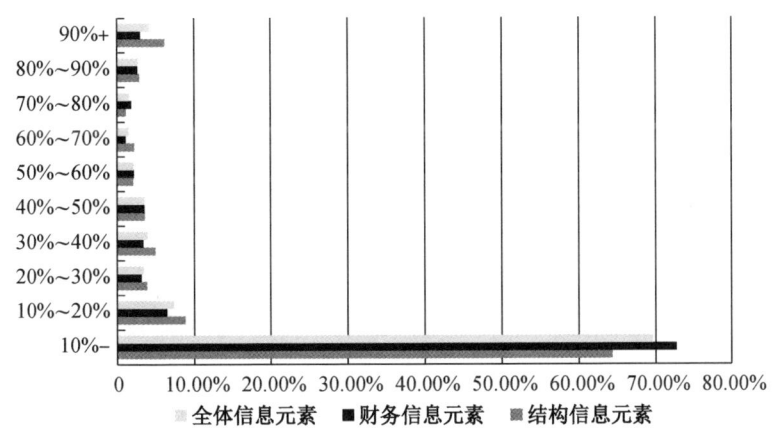

图8-3 扩展信息元素的概率密度函数——制造业样本

从图8-3中可以得出，复用频数小于10%（在15次以内）的各类信息元素占了大多数。其中，复用频数小于10%的结构信息元素的比例为64.31%，复用频数小于10%的财务信息元素的比例为72.77%，复用频数小于10%的全体信息元素的比例为69.61%。

8.5.3 扩展频数的确定

1. 经济效用法

1) 查询成本调节因子

根据附录11复用和扩展整体信息元素的合计数可以得到：$N_r = 1\,391$；$N_x = 5\,455$。制造业样本公司数为：$k = 153$。所以整体信息元素的查询成本调节因子可以表示为：

$$sc(f) = \frac{1\,391 + \sum_{j=f}^{153}(xd_j)}{6\,846} \qquad \text{(公式 8-26)}$$

式中：xd_j 表示整体信息元素的扩展密度（附录11中对应频次 j 的最后一列），计算所得到的不同频数的查询成本调节因子参见附录12的第二列和第八列。

2) 平均可比性效用

将制造业样本企业的数量 $k = 153$，复用和扩展整体信息元素的合计数 $N_r = 1\,391$，$N_x = 5\,455$ 代入平均可比性效用的实现模型（参见公式 8-18）可得：

$$ATC(f) = \frac{1}{153}\sum_{i=2}^{153}\left[\frac{tr(G'_{(154-i)\times(154-i)}) + tr(X'_{(154-f)\times(154-f)})}{153 \times 6\,846} \times \sqrt{\frac{i}{153}}\right]$$

$$\text{(公式 8-27)}$$

计算所得到的不同频数的平均可比性效用参见附录12的第三列和第九列。

3) 修正可比性效用

将公式 8-26 和公式 8-27 代入修正的可比性效用的实现模型（参见公式 8-20）可以得到：

$$u_c(f) = \frac{6\,846}{1\,391 + \sum_{j=f}^{153}(xd_j)} \times \frac{1}{153}\sum_{i=2}^{153}\left[\frac{tr(G'_{(154-i)\times(154-i)}) + tr(X'_{(154-f)\times(154-f)})}{153 \times 6\,846} \times \sqrt{\frac{i}{153}}\right]$$

$$\text{(公式 8-28)}$$

对扩展频数的下限 f 的每个可能的取值（$f \in [2, 153]$），计算对应的152个修正可比性效用值，得到不同频数的修正可比性效用（数据部分参见附录12的第四列和第十列，图形部分参见图8-4）。从图8-4可以看出，修正可比性和扩展频数之间的关系是非线性的，呈前凹后凸的正弦走势。图形的前半段，效用随着频数的增长而增长，增长的趋势服从边际效用递减的规律，一直达到效用的最大值；图形的后半段，增长趋势逐步由负转正，效用随着频数的增长而逐渐下降，下降到一定水平后，又逐渐增长。

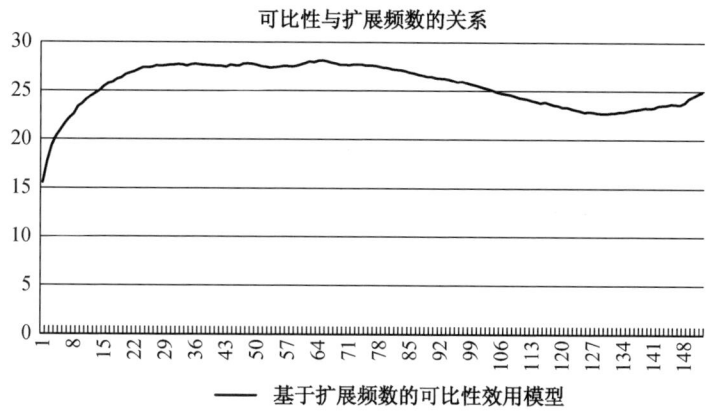

图8-4 制造业样本可比性和扩展频数关系图

基于扩展频数的修正可比性效用是离散的，对制造业样本的修正可比性测度值进行排序，可以得到取最优修正可比性效用对应的频数（参见公式8-21）：

$$f^* = \underset{f \in [2, 153]}{\mathrm{argmax}} \left\{ \left[\frac{1}{153} \sum_{i=2}^{153} \left(\frac{tr(G'_{(154-i) \times (154-i)}) + tr(X'_{(154-f) \times (154-f)})}{153 \times 6\,846} \times \sqrt{\frac{i}{135}} \right) \right] / sc(f) \right\}$$
$$= 66$$

当扩展频数的下限为66时，可比性测度取最大值28.16；前五大可比性测度对应的扩展频数的下限分别是66，65，67，63和64；当扩展频数的下限为2时，可比性测度取最小值15.56。

2. 概率统计法

概率统计法是通过"比例"直接筛选出的信息元素的方法。不同频数的元素的累计扩展元素数量和比例参见附录 12 的第五、第六列和第十一、第十二列。制造业样本企业的数量为 153。根据公式 8-25，在确定信息元素筛选比例为 α 后，通过频数不等式：$Axp(f) = \sum_{i=f+1}^{k} Z_{i,1} / \sum_{i=1}^{k} Z_{i,1} \leqslant \alpha \leqslant \sum_{i=f}^{k} Z_{i,1} / \sum_{i=1}^{k} Z_{i,1} = Axp(f-1)$，可以得到对应的扩展频数。例如，信息元素的筛选比例是 40% 时，$Axp(9) \leqslant \alpha \leqslant Axp(8)$（38.85% $\leqslant$ 40% $\leqslant$ 40.15%），扩展频数为 9。

8.5.4 行业分类标准的确定

根据扩展频数与行业分类标准的信息元素之间的关系，制造业样本在经济效用法下，$f = 66$，$k = 153$，$X^f = \max\{x_f, x_{f+1}, \cdots, x_k\} = 31$。根据公式 8-25，可以构造出如下行业分类标准的信息元素矩阵：

$$IX_{(31 \times 153)} = \begin{bmatrix} ie_{1,66} & ie_{1,67} & \cdots & ie_{1,j} & \cdots & ie_{1,153} \\ ie_{2,66} & ie_{2,67} & \cdots & ie_{2,j} & \cdots & ie_{2,153} \\ \cdots & \cdots & \cdots & \cdots & \cdots & \cdots \\ \cdots & ie_{x_{f+1},67} & \cdots & ie_{x_j,j} & \cdots & ie_{x_k,153} \\ ie_{x_f,66} & 0 & \cdots & 0 & \cdots & 0 \end{bmatrix}_{(31 \times 88)}$$

第一列的列向量 $\{ie_{1,66}, ie_{2,66}, \cdots, ie_{x_f,66}\}^T$ 表示共有 X_f 个扩展频数为 66 的信息元素构成的集合；第二列的列向量 $\{ie_{1,67}, ie_{2,67}, \cdots, ie_{x_{f+1},67}\}^T$ 表示共有 X_{f+1} 个扩展频数为 67 的信息元素构成的集合；第八十八列的列向量 $\{ie_{1,153}, ie_{2,153}, \cdots, ie_{x_k,153}\}^T$ 表示共有 X_k 个扩展频数为 153 的信息元素构成的集合。对于制造业样本，所有样本都扩展的信息元素共有 $X_f = 8$ 个（参见表 8-4）。

表 8-4 对应的信息元素集合为：调整后期初未分配利润、本期归属于母公司所有者的净利润、期末未分配利润、营业税金及附加项目、应交税费——城市维护建设税、教育费附加、营业税金及附加项目合计、营业税金及附加项目发生额。按类似的方法可以统计出其他频数的信息元素集合，限于篇幅，在此不再赘述。

表 8-4　制造业样本中最大扩展频数的信息元素集合

模块名称	维度表名称	信息元素名称	类型
未分配利润	未分配利润	调整后期初未分配利润	财务信息元素
		本期归属于母公司所有者的净利润	财务信息元素
		期末未分配利润	财务信息元素
营业税金及附加	营业税金及附加	营业税金及附加项目	表头信息元素
		应交税费——城市维护建设税	轴成员信息元素
		教育费附加	轴成员信息元素
		营业税金及附加项目合计	轴成员信息元素
		营业税金及附加项目发生额	列报项目信息元素

最后将所有频数大于等于 66 的信息元素的集合汇总在一起,就构造出了经济效用法下制造业行业分类标准(参见附录 13)。其中,复用(扩展)类型为"1"表示文本块,"2"表示维度信息元素,"3"表示轴成员信息元素,"4"表示列报项目信息元素,"5"表示单项财务信息元素。概率统计法下,构造矩阵的过程与经济效用法相同,限于篇幅,概率统计法在此不再赘述。

8.6　本章小结

基于中国亟需推出行业分类标准的现状,本章以创建行业分类标准为目标研究了如何改进分类标准的质量。

从理论角度看,本章将信息元素的"频数"引入信息元素空间中,将元素空间理论由一维扩展到多维。重新定义了"信息元素空间",新定义了"频数—密度空间"和"频数—概率密度空间",建立了"元素—频数—密度—概率密度"的函数映射关系,为从实务角度遴选信息元素、构造行业分类标准奠定了理论基础。

从方法角度看,本章开启"频数法"来遴选分类标准的信息元素,构造行业分类标准。首先从企业的财务报告实践出发,对 XBRL 分类标准的信息元素等进行"频数统计";然后通过转换得到对应频数的"复用密度"和"扩展密度",通过单位化变换得到对应频数的"概率密度分布";最后按一定的经济意义或统计意义来确定频数下限,将大于等于该统计频数的信息元素构造称为行业分类标准。其中,经济意义通过可比性效用最优来筛选信息元素,统计意义通过信息元素的比例直接筛选信息元素。"可比性效用最优理论"是本章提出的一种以报告使用者决策有用性为目标的行业分类标准创建理论。该理论在满足报告使用者可比性效用最优的条件下,建立了最优行业分类标准和扩展频数之间的函数映射关系,通过信息元素的扩展频数确定最优行业分类标准。

从实践角度看,本章从上市公司信息披露实务出发,以市场占比最高的制造业为例,选取了153家制造业上市公司财务报告附注信息作为样本,计算了整体信息元素的"扩展频数""扩展密度""可比性效用"和"累计扩展元素数量"。通过"可比性效用最优理论"确定了最优扩展频数的下限,创建了制造业行业分类标准,为行业分类标准的实践提出了理论和方法上的指导。

第 9 章

结　论

本章是本书的结论部分。首先归纳本书的主要结论,然后阐述本书的主要创新点,最后指出本书的局限性及未来的研究方向。

9.1　主要结论

本书以评价和改进分类标准质量为主题,围绕"分类标准的微观结构是什么""如何评价分类标准的质量"和"如何改进分类标准的质量"这 3 个问题展开研究。首先对国内外相关文献进行了梳理和评价;然后通过对分类标准的创建模式和扩展模式进行分析,尝试回答"分类标准的微观结构是什么"的问题;在此基础上,从创建和扩展视角分别对"如何评价分类标准的质量"进行了深入研究;最后从实务角度提出了创建行业分类标准的方法,并使用该方法创建了特定行业分类标准,回答了"如何改进分类标准的质量"的问题。

经过对上述问题的研究和探讨,本书的主要研究结论如下:提出了在不同的创建模式下分类标准的最基本单元不同的观点;从创建质量方面看,分类标准的维度模式优于元组模式,从扩展质量方面看,分类标准的行业扩展模式优于直接扩展模式;提出了一套创建行业分类标准的方法,创建了制造业分类标准。

9.2 本书主要创新点

信息时代下，XBRL 财务报告是网络财务报告发展的一个趋势，影响 XBRL 财务报告质量的关键因素是 XBRL 财务报告分类标准的质量。本书首先解析了分类标准的微观结构，然后对 XBRL 财务报告分类标准的质量从创建和扩展两个方面进行了评价，最后提出了实务法创建行业分类标准的理论和方法，为改进分类标准质量提供了务实的建议。本书的创新点主要体现在以下 3 个方面：拓展了分类标准财务信息元素理论，重构了信息元素空间理论；构造了度量分类标准的创建和扩展质量测度，评价了分类标准的创建和扩展质量；构造了统计意义上依指定概率和经济意义上依可比性效用最优筛选信息元素、创建了行业分类标准的方法。

9.3 本书的局限性及未来的研究方向

由于笔者自身的研究能力及各种条件的限制，本书仅对 XBRL 财务报告分类标准的质量评价和改进进行了初步研究，还存在诸多不足，需要在未来的研究中不断加以改进和完善。

1. 分类标准质量评价体系和方法的进一步完善

本书从创建和扩展的角度对分类标准质量评价体系和方法进行了初步研究，提出了评价标准、理论模型和实现模型。在广度上还可以将研究范围扩大到分类标准的实施层面，在深度上还需要随着 XBRL 的不断实践而继续深入。

2. 分类标准质量改进方法的进一步完善

在构造可比性效用的实现模型时，本书在假设频数统计所得的每个信息元素对财务报告使用者的效用均相同的前提下，进行了初步研究，提出了可比性效用的实现模型。当不同种类的信息元素对财务报告使用者的效用不相同时，实现模型需要按照不同种类的效用重新调整。在今后的研究中，可以按信息元素粒度对财务报告使用者的效用进行细分,重构基于信息元素粒度的可比性效用实现模型。

3. XBRL 财务报告质量评价体系和方法的进一步完善

受客观条件的约束,目前无法获得 XBRL 格式的财务报告,本书对质量评价的研究范围集中于分类标准层面,提出了创建质量评价模型和扩展质量评价模型。在今后的研究中,随着未来 XBRL 格式财务报告的全面披露,可以逐步研究评价 XBRL 财务报告整体的质量评价体系和方法。此外,目前国外的文献主要集中在 XBRL 财务报告的正确性方面,这有待于从广度上对财务报告质量评价体系的再拓展。

4. XBRL 财务报告质量与会计信息质量的研究有待深入

本书从会计信息可比性的角度对分类标准的扩展质量进行了度量,提出了分类标准的可比性质量测度模型。在今后的研究中,可以继续深挖分类标准与会计信息质量之间的联系,如从可靠性、可理解性等角度对 XBRL 财务报告质量进行更深入的研究。

9.4　本章小结

本章是本书的结论部分。首先归纳本书的主要结论,然后阐述本书的主要创新点,最后指出本书的局限性及未来的研究方向:分类标准质量评价体系和方法、分类标准质量改进方法、XBRL 财务报告质量评价体系和方法有待进一步完善;XBRL 财务报告质量与会计信息质量的研究有待进一步深入。

附　录

附录1　元组的 XBRL 语法定义——上交所上市公司分类标准中货币资金外币明细

```xml
<!--508：货币资金外币明细-->
<element name="HuoBiZiJinWaiBiMingXi" substitutionGroup="xbrli:tuple" nillable="true" id="clcid-pt_HuoBiZiJinWaiBiMingXi">
  <complexType>
    <complexContent>
      <restriction base="anyType">
        <sequence>
          <element ref="clcid-pt:HuoBiZiJinWaiBiBiZhong" minOccurs="1" maxOccurs="2"/>
          <element ref="clcid-pt:HuoBiZiJinWaiBiJinE" minOccurs="1" maxOccurs="2"/>
          <element ref="clcid-pt:HuoBiZiJinWaiBiHuiLv" minOccurs="1" maxOccurs="2"/>
          <element ref="clcid-pt:HuoBiZiJinWaiBiZheHeRenMinBiJinE" minOccurs="1" maxOccurs="2"/>
        </sequence>
```

```
            <attribute name="id" type="ID" use="optional"/>
        </restriction>
    </complexContent>
  </complexType>
</element>
```

附录 2 元组的 UML 类图——上交所上市公司分类标准中货币资金外币明细

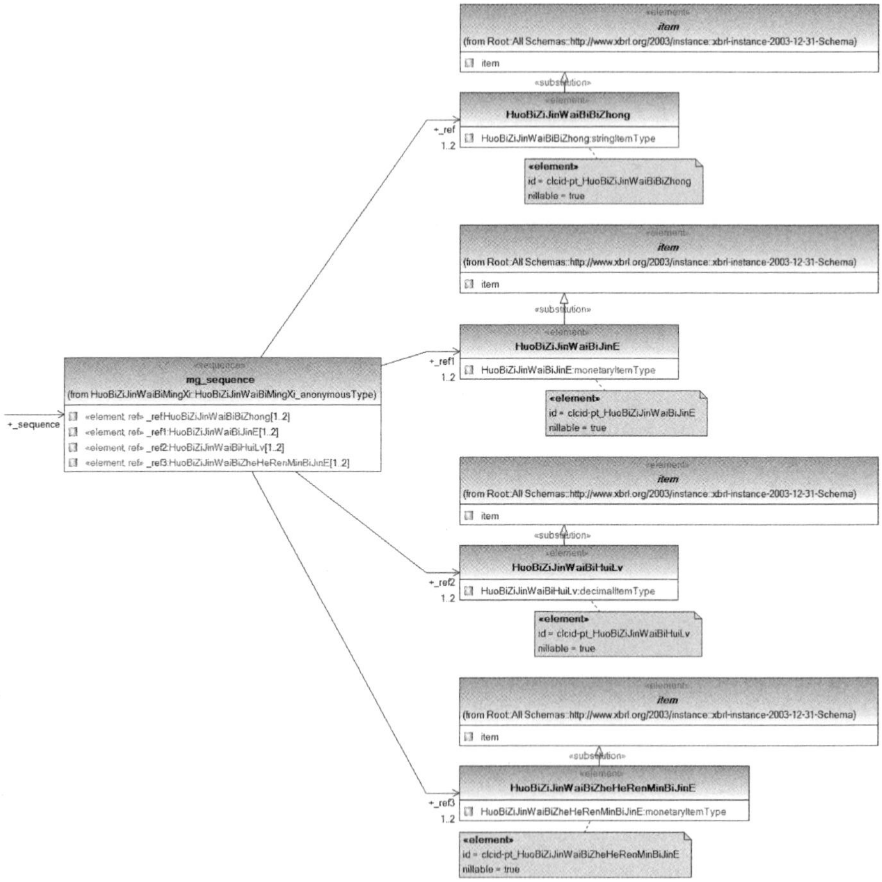

附录3 维度的XBRL语法定义——通用分类标准中货币资金年初期末余额明细

```xml
<link:loc xlink:type="locator" xlink:href="../../cas_core_2010-09-30.xsd
    #cas_OpeningAndClosingBalanceOfCashAtBankAndInHandTable"
    xlink:label="OpeningAndClosingBalanceOfCashAtBankAndInHandTable"
    xlink:title="OpeningAndClosingBalanceOfCashAtBankAndInHandTable"/>
<link:presentationArc xlink:type="arc" xlink:arcrole="http://www.xbrl.org/2003/
    arcrole/parent-child"
    xlink:from="OpeningAndClosingBalanceOfCashAtBankAndInHandAbstract"
    xlink:to="OpeningAndClosingBalanceOfCashAtBankAndInHandTable"
    xlink:title="presentation: OpeningAndClosingBalanceOfCashAtBankAndInHand
    Abstract to OpeningAndClosingBalanceOfCashAtBankAndInHandTable" use=
    "optional" order="1.0"/>
<link:loc xlink:type="locator" xlink:href="../../cas_core_2010-09-30.xsd
    #cas_ClassesOfCashAndCashEquivalentsAxis"
    xlink:label="ClassesOfCashAndCashEquivalentsAxis"
    xlink:title="ClassesOfCashAndCashEquivalentsAxis"/>
<link:presentationArc xlink:type="arc" xlink:arcrole="http://www.xbrl.org/2003/
    arcrole/parent-child"
    xlink:from="OpeningAndClosingBalanceOfCashAtBankAndInHandTable"
    xlink:to="ClassesOfCashAndCashEquivalentsAxis"
    xlink:title="presentation: OpeningAndClosingBalanceOfCashAtBankAndInHand
    Table to ClassesOfCashAndCashEquivalentsAxis" order="1.0"/>
<link:loc xlink:type="locator" xlink:href="../../cas_core_2010-09-30.xsd
    #cas_ClassesOfCashAndCashEquivalentsMember"
    xlink:label="ClassesOfCashAndCashEquivalentsMember"
    xlink:title="ClassesOfCashAndCashEquivalentsMember"/>
<link:presentationArc xlink:type="arc" xlink:arcrole="http://www.xbrl.org/2003/
    arcrole/parent-child"
```

```
        xlink:from = "ClassesOfCashAndCashEquivalentsAxis"
        xlink:to = "ClassesOfCashAndCashEquivalentsMember"
        xlink:title = "presentation: ClassesOfCashAndCashEquivalentsAxis
        to ClassesOfCashAndCashEquivalentsMember" order = "5.0"/>
        ……
<link:loc xlink:type = "locator" xlink:href = "../../cas_core_2010-09-30.xsd
        #cas_OpeningAndClosingBalanceOfCashAtBankAndInHandLineItems"
        xlink:label = "OpeningAndClosingBalanceOfCashAtBankAndInHandLineItems"
        xlink:title = "OpeningAndClosingBalanceOfCashAtBankAndInHandLineItems"/>
<link:presentationArc xlink:type = "arc" xlink:arcrole = "http://www.xbrl.org/2003/
        arcrole/parent-child"
        xlink:from = "OpeningAndClosingBalanceOfCashAtBankAndInHandAbstract"
        xlink:to = "OpeningAndClosingBalanceOfCashAtBankAndInHandLineItems"
        xlink:title = "presentation:OpeningAndClosingBalanceOfCashAtBankAndInHandAbstract
        to OpeningAndClosingBalanceOfCashAtBankAndInHandLineItems" order = "2.0"/>
        ……
```

附录4 石油行业样本公司列表

公司代码	所属行业	公司简称	公司代码	所属行业	公司简称	公司代码	所属行业	公司简称
600028	B	中国石化	002172	C	澳洋科技	600409	C	三友化工
601857	B	中国石油	002246	C	北化股份	600423	C	柳化股份
000420	C	吉林化纤	002250	C	联化科技	600426	C	华鲁恒升
000422	C	湖北宜化	002254	C	烟台氨纶	600532	C	华阳科技
000627	C	天茂集团	002256	C	彩虹精化	600596	C	新安股份
000687	C	保定天鹅	600061	C	中纺投资	600667	C	太极实业
000698	C	沈阳化工	600135	C	乐凯胶片	600699	C	*ST 得亨
000707	C	双环科技	600141	C	兴发集团	600725	C	云维股份
000936	C	华西村	600146	C	大元股份	600731	C	湖南海利
000953	C	*ST 河化	600226	C	升华拜克	600810	C	神马股份
002018	C	华星化工	600309	C	烟台万华	600889	C	南京化纤
002113	C	ST 天润						

附录5 将"元素的复用(扩展)频数"变换为"频数的复用(扩展)密度"的算法

假设信息元素的"复用(扩展)频数"集合为：

$$\Phi_{g,d} = \{f_{1,t}, f_{2,t}, \cdots, f_{m_d,t}\} = \{f_{i,t}\}, i \in \{N^+ \cap [1, m_d]\}$$

经密度(数量)统计,构造形成的集合为：

$$\Phi_{g,d,f} = \{d_1, d_2, \cdots, d_k\} = \{d_j\}, j \in \{N^+ \cap [1, k]\}$$

密度①统计算法如下：

For j = 1 to k
    For i = 1 to m_d
        {if $f_{i,t} = j$ then d_j ++}
    Next i
Next j

---

① "密度"表示复用(扩展)频数为 j 次的信息元素的数量。

附录6　信息元素的频数测度

本附录详述了直接扩展模式下表头、项目和影子信息元素的"复用频数""扩展频数""复用密度""扩展密度""累计复用量"和"累计扩展量"等与频数相关的测度的统计过程。行业扩展模式的测度方法与此相同,限于篇幅,不再赘述。

1. 表头信息元素的频数测度

1) 复用测度统计

创建 XBRL-FRI 的多维表的表头信息元素实例时,如果在通用分类标准中已经存在了该表头信息元素的定义,企业将在实例文档中复用该表头信息元素(参见第四章图 4-5 的复用层级 3)。如果某个企业的维度表的表头信息元素实例集合 ($ed_{j,t}$) 中的表头信息元素实例复用了通用分类标准的维度表头信息元素集合 ($d_{j,t}$) 中的表头信息元素,那么 $d_{j,t}$ 中对应的表头信息元素的复用频数为 1,如果 $d_{j,t}$ 中的表头信息元素没有被企业复用,那么该表头信息元素的复用频数为 0。对 k 个企业复用 $d_{j,t}$ 中的表头信息元素进行统计,可以得出 $d_{j,t}$ 中表头信息的"元素的复用频数"集合:

$$\Phi_{g,d} = \left\{ \sum_{j=1}^{k} [rf(ed_{j,t} \cap d_{j,t}) = 1] \right\} \quad \text{(附录公式 6-1)}$$

通过附录公式 6-1 可以统计出表头信息元素的复用频数。若 k 个企业从通用分类标准中复用了 m_d 个表头信息元素,那么上式可以表达为:

$$\Phi_{g,d} = \{rf_{1,t}, rf_{2,t}, \cdots, rf_{m_d,t}\} = \{rf_{i,t}\}, i \in \{N^+ \cap [1, m_d]\}$$

(附录公式 6-2)

式中:$rf_{i,t} \in \{N^+ \cap [1, k]\}$。

对附录公式 6-2 中频数集合 $\Phi_{g,d}$,按复用频数 $rf_{i,t}$ 进行归类统计(算法参见附录5),可以构造出基于 $\Phi_{g,d}$ 的"元素复用密度"统计集合:

$$\Phi_{g,d,f} = \{rd_1, rd_2, \cdots, rd_k\} = \{rd_j\}, j \in \{N^+ \cap [1,k]\}$$

（附录公式 6-3）

式中：rd_j 表示 k 个企业中复用表头信息元素频次为 j 次的信息元素的密度（数量）。所以，k 个企业表头信息元素的总复用量为：

$$N_{g,d} = \sum_{j=1}^{k}(j \times rd_j)$$

（附录公式 6-4）

k 个企业复用表头信息元素频次大于等于 i 次的累计复用量为：

$$N_{g,d,\geqslant i} = \sum_{j=i}^{k}(j \times rd_j)$$

（附录公式 6-5）

2）扩展测度统计

如果在通用分类标准中没有该表头信息元素的定义，企业需要先依据 XBRL 语法规范扩展定义该维度表的表头信息元素（参见第 4 章图 4-5 的扩展层级 3），再在实例文档中引用该表头信息元素。如果某个企业的维度表的表头信息元素实例集合（$ed_{j,t}$）中的元素实例使用了企业扩展的维度表头信息元素集合（$xd_{u,t}$）中的元素，那么 $xd_{u,t}$ 中对应的表头信息元素的复用频数为 1。对 k 个企业使用 $xd_{u,t}$ 中的表头信息元素进行统计，可以得出 $xd_{u,t}$ 中表头信息的"元素的扩展频数"集合：

$$\Phi_{g,d,x} = \left\{ \sum_{j=1}^{k}[xf(ed_{j,t} \cap xd_{u,t}) = 1] \right\}$$

（附录公式 6-6）

通过附录公式 6-6 可以统计出表头信息元素的扩展频数。若 k 个企业使用了 m_{dx} 个企业扩展分类标准中的表头信息元素，那么上式可以表达为：

$$\Phi_{g,d,x} = \{xf_{1,t}, xf_{2,t}, \cdots, xf_{m_{dx},t}\} = \{xf_{i,t}\}, i \in \{N^+ \cap [1, m_{dx}]\}$$

（附录公式 6-7）

式中：$xf_{i,t} \in \{N^+ \cap [1,k]\}$。

对附录公式 6-7 中频率集合 $\Phi_{g,d,x}$，按复用频数 $xf_{i,t}$ 进行归类统计（算法参见附录 5），可以构造出基于 $\Phi_{g,d,x}$ 的"元素扩展密度"统计集合：

$$\Phi_{g,d,x,f} = \{xd_1, xd_2, \cdots, xd_k\} = \{xd_j\}, j \in \{N^+ \cap [1,k]\}$$

(附录公式 6-8)

式中:xd_j 表示 k 个企业中扩展表头信息元素频次为 j 次的信息元素的密度(数量)。所以,k 个企业表头信息元素的总扩展量为:

$$N_{g,d,x} = \sum_{j=1}^{k}(j \times xd_j)$$

(附录公式 6-9)

k 个企业扩展表头信息元素频次大于等于 i 次的累计扩展量为:

$$N_{g,d,x,\geqslant i} = \sum_{j=i}^{k}(j \times xd_j)$$

(附录公式 6-10)

根据附录公式 6-4 和附录公式 6-9,k 个企业披露的表头信息元素的总数等于总复用量加总扩展量,可以表示为:

$$N_{3,g,d} = N_{g,d} + N_{g,d,x}$$

(附录公式 6-11)

根据附录公式 6-5 和附录公式 6-10,k 个企业披露的表头信息元素频次大于等于 i 的累计数为:

$$N_{3,g,d,\geqslant i} = N_{g,d,\geqslant i} + N_{g,d,x,\geqslant i}$$

(附录公式 6-12)

2. 列报项目元素的频数测度

1) 复用测度统计

创建 XBRL-FRI 的多维表的列报项目元素实例时,如果在通用分类标准中已经存在了该元素的定义,企业将在实例文档中复用该元素(参见第 4 章图 4-5 的复用层级 2)。如果某个企业的维度表的列报项目元素实例集合($ed_{j,w}$)中的元素实例复用了通用分类标准的维度表的列报项目元素集合($d_{j,w}$)中的元素,那么 $d_{j,w}$ 中对应的列报项目元素的复用频数为 1,如果 $d_{j,w}$ 中的列报项目元素没有被企业复用,那么该元素的复用频数为 0。对 k 个企业复用 $d_{j,w}$ 中的列报项目元素进行统计,可以得出 $d_{j,w}$ 中列报项目信息的"元素的复用频数"集合:

$$\Phi_{g,w} = \left\{ \sum_{j=1}^{k} [rf(ed_{j,w} \cap d_{j,w}) = 1] \right\}$$

(附录公式 6-13)

通过附录公式 6-13 可以统计出列报项目元素的复用频数。若 k 个企业从通用分类标准中复用了 m_w 个列报项目元素,那么上式可以表达为:

$$\Phi_{g,w} = \{rf_{1,t}, rf_{2,t}, \cdots, rf_{m_w,t}\} = \{rf_{i,t}\}, i \in \{N^+ \cap [1, m_w]\}$$

(附录公式 6-14)

式中:$rf_{i,t} \in \{N^+ \cap [1, k]\}$。

对附录公式 6-14 中频数集合 $\Phi_{g,w}$,按复用频数 $rf_{i,t}$ 进行归类统计(算法参见附录 5),可以构造出基于 $\Phi_{g,w}$ 的"元素复用密度"统计集合:

$$\Phi_{g,w,f} = \{rd_1, rd_2, \cdots, rd_k\} = \{rd_j\}, j \in \{N^+ \cap [1, k]\}$$

(附录公式 6-15)

式中:rd_j 表示 k 个企业中复用列报项目元素频次为 j 次的信息元素的密度(数量)。所以,k 个企业列报项目元素的总复用量为:

$$N_{g,w} = \sum_{j=1}^{k}(j \times rd_j) \quad \text{(附录公式 6-16)}$$

k 个企业复用列报项目元素频次大于等于 i 次的累计复用量为:

$$N_{g,w,\geqslant i} = \sum_{j=i}^{k}(j \times rd_j) \quad \text{(附录公式 6-17)}$$

2)扩展测度统计

如果在通用分类标准中没有该列报项目元素的定义,企业需要先依据 XBRL 语法规范扩展定义该维度表的列报项目元素(参见第 4 章图 4-5 的扩展层级 2),再在实例文档中引用该元素。如果某个企业的维度表的列报项目元素实例集合($ed_{j,w}$)中的元素实例使用了企业扩展的列报项目元素集合($xd_{u,w}$)中的元素,那么 $xd_{u,w}$ 中对应的列报项目元素的复用频数为 1。对 k 个企业使用 $xd_{u,w}$ 中的列报项目元素进行统计,可以得出 $xd_{u,w}$ 中列报项目信息的"元素的扩展频数"集合:

$$\Phi_{g,w,x} = \Big\{ \sum_{j=1}^{k}[xf(ed_{j,w} \cap xd_{u,w}) = 1] \Big\} \quad \text{(附录公式 6-18)}$$

通过附录公式 6-18 可以统计出列报项目元素的扩展频数。若 k 个企

使用了 m_{wx} 个企业扩展分类标准中的列报项目元素,那么上式可以表达为:

$$\Phi_{g,w,x} = \{xf_{1,t}, xf_{2,t}, \cdots, xf_{m_{wx},t}\} = \{xf_{i,t}\}, i \in \{N^+ \cap [1, m_{wx}]\}$$

(附录公式 6-19)

式中: $xf_{i,t} \in \{N^+ \cap [1, k]\}$。

对附录公式 6-19 中频数集合 $\Phi_{g,w,x}$,按扩展频数 $xf_{i,t}$ 进行归类统计(算法参见附录 5),可以构造出基于 $\Phi_{g,w,x}$ 的"元素扩展密度"统计集合:

$$\Phi_{g,w,x,f} = \{xd_1, xd_2, \cdots, xd_k\} = \{xd_j\}, j \in \{N^+ \cap [1, k]\}$$

(附录公式 6-20)

式中: xd_j 表示 k 个企业中扩展列报项目元素频次为 j 次的信息元素的密度(数量)。所以,k 个企业列报项目元素的总扩展量为:

$$N_{g,w,x} = \sum_{j=1}^{k}(j \times xd_j) \qquad \text{(附录公式 6-21)}$$

k 个企业扩展列报项目元素频次大于等于 i 次的累计扩展量为:

$$N_{g,w,x,\geqslant i} = \sum_{j=i}^{k}(j \times xd_j) \qquad \text{(附录公式 6-22)}$$

根据附录公式 6-16 和附录公式 6-21,k 个企业披露的列报项目元素的总数等于总复用量加总扩展量,可以表示为:

$$N_{3,g,w} = N_{g,w} + N_{g,w,x} \qquad \text{(附录公式 6-23)}$$

根据附录公式 6-17 和附录公式 6-22,k 个企业披露的列报项目元素频次大于等于 i 的累计数为:

$$N_{3,g,w,\geqslant i} = N_{g,w,\geqslant i} + N_{g,w,x,\geqslant i} \qquad \text{(附录公式 6-24)}$$

3. 影子财务信息元素的频数测度

1) 复用测度统计

创建 XBRL-FRI 的多维表的影子财务信息元素实例时,如果在通用分类标准中已经存在了该元素的定义,企业将在实例文档中复用该元素(参见第 4 章图 4-5 的复用层级 1)。如果某个企业的维度表的影子财务信息元素实例集合(ee)中的元素实例复用了通用分类标准的维度表的影子财务信息元素集合(e_j)中的元素,那么e_j中对应的影子财务信息元素的复用频数为1;如果e_j中的影子财务信息元素没有被企业复用,那么该元素的复用频数为0。对k个企业复用e_j中的影子财务信息元素进行统计,可以得出e_j中影子财务信息的"元素的复用频数"集合:

$$\Phi_{g,e} = \left\{ \sum_{j=1}^{k} [rf(ee \cap e_j) = 1] \right\} \quad \text{(附录公式 6-25)}$$

通过附录公式 6-25 可以统计出影子财务元素的复用频数。若k个企业从通用分类标准中复用了m_e个影子财务信息元素,那么上式可以表达为:

$$\Phi_{g,e} = \{rf_{1,t}, rf_{2,t}, \cdots, rf_{m_e,t}\} = \{rf_{i,t}\}, i \in \{N^+ \cap [1, m_e]\}$$

$$\text{(附录公式 6-26)}$$

式中:$rf_{i,t} \in \{N^+ \cap [1, k]\}$。

对附录公式 6-26 中频数集合$\Phi_{g,e}$,按复用频数$rf_{i,t}$进行归类统计(算法参见附录5),可以构造出基于$\Phi_{g,e}$的"元素复用密度"统计集合:

$$\Phi_{g,e,f} = \{rd_1, rd_2, \cdots, rd_k\} = \{rd_j\}, j \in \{N^+ \cap [1, k]\}$$

$$\text{(附录公式 6-27)}$$

式中:rd_j表示k个企业中复用影子财务信息元素频次为j次的信息元素的密度(数量)。所以,k个企业影子财务信息元素的总复用量为:

$$N_{g,e} = \sum_{j=1}^{k} (j \times rd_j) \quad \text{(附录公式 6-28)}$$

k个企业复用影子财务信息元素频次大于等于i次的累计复用量为:

$$N_{g,e,\geqslant i} = \sum_{j=i}^{k} (j \times rd_j) \quad \text{(附录公式 6-29)}$$

2) 扩展测度统计

如果在通用分类标准中没有该影子财务信息元素的定义,企业需要先依据 XBRL 语法规范扩展定义该维度表的影子财务信息元素(参见第 4 章图 4-5 的扩展层级 1),再在实例文档中引用该元素。如果某个企业的维度表的影子财务信息元素实例集合（ee）中的元素实例使用了企业扩展的影子财务信息元素集合（xe_u）中的元素，那么 xe_u 对应的影子财务信息元素的复用频数为 1。对 k 个企业使用 xe_u 中的影子财务信息元素进行统计，可以得出 xe_u 影子财务信息的"元素的扩展频数"集合：

$$\Phi_{g,e,x} = \left\{ \sum_{j=1}^{k} [xf(ee \cap xe_u) = 1] \right\} \quad \text{（附录公式 6-30）}$$

通过附录公式 6-30 可以统计出影子财务信息元素的扩展频数。若 k 个企业使用了 m_{ex} 个企业扩展分类标准中的影子财务信息元素，那么上式可以表达为：

$$\Phi_{g,e,x} = \{xf_{1,t}, xf_{2,t}, \cdots, xf_{m_{wx},t}\} = \{xf_{i,t}\}, i \in \{N^+ \cap [1, m_{ex}]\}$$

$$\text{（附录公式 6-31）}$$

式中：$xf_{i,t} \in \{N^+ \cap [1, k]\}$。

对附录公式 6-31 中频数集合 $\Phi_{g,e,x}$，按扩展频数 $xf_{i,t}$ 进行归类统计（算法参见附录 5），可以构造出基于 $\Phi_{g,e,x}$ 的"元素扩展密度"统计集合：

$$\Phi_{g,e,x,f} = \{xd_1, xd_2, \cdots, xd_k\} = \{xd_j\}, j \in \{N^+ \cap [1, k]\}$$

$$\text{（附录公式 6-32）}$$

式中：xd_j 表示 k 个企业中影子财务信息元素频次为 j 次的信息元素的密度（数量）。所以，k 个企业影子财务信息元素的总扩展量为：

$$N_{g,e,x} = \sum_{j=1}^{k} (j \times xd_j) \quad \text{（附录公式 6-33）}$$

k 个企业扩展影子财务信息元素频次大于等于 i 次的累计扩展量为：

$$N_{g,e,x,\geqslant i} = \sum_{j=i}^{k} (j \times xd_j) \quad \text{（附录公式 6-34）}$$

根据附录公式 6-28 和附录公式 6-33，k 个企业披露的影子财务信息元素的总数等于总复用量加总扩展量，可以表示为：

$$N_{2,g} = N_{g,e} + N_{g,e,x} \quad \text{（附录公式 6-35）}$$

根据附录公式 6-29 和附录公式 6-34，k 个企业披露的影子财务信息元素频次大于等于 i 次的累计数为：

$$N_{2,g,e,\geq i} = N_{g,e,\geq i} + N_{g,e,x,\geq i} \qquad （附录公式 6-36）$$

附录7 频数的复用和扩展密度统计表——石油行业

频数的复用和扩展密度——石油行业

Panel A 频数的复用密度

频数	直接扩展模式						行业扩展模式					
	表头	轴成员	列报项目	结构	影子	整体	表头	轴成员	列报项目	结构	影子	整体
1	17	18	47	82	126	208	20	32	52	104	185	289
2	14	6	15	35	31	66	15	15	19	49	55	104
3	4	6	7	17	21	38	7	12	9	28	29	57
4	7	8	8	23	25	48	7	9	9	25	35	60
5	7	12	12	31	21	52	8	16	12	36	35	71
6	2	2	0	4	10	14	2	2	2	6	11	17
7	2	0	0	2	6	8	3	2	2	7	10	17
8	0	1	0	1	9	10	0	1	0	1	12	13
9	3	2	0	5	7	12	3	3	0	6	7	13
10	4	1	0	5	22	27	4	1	0	5	26	31
11	2	1	5	8	7	15	2	1	6	9	9	18
12	5	2	1	8	5	13	5	2	1	8	5	13
13	1	4	1	6	10	16	1	4	1	6	10	16
14	1	2	6	9	12	21	1	3	6	10	13	23
15	1	2	2	5	13	18	1	2	4	7	18	25
16	4	6	7	17	6	23	5	6	8	19	7	26
17	7	4	5	16	12	28	7	4	8	19	18	37
18	0	5	1	6	21	27	0	5	3	8	24	32
19	3	6	4	13	13	26	5	10	7	22	18	40
20	1	3	0	4	9	13	1	5	2	8	13	21
21	0	0	1	1	2	9	11	1	2	2	2	5	7	18
22	2	4	1	7	9	16	3	6	7	16	19	35
23	0	1	0	1	12	13	2	3	3	8	15	23
24	1	2	0	3	8	11	1	2	0	3	10	13
25	0	2	0	2	3	5	0	2	0	2	5	7

(续表)

频数	表头	轴成员	列报项目	结构	影子	整体	表头	轴成员	列报项目	结构	影子	整体
26	1	0	0	1	11	12	2	2	3	7	17	24
27	0	3	1	4	7	11	0	3	3	6	14	20
28	1	5	4	10	19	29	1	5	7	13	27	40
29	2	5	6	13	9	22	3	11	9	23	14	37
30	5	9	4	18	30	48	5	13	7	25	38	63
31	1	7	9	17	36	53	2	10	12	24	43	67
32	5	8	6	19	20	39	5	11	8	24	22	46
33	10	13	25	48	40	88	11	23	33	67	52	119
34	8	9	15	32	9	41	9	16	18	43	19	62
合计	121	160	193	474	608	1 082	142	244	263	649	848	1 497

Panel B 频数的扩展密度

	直接扩展模式						行业扩展模式					
频数	表头	轴成员	列报项目	结构	影子	整体	表头	轴成员	列报项目	结构	影子	整体
1	33	221	180	434	745	1 179	30	207	175	412	686	1 098
2	21	94	86	201	284	485	20	85	82	187	260	447
3	15	36	26	77	101	178	12	30	24	66	93	159
4	3	28	20	51	92	143	3	27	19	49	82	131
5	5	21	21	47	82	129	4	17	21	42	68	110
6	4	14	22	40	59	99	4	14	20	38	58	96
7	6	26	22	54	65	119	5	24	20	49	61	110
8	3	6	5	14	12	26	3	6	5	14	9	23
9	3	14	4	21	19	40	3	13	4	20	19	39
10	2	8	8	18	50	68	2	8	8	18	46	64
11	5	8	10	23	40	63	5	8	9	22	38	60
12	1	17	6	24	35	59	1	17	6	24	35	59
13	5	17	13	35	21	56	5	17	13	35	21	56
14	0	6	2	8	31	39	0	5	2	7	30	37
15	2	7	9	18	23	41	2	7	7	16	18	34
16	2	4	6	12	17	29	1	4	5	10	16	26
17	1	10	4	15	28	43	1	10	1	12	22	34

(续表)

频数	表头	轴成员	列报项目	结构	影子	整体	表头	轴成员	列报项目	结构	影子	整体
18	0	10	2	12	18	30	0	10	0	10	15	25
19	2	5	3	10	15	25	0	1	0	1	10	11
20	2	5	4	11	9	20	2	3	2	7	5	12
21	3	6	4	13	16	29	2	5	3	10	12	22
22	1	11	11	23	23	46	0	9	5	14	13	27
23	4	10	7	21	14	35	2	8	4	14	11	25
24	0	1	3	4	10	14	0	1	3	4	8	12
25	1	2	2	5	16	21	1	2	2	5	14	19
26	1	5	5	11	19	30	0	3	2	5	13	18
27	1	4	9	14	26	40	1	4	7	12	19	31
28	0	5	10	15	33	48	0	5	7	12	25	37
29	2	12	11	25	27	52	1	6	8	15	22	37
30	1	21	16	38	46	84	1	17	13	31	38	69
31	7	21	21	49	22	71	6	18	18	42	15	57
32	1	7	4	12	9	21	1	4	2	7	7	14
33	1	12	8	21	24	45	0	2	0	2	12	14
34	1	8	3	12	14	26	0	1	0	1	4	5
合计	139	682	567	1 388	2 045	3 433	118	598	497	1 213	1 805	3 018

附录8 直接扩展模式下累计复用信息量、累计扩展信息量统计表——石油行业

频数(>=)	表头信息元素		轴成员信息元素		列报项目信息元素		影子财务信息元素	
	复用基准	企业扩展	复用基准	企业扩展	复用基准	企业扩展	复用基准	企业扩展
(1)	(2)	(3)	(4)	(5)	(6)	(7)	(8)	(9)
1	1 720	1 242	2 835	6 136	2 957	5 114	9 128	15 744
2	1 703	1 209	2 817	5 915	2 910	4 934	9 002	14 999
3	1 675	1 167	2 805	5 727	2 880	4 762	8 940	14 431
4	1 663	1 122	2 787	5 619	2 859	4 684	8 877	14 128
5	1 635	1 110	2 755	5 507	2 827	4 604	8 777	13 760
6	1 600	1 085	2 695	5 402	2 767	4 499	8 672	13 350
7	1 588	1 061	2 683	5 318	2 767	4 367	8 612	12 996
8	1 574	1 019	2 683	5 136	2 767	4 213	8 570	12 541
9	1 574	995	2 675	5 088	2 767	4 173	8 498	12 445
10	1 547	968	2 657	4 962	2 767	4 137	8 435	12 274
11	1 507	948	2 647	4 882	2 767	4 057	8 215	11 774
12	1 485	893	2 636	4 794	2 712	3 947	8 138	11 334
13	1 425	881	2 612	4 590	2 700	3 875	8 078	10 914
14	1 412	816	2 560	4 369	2 687	3 706	7 948	10 641
15	1 398	816	2 532	4 285	2 603	3 678	7 780	10 207
16	1 383	786	2 502	4 180	2 573	3 543	7 585	9 862
17	1 319	754	2 406	4 116	2 461	3 447	7 489	9 590
18	1 200	737	2 338	3 946	2 376	3 379	7 285	9 114
19	1 200	737	2 248	3 766	2 358	3 343	6 907	8 790
20	1 143	699	2 134	3 671	2 282	3 286	6 660	8 505
21	1 123	659	2 074	3 571	2 282	3 206	6 480	8 325
22	1 123	596	2 053	3 445	2 261	3 122	6 291	7 989
23	1 079	574	1 965	3 203	2 239	2 880	6 093	7 483
24	1 079	482	1 942	2 973	2 239	2 719	5 817	7 161
25	1 055	482	1 894	2 949	2 239	2 647	5 625	6 921

(续表)

频数 (>=)	表头信息元素		轴成员信息元素		列报项目信息元素		影子财务信息元素	
	复用基准	企业扩展	复用基准	企业扩展	复用基准	企业扩展	复用基准	企业扩展
(1)	(2)	(3)	(4)	(5)	(6)	(7)	(8)	(9)
26	1 055	457	1 844	2 899	2 239	2 597	5 550	6 521
27	1 029	431	1 844	2 769	2 239	2 467	5 264	6 027
28	1 029	404	1 763	2 661	2 212	2 224	5 075	5 325
29	1 001	404	1 623	2 521	2 100	1 944	4 543	4 401
30	943	346	1 478	2 173	1 926	1 625	4 282	3 618
31	793	316	1 208	1 543	1 806	1 145	3 382	2 238
32	762	99	991	892	1 527	494	2 266	1 556
33	602	67	735	668	1 335	366	1 626	1 268
34	272	34	306	272	510	102	306	476

附录9 行业扩展模式下累计复用信息量、累计扩展信息量统计表——石油行业

频数(>=)	表头信息元素		轴成员信息元素		列报项目信息元素		影子财务信息元素	
	复用基准	企业扩展	复用基准	企业扩展	复用基准	企业扩展	复用基准	企业扩展
(1)	(2)	(3)	(4)	(5)	(6)	(7)	(8)	(9)
1	2 042	920	4 276	4 695	4 385	3 686	12 367	12 505
2	2 022	890	4 244	4 488	4 333	3 511	12 182	11 819
3	1 992	850	4 214	4 318	4 295	3 347	12 072	11 299
4	1 971	814	4 178	4 228	4 268	3 275	11 985	11 020
5	1 943	802	4 142	4 120	4 232	3 199	11 845	10 692
6	1 903	782	4 062	4 035	4 172	3 094	11 670	10 352
7	1 891	758	4 050	3 951	4 160	2 974	11 604	10 004
8	1 870	723	4 036	3 783	4 146	2 834	11 534	9 577
9	1 870	699	4 028	3 735	4 146	2 794	11 438	9 505
10	1 843	672	4 001	3 618	4 146	2 758	11 375	9 334
11	1 803	652	3 991	3 538	4 146	2 678	11 115	8 874
12	1 781	597	3 980	3 450	4 080	2 579	11 016	8 456
13	1 721	585	3 956	3 246	4 068	2 507	10 956	8 036
14	1 708	520	3 904	3 025	4 055	2 338	10 826	7 763
15	1 694	520	3 862	2 955	3 971	2 310	10 644	7 343
16	1 679	490	3 832	2 850	3 911	2 205	10 374	7 073
17	1 599	474	3 736	2 786	3 783	2 125	10 262	6 817
18	1 480	457	3 668	2 616	3 647	2 108	9 956	6 443
19	1 480	457	3 578	2 436	3 593	2 108	9 524	6 173
20	1 385	457	3 388	2 417	3 460	2 108	9 182	5 983
21	1 365	417	3 288	2 357	3 420	2 068	8 922	5 883
22	1 344	375	3 246	2 252	3 378	2 005	8 649	5 631
23	1 278	375	3 114	2 054	3 224	1 895	8 231	5 345
24	1 232	329	3 045	1 870	3 155	1 803	7 886	5 092
25	1 208	329	2 997	1 846	3 155	1 731	7 646	4 900

(续表)

频数 (>=)	表头信息元素		轴成员信息元素		列报项目信息元素		影子财务信息元素	
	复用基准	企业扩展	复用基准	企业扩展	复用基准	企业扩展	复用基准	企业扩展
(1)	(2)	(3)	(4)	(5)	(6)	(7)	(8)	(9)
26	1 208	304	2 947	1 796	3 155	1 681	7 521	4 550
27	1 156	304	2 895	1 718	3 077	1 629	7 079	4 212
28	1 156	277	2 814	1 610	2 996	1 440	6 701	3 699
29	1 128	277	2 674	1 470	2 800	1 244	5 945	2 999
30	1 041	248	2 355	1 296	2 539	1 012	5 539	2 361
31	891	218	1 965	786	2 329	622	4 399	1 221
32	829	32	1 655	228	1 957	64	3 066	756
33	669	0	1 303	100	1 701	0	2 362	532
34	306	0	544	34	612	0	646	136

附录10 制造业样本公司列表

公司代码	行业代码	所属行业	公司简称	公司代码	行业代码	所属行业	公司简称
002100	C01	食品加工业	天康生物	000831	C67	有色金属冶炼及压延加工业	*ST 关铝
600090	C01	食品加工业	啤酒花	002082	C67	有色金属冶炼及压延加工业	栋梁新材
600095	C01	食品加工业	哈高科	000969	C69	金属制品业	安泰科技
600195	C01	食品加工业	中牧股份	002026	C69	金属制品业	山东威达
600543	C01	食品加工业	莫高股份	002047	C69	金属制品业	成霖股份
600597	C01	食品加工业	光明乳业	002150	C69	金属制品业	江苏通润
600737	C01	食品加工业	中粮屯河	000519	C71	普通机械制造业	江南红箭
002216	C03	食品制造业	三全食品	002164	C71	普通机械制造业	东力传动
002286	C03	食品制造业	保龄宝	002204	C71	普通机械制造业	大连重工
600073	C03	食品制造业	上海梅林	600243	C71	普通机械制造业	青海华鼎
000019	C05	饮料制造业	深深宝A	600592	C71	普通机械制造业	龙溪股份
000929	C05	饮料制造业	兰州黄河	002270	C7105	金属加工机械制造业	法因数控
600132	C05	饮料制造业	重庆啤酒	000404	C73	专用设备制造业	华意压缩
600365	C05	饮料制造业	通葡股份	000923	C73	专用设备制造业	河北宣工
600519	C05	饮料制造业	贵州茅台	002021	C73	专用设备制造业	中捷股份
600600	C05	饮料制造业	青岛啤酒	002152	C73	专用设备制造业	广电运通
600735	C05	饮料制造业	新华锦	002196	C73	专用设备制造业	方正电机
000045	C11	纺织业	深纺织A	300023	C73	专用设备制造业	宝德股份
000611	C11	纺织业	四海股份	300035	C73	专用设备制造业	中科电气
002036	C11	纺织业	宜科科技	600162	C73	专用设备制造业	香江控股
002193	C11	纺织业	山东如意	600268	C73	专用设备制造业	国电南自
600483	C11	纺织业	福建南纺	600388	C73	专用设备制造业	龙净环保
600626	C11	纺织业	申达股份	600435	C73	专用设备制造业	北方导航
002154	C13	服装及其他纤维制品制造业	报喜鸟	600475	C73	专用设备制造业	华光股份

(续表)

公司代码	行业代码	所属行业	公司简称	公司代码	行业代码	所属行业	公司简称
600086	C13	服装及其他纤维制品制造业	东方金钰	002008	C7350	其他专用设备制造业	大族激光
600241	C13	服装及其他纤维制品制造业	时代万恒	000017	C75	交通运输设备制造业	*ST中华A
600510	C13	服装及其他纤维制品制造业	黑牡丹	000338	C75	交通运输设备制造业	潍柴动力
600851	C14	皮革、毛皮、羽绒及制品制造业	海欣股份	000710	C75	交通运输设备制造业	天兴仪表
002240	C21	木材加工及竹、藤、棕、草制品业	威华股份	000738	C75	交通运输设备制造业	中航动控
002259	C21	木材加工及竹、藤、棕、草制品业	升达林业	000951	C75	交通运输设备制造业	中国重汽
600978	C25	家具制造业	宜华木业	002048	C75	交通运输设备制造业	宁波华翔
000488	C31	造纸及纸制品业	晨鸣纸业	002213	C75	交通运输设备制造业	特尔佳
002228	C31	造纸及纸制品业	合兴包装	300011	C75	交通运输设备制造业	鼎汉技术
600433	C31	造纸及纸制品业	冠豪高新	600151	C75	交通运输设备制造业	航天机电
600567	C31	造纸及纸制品业	山鹰纸业	600316	C75	交通运输设备制造业	洪都航空
000833	C3105	造纸业	贵糖股份	600372	C75	交通运输设备制造业	中航电子
000407	C49	塑料制造业	胜利股份	600469	C75	交通运输设备制造业	风神股份
000619	C49	塑料制造业	海螺型材	600686	C75	交通运输设备制造业	金龙汽车
000665	C49	塑料制造业	武汉塑料	600715	C75	交通运输设备制造业	松辽汽车
000973	C49	塑料制造业	佛塑科技	600877	C75	交通运输设备制造业	*ST嘉陵
002108	C49	塑料制造业	沧州明珠	600890	C75	交通运输设备制造业	中房股份

(续表)

公司代码	行业代码	所属行业	公司简称	公司代码	行业代码	所属行业	公司简称
600480	C49	塑料制造业	凌云股份	600960	C75	交通运输设备制造业	渤海活塞
000636	C51	电子元器件制造业	风华高科	600991	C75	交通运输设备制造业	广汽长丰
002057	C51	电子元器件制造业	中钢天源	000527	C76	电器机械及器材制造业	美的电器
002141	C51	电子元器件制造业	蓉胜超微	000533	C76	电器机械及器材制造业	万家乐
002179	C51	电子元器件制造业	中航光电	000541	C76	电器机械及器材制造业	佛山照明
600330	C51	电子元器件制造业	天通股份	000585	C76	电器机械及器材制造业	*ST 东电
600563	C51	电子元器件制造业	法拉电子	002168	C76	电器机械及器材制造业	深圳惠程
600584	C51	电子元器件制造业	长电科技	002202	C76	电器机械及器材制造业	金风科技
000727	C5110	电子器件制造业	华东科技	002212	C76	电器机械及器材制造业	南洋股份
600747	C55	日用电子器具制造业	大连控股	600192	C76	电器机械及器材制造业	长城电工
600870	C55	日用电子器具制造业	ST 厦华	600202	C76	电器机械及器材制造业	哈空调
002236	C57	其他电子设备制造业	大华股份	600379	C76	电器机械及器材制造业	宝光股份
000012	C61	非金属矿物制品业	南玻 A	600517	C76	电器机械及器材制造业	置信电气
000408	C61	非金属矿物制品业	ST 金谷源	600550	C76	电器机械及器材制造业	天威保变
002088	C61	非金属矿物制品业	鲁阳股份	601727	C76	电器机械及器材制造业	上海电气
002205	C61	非金属矿物制品业	国统股份	000538	C81	医药制造业	云南白药
002297	C61	非金属矿物制品业	博云新材	000566	C81	医药制造业	海南海药
002302	C61	非金属矿物制品业	西部建设	000597	C81	医药制造业	东北制药

(续表)

公司代码	行业代码	所属行业	公司简称	公司代码	行业代码	所属行业	公司简称
600172	C61	非金属矿物制品业	黄河旋风	000623	C81	医药制造业	吉林敖东
600212	C61	非金属矿物制品业	江泉实业	000788	C81	医药制造业	西南合成
600217	C61	非金属矿物制品业	秦岭水泥	000989	C81	医药制造业	九芝堂
600293	C61	非金属矿物制品业	三峡新材	300016	C81	医药制造业	北陆药业
600562	C61	非金属矿物制品业	高淳陶瓷	600201	C81	医药制造业	金宇集团
600585	C61	非金属矿物制品业	海螺水泥	600421	C81	医药制造业	*ST国药
600586	C61	非金属矿物制品业	金晶科技	600422	C81	医药制造业	昆明制药
600629	C61	非金属矿物制品业	棱光实业	600521	C81	医药制造业	华海药业
600801	C61	非金属矿物制品业	华新水泥	600572	C81	医药制造业	康恩贝
600802	C61	非金属矿物制品业	福建水泥	600829	C81	医药制造业	三精制药
000717	C65	黑色金属冶炼及压延加工业	韶钢松山	000557	C85	生物制品业	*ST广夏
000932	C65	黑色金属冶炼及压延加工业	华菱钢铁	000518	C8501	生物药品制造业	四环生物
000959	C65	黑色金属冶炼及压延加工业	首钢股份	002038	C8501	生物药品制造业	双鹭药业
600019	C65	黑色金属冶炼及压延加工业	宝钢股份	002166	C8501	生物药品制造业	莱茵生物
600691	C65	黑色金属冶炼及压延加工业	*ST东碳	600538	C8501	生物药品制造业	北海国发
600714	C65	黑色金属冶炼及压延加工业	金瑞矿业	600110	C99	其他制造业	中科英华
601003	C65	黑色金属冶炼及压延加工业	柳钢股份	600390	C99	其他制造业	金瑞科技
000630	C67	有色金属冶炼及压延加工业	铜陵有色				

附录11 频数的复用和扩展密度统计表——制造业

频数	复用密度						扩展密度					
	表头	轴成员	列报项目	结构	影子	整体	表头	轴成员	列报项目	结构	影子	整体
1	16	16	29	61	81	142	40	257	257	554	1 135	1 689
2	8	14	18	40	88	128	14	89	99	202	427	629
3	10	10	20	40	47	87	12	63	66	141	245	386
4	7	2	5	14	17	31	9	43	30	82	122	204
5	6	3	6	15	16	31	4	22	21	47	86	133
6	7	6	4	17	19	36	4	14	23	41	82	123
7	6	3	5	14	9	23	5	19	13	37	64	101
8	1	4	5	10	10	20	2	10	13	25	46	71
9	7	3	3	13	8	21	5	21	29	55	72	127
10	2	3	3	8	10	18	1	13	9	23	32	55
11	3	4	3	10	12	22	4	15	8	27	42	69
12	0	0	2	2	8	10	2	12	10	24	32	56
13	0	0	0	0	1	1	1	10	8	19	28	47
14	3	0	0	3	3	6	2	9	6	17	28	45
15	0	1	0	1	1	2	1	10	7	18	44	62
16	1	0	2	3	3	6	1	6	6	13	33	46
17	1	2	1	4	6	10	2	4	4	10	14	24
18	3	1	2	6	7	13	4	13	9	26	21	47
19	6	13	7	26	11	37	1	5	4	10	15	25
20	1	0	0	1	4	5	3	9	3	15	34	49
21	2	2	2	6	10	16	2	8	5	15	12	27
22	2	1	1	4	8	12	3	5	6	14	11	25
23	0	2	4	6	4	10	1	10	7	18	16	34
24	2	1	6	9	9	18	3	4	7	14	17	31
25	2	0	0	2	4	6	0	3	1	4	6	10

(续表)

频数	复用密度						扩展密度					
	表头	轴成员	列报项目	结构	影子	整体	表头	轴成员	列报项目	结构	影子	整体
26	0	0	0	0	1	1	2	1	2	5	10	15
27	2	1	1	4	2	6	2	6	8	16	10	26
28	3	1	0	4	3	7	2	2	2	6	3	9
29	0	0	0	0	1	1	1	5	1	7	8	15
30	1	3	2	6	1	7	1	2	4	7	11	18
31	1	0	0	1	2	3	0	5	1	6	7	13
32	0	0	0	0	2	2	1	1	1	3	14	17
33	0	0	1	1	2	3	0	0	4	4	5	9
34	4	2	1	7	1	8	0	0	1	1	0	1
35	0	0	0	0	11	11	1	5	6	12	13	25
36	0	0	0	0	1	1	2	3	6	11	6	17
37	1	0	0	1	1	2	0	1	3	4	3	7
38	1	0	0	1	4	5	1	2	3	6	3	9
39	0	2	0	2	3	5	0	0	0	0	10	10
40	0	1	0	1	1	2	0	2	0	2	8	10
41	0	0	0	0	2	2	0	1	2	3	8	11
42	1	2	0	3	4	7	0	3	1	4	7	11
43	0	0	0	0	3	3	0	2	2	4	3	7
44	1	0	0	1	3	4	1	6	7	14	18	32
45	1	0	2	3	3	6	0	4	1	5	2	7
46	0	0	1	1	4	5	1	2	2	5	7	12
47	3	4	2	9	9	18	4	6	10	20	12	32
48	0	0	0	0	0	0	1	2	5	8	6	14
49	1	2	0	3	9	12	2	3	2	7	4	11
50	1	0	0	1	2	3	0	1	0	1	4	5
51	0	0	0	0	3	3	0	1	0	1	0	1
52	2	0	1	3	1	4	0	3	3	6	4	10
53	1	0	0	1	0	1	0	3	0	3	2	5

(续表)

频数	复用密度						扩展密度					
	表头	轴成员	列报项目	结构	影子	整体	表头	轴成员	列报项目	结构	影子	整体
54	1	1	0	2	0	2	2	4	4	10	8	18
55	2	3	0	5	13	18	0	2	1	3	15	18
56	0	0	1	1	3	4	1	6	4	11	11	22
57	2	2	1	5	5	10	0	2	1	3	9	12
58	0	0	0	0	4	4	0	4	3	7	4	11
59	2	0	0	2	1	3	2	3	1	6	13	19
60	0	0	0	0	0	0	0	4	6	10	16	26
61	0	1	0	1	0	1	2	8	7	17	9	26
62	1	0	1	2	2	4	2	5	2	9	17	26
63	2	2	2	6	2	8	0	1	2	3	5	8
64	0	0	0	0	3	3	2	8	6	16	9	25
65	0	1	0	1	0	1	1	6	2	9	7	16
66	1	0	1	2	0	2	0	1	0	1	5	6
67	1	0	0	1	6	7	1	0	0	1	2	3
68	0	0	0	0	0	0	0	3	0	3	4	7
69	0	1	0	1	3	4	0	1	0	1	2	3
70	0	1	0	1	5	6	0	2	0	2	12	14
71	0	2	0	2	5	7	0	1	1	2	8	10
72	0	1	0	1	5	6	0	3	0	3	15	18
73	0	1	0	1	1	2	0	3	1	4	11	15
74	0	0	0	0	2	2	0	0	1	1	11	12
75	0	0	0	0	2	2	0	1	0	1	4	5
76	0	0	0	0	0	0	1	2	1	4	10	14
77	0	0	2	2	1	3	0	5	1	6	6	12
78	0	1	0	1	0	1	0	1	1	2	4	6
79	0	0	1	1	1	2	0	2	0	2	3	5
80	2	0	1	3	0	3	2	3	2	7	5	12
81	1	1	0	2	2	4	0	1	1	2	1	3

附 录

(续表)

频数	复用密度						扩展密度					
	表头	轴成员	列报项目	结构	影子	整体	表头	轴成员	列报项目	结构	影子	整体
82	0	0	1	1	0	1	0	2	1	3	7	10
83	0	0	2	2	1	3	1	2	3	6	4	10
84	1	1	1	3	1	4	0	0	0	0	6	6
85	0	0	1	1	0	1	0	0	0	0	3	3
86	2	3	0	5	4	9	0	1	2	3	4	7
87	0	0	1	1	0	1	0	1	0	1	2	3
88	0	0	0	0	0	0	1	0	2	3	4	7
89	0	0	0	0	0	0	0	1	0	1	4	5
90	0	0	0	0	1	1	0	2	0	2	11	13
91	0	0	0	0	3	3	0	1	0	1	3	4
92	0	0	1	1	0	1	1	3	4	8	2	10
93	0	0	0	0	1	1	1	3	4	8	3	11
94	1	0	0	1	2	3	0	1	1	2	5	7
95	2	1	0	3	1	4	0	1	1	2	1	3
96	2	2	4	8	2	10	0	1	0	1	3	4
97	1	0	0	1	1	2	2	4	5	11	6	17
98	2	0	0	2	1	3	0	1	1	2	1	3
99	0	1	0	1	5	6	0	1	0	1	2	3
100	1	1	0	2	4	6	1	0	0	1	5	6
101	2	0	0	2	4	6	0	1	0	1	2	3
102	0	0	0	0	2	2	0	0	1	1	2	3
103	0	0	1	1	2	3	1	2	2	5	0	5
104	0	0	2	2	1	3	0	0	0	0	2	2
105	0	0	0	0	1	1	1	0	0	1	0	1
106	0	0	0	0	0	0	0	1	0	1	3	4
107	1	0	0	1	0	1	1	1	3	5	3	8
108	0	0	0	0	0	0	0	0	1	1	7	8
109	0	0	0	0	0	0	0	0	0	0	3	3

(续表)

频数	复用密度						扩展密度					
	表头	轴成员	列报项目	结构	影子	整体	表头	轴成员	列报项目	结构	影子	整体
110	1	0	0	1	0	1	0	1	1	2	0	2
111	0	0	0	0	1	1	0	2	0	2	6	8
112	0	0	0	0	1	1	0	1	0	1	6	7
113	0	0	0	0	3	3	0	0	0	0	3	3
114	0	1	0	1	3	4	0	0	1	1	4	5
115	0	1	1	2	1	3	0	0	0	0	4	4
116	1	1	0	2	5	7	1	3	3	7	14	21
117	0	2	1	3	7	10	0	1	0	1	0	1
118	0	0	0	0	2	2	0	0	1	1	1	2
119	0	1	0	1	4	5	0	0	1	1	7	8
120	0	0	0	0	2	2	0	0	0	0	1	1
121	1	1	0	2	0	2	1	3	4	8	5	13
122	0	3	0	3	12	15	0	2	0	2	0	2
123	0	0	0	0	0	0	0	0	1	1	3	4
124	0	0	0	0	0	0	0	1	1	2	3	5
125	0	0	0	0	0	0	0	0	1	1	1	2
126	0	0	1	1	1	2	0	2	1	3	13	16
127	0	2	1	3	3	6	0	3	3	6	4	10
128	1	5	2	8	1	9	0	1	0	1	4	5
129	1	0	0	1	3	4	0	1	1	2	7	9
130	1	3	6	10	1	11	2	4	2	8	2	10
131	0	0	0	0	3	3	0	3	4	7	10	17
132	0	0	1	1	2	3	0	3	2	5	8	13
133	0	2	0	2	3	5	0	2	3	5	12	17
134	0	0	1	1	11	12	0	1	2	3	7	10
135	0	1	1	2	3	5	1	3	1	5	11	16
136	1	0	0	1	4	5	0	3	3	6	10	16
137	0	0	0	0	0	0	0	6	4	10	1	11

(续表)

频数	复用密度						扩展密度					
	表头	轴成员	列报项目	结构	影子	整体	表头	轴成员	列报项目	结构	影子	整体
138	1	0	0	1	3	4	0	4	0	4	9	13
139	1	0	0	1	2	3	1	4	4	9	5	14
140	1	1	0	2	5	7	0	1	1	2	2	4
141	0	1	0	1	8	9	1	6	4	11	0	11
142	3	3	2	8	5	13	1	6	4	11	8	19
143	1	1	0	2	1	3	0	1	0	1	8	9
144	0	0	0	0	2	2	1	2	2	5	2	7
145	2	1	0	3	4	7	0	4	4	8	4	12
146	0	1	0	1	6	7	0	0	1	1	1	2
147	0	3	3	6	9	15	0	1	0	1	2	3
148	1	1	1	3	13	16	1	3	4	8	9	17
149	2	7	7	16	14	30	1	7	5	13	18	31
150	2	4	4	10	9	19	1	3	3	7	8	15
151	3	6	2	11	16	27	0	1	1	2	13	15
152	6	5	14	25	12	37	1	6	6	13	0	13
153	11	5	18	34	10	44	2	5	7	14	3	17
合计	191	198	229	618	773	1 391	189	958	893	2 040	3 415	5 455

附录12 扩展频数的确定——制造业

扩展频数 f	成本调节因子	平均可比性 $ATC(f)$	修正可比性 $u_c(f)$	累计扩展元素数量	累计扩展元素比例	扩展频数 f	成本调节因子	平均可比性 $ATC(f)$	修正可比性 $u_c(f)$	累计扩展元素数量	累计扩展元素比例
(1)	(2)	(3)	(4)	(5)	(6)	(7)	(8)	(9)	(10)	(11)	(12)
2	0.75	11.72	15.56	3 766	69.04%	78	0.30	8.17	27.62	635	11.64%
3	0.66	11.70	17.70	3 137	57.51%	79	0.30	8.12	27.52	629	11.53%
4	0.61	11.69	19.32	2 751	50.43%	80	0.29	8.07	27.41	624	11.44%
5	0.58	11.67	20.28	2 547	46.69%	81	0.29	8.01	27.39	612	11.22%
6	0.56	11.65	20.95	2 414	44.25%	82	0.29	7.96	27.25	609	11.16%
7	0.54	11.62	21.61	2 291	42.00%	83	0.29	7.91	27.21	599	10.98%
8	0.52	11.60	22.17	2 190	40.15%	84	0.29	7.86	27.16	589	10.80%
9	0.51	11.57	22.56	2 119	38.85%	85	0.29	7.80	27.06	583	10.69%
10	0.49	11.54	23.35	1 992	36.52%	86	0.29	7.75	26.92	580	10.63%
11	0.49	11.51	23.67	1 937	35.51%	87	0.29	7.70	26.84	573	10.50%
12	0.48	11.48	24.11	1 868	34.24%	88	0.29	7.65	26.70	570	10.45%
13	0.47	11.44	24.46	1 812	33.22%	89	0.29	7.59	26.61	563	10.32%
14	0.46	11.41	24.75	1 765	32.36%	90	0.28	7.54	26.49	558	10.23%
15	0.45	11.38	25.03	1 720	31.53%	91	0.28	7.49	26.49	545	9.99%
16	0.45	11.34	25.46	1 658	30.39%	92	0.28	7.44	26.36	541	9.92%
17	0.44	11.30	25.77	1 612	29.55%	93	0.28	7.39	26.31	531	9.73%
18	0.44	11.26	25.89	1 588	29.11%	94	0.28	7.34	26.28	520	9.53%
19	0.43	11.23	26.21	1 541	28.25%	95	0.28	7.29	26.20	513	9.40%
20	0.42	11.19	26.34	1 516	27.79%	96	0.28	7.24	26.06	510	9.35%
21	0.42	11.15	26.70	1 467	26.89%	97	0.28	7.18	25.93	506	9.28%
22	0.41	11.10	26.85	1 440	26.40%	98	0.27	7.13	25.98	489	8.96%
23	0.41	11.06	26.99	1 415	25.94%	99	0.27	7.08	25.84	486	8.91%
24	0.40	11.02	27.21	1 381	25.32%	100	0.27	7.04	25.70	483	8.85%
25	0.40	10.98	27.41	1 350	24.75%	101	0.27	6.99	25.60	477	8.74%

(续表)

扩展频数 f	成本调节因子	平均可比性 $ATC(f)$	修正可比性 $u_c(f)$	累计扩展元素数量	累计扩展元素比例	扩展频数 f	成本调节因子	平均可比性 $ATC(f)$	修正可比性 $u_c(f)$	累计扩展元素数量	累计扩展元素比例
(1)	(2)	(3)	(4)	(5)	(6)	(7)	(8)	(9)	(10)	(11)	(12)
26	0.40	10.93	27.40	1 340	24.56%	102	0.27	6.94	25.46	474	8.69%
27	0.40	10.89	27.44	1 325	24.29%	103	0.27	6.89	25.32	471	8.63%
28	0.39	10.84	27.59	1 299	23.81%	104	0.27	6.84	25.21	466	8.54%
29	0.39	10.80	27.57	1 290	23.65%	105	0.27	6.79	25.05	464	8.51%
30	0.39	10.75	27.60	1 275	23.37%	106	0.27	6.74	24.89	463	8.49%
31	0.39	10.70	27.67	1 257	23.04%	107	0.27	6.69	24.76	459	8.41%
32	0.38	10.65	27.68	1 244	22.80%	108	0.27	6.64	24.68	451	8.27%
33	0.38	10.61	27.74	1 227	22.49%	109	0.27	6.59	24.61	443	8.12%
34	0.38	10.56	27.70	1 218	22.33%	110	0.27	6.54	24.47	440	8.07%
35	0.38	10.51	27.58	1 217	22.31%	111	0.27	6.50	24.31	438	8.03%
36	0.38	10.46	27.72	1 192	21.85%	112	0.27	6.45	24.24	430	7.88%
37	0.37	10.41	27.77	1 175	21.54%	113	0.26	6.40	24.15	423	7.75%
38	0.37	10.36	27.71	1 168	21.41%	114	0.26	6.35	24.01	420	7.70%
39	0.37	10.31	27.67	1 159	21.25%	115	0.26	6.31	23.90	415	7.61%
40	0.37	10.25	27.63	1 149	21.06%	116	0.26	6.26	23.77	411	7.53%
41	0.37	10.20	27.60	1 139	20.88%	117	0.26	6.21	23.88	390	7.15%
42	0.37	10.15	27.58	1 128	20.68%	118	0.26	6.17	23.72	389	7.13%
43	0.37	10.09	27.55	1 117	20.48%	119	0.26	6.12	23.57	387	7.09%
44	0.37	10.04	27.48	1 110	20.35%	120	0.26	6.08	23.50	379	6.95%
45	0.36	9.99	27.69	1 078	19.76%	121	0.26	6.03	23.34	378	6.93%
46	0.36	9.93	27.62	1 071	19.63%	122	0.26	5.99	23.34	365	6.69%
47	0.36	9.88	27.60	1 059	19.41%	123	0.26	5.94	23.20	363	6.65%
48	0.35	9.82	27.81	1 027	18.83%	124	0.26	5.90	23.08	359	6.58%
49	0.35	9.77	27.82	1 013	18.57%	125	0.25	5.86	22.98	354	6.49%
50	0.35	9.71	27.79	1 002	18.37%	126	0.25	5.81	22.84	352	6.45%

（续表）

扩展频数 f	成本调节因子	平均可比性 $ATC(f)$	修正可比性 $u_c(f)$	累计扩展元素数量	累计扩展元素比例	扩展频数 f	成本调节因子	平均可比性 $ATC(f)$	修正可比性 $u_c(f)$	累计扩展元素数量	累计扩展元素比例
(1)	(2)	(3)	(4)	(5)	(6)	(7)	(8)	(9)	(10)	(11)	(12)
51	0.35	9.66	27.69	997	18.28%	127	0.25	5.77	22.88	336	6.16%
52	0.35	9.60	27.54	996	18.26%	128	0.25	5.73	22.85	326	5.98%
53	0.35	9.55	27.50	986	18.08%	129	0.25	5.69	22.75	321	5.88%
54	0.35	9.49	27.39	981	17.98%	130	0.25	5.65	22.71	312	5.72%
55	0.34	9.43	27.44	963	17.65%	131	0.25	5.61	22.69	302	5.54%
56	0.34	9.38	27.48	945	17.32%	132	0.24	5.57	22.77	285	5.22%
57	0.34	9.32	27.58	923	16.92%	133	0.24	5.54	22.80	272	4.99%
58	0.34	9.27	27.56	911	16.70%	134	0.24	5.50	22.89	255	4.67%
59	0.33	9.21	27.52	900	16.50%	135	0.24	5.47	22.89	245	4.49%
60	0.33	9.15	27.58	881	16.15%	136	0.24	5.44	22.98	229	4.20%
61	0.33	9.10	27.73	855	15.67%	137	0.23	5.41	23.08	213	3.90%
62	0.32	9.04	27.88	829	15.20%	138	0.23	5.38	23.12	202	3.70%
63	0.32	8.99	28.04	803	14.72%	139	0.23	5.35	23.20	189	3.46%
64	0.32	8.93	27.97	795	14.57%	140	0.23	5.33	23.29	175	3.21%
65	0.32	8.88	28.12	770	14.12%	141	0.23	5.30	23.25	171	3.13%
66	0.31	8.82	28.16	754	13.82%	142	0.23	5.28	23.31	160	2.93%
67	0.31	8.77	28.06	748	13.71%	143	0.22	5.26	23.50	141	2.58%
68	0.31	8.71	27.93	745	13.66%	144	0.22	5.24	23.56	132	2.42%
69	0.31	8.66	27.84	738	13.53%	145	0.22	5.22	23.58	125	2.29%
70	0.31	8.60	27.71	735	13.47%	146	0.22	5.20	23.69	113	2.07%
71	0.31	8.55	27.71	721	13.22%	147	0.22	5.19	23.65	111	2.03%
72	0.31	8.50	27.67	711	13.03%	148	0.22	5.17	23.63	108	1.98%
73	0.30	8.44	27.73	693	12.70%	149	0.22	5.16	23.83	91	1.67%
74	0.30	8.39	27.75	678	12.43%	150	0.21	5.15	24.27	60	1.10%
75	0.30	8.33	27.73	666	12.21%	151	0.21	5.14	24.49	45	0.82%
76	0.30	8.28	27.62	661	12.12%	152	0.21	5.13	24.71	30	0.55%
77	0.30	8.23	27.63	647	11.86%	153	0.21	5.13	24.92	17	0.31%

附录13 制造业行业分类标准

信息元素集合(财务报告附注)	元素类型	频数	复用类型	扩展类型
[837200] 附注_货币资金				
货币资金信息披露	text block	153	1	
货币资金年初期末余额		129	2	
货币资金年初期末余额	table	128	2	
货币资金类别	axis	128	3	
货币资金类别	member	128	3	
库存现金	member	127	3	
银行存款	member	128	3	
其他货币资金	member	121	3	
合计	member	128		3
货币种类	axis	128	3	
货币	member	128	3	
人民币	member	0	3	
美元	member	0	3	
欧元	member	0	3	
小计	member	126		3
货币资金年初期末余额	line items	128	4	
原币金额	x	127	4	
折算汇率	x.xx	126	4	
人民币金额	x	128	4	
[837220] 附注_应收票据				
应收票据信息披露	text block	140	1	
应收票据信息披露		139	2	
公司已经背书给其他方但尚未到期的票据情况	table	93		2
出票单位	axis	93		3
单位名称	member	93		3
单位名称	member	93		3

(续表)

信息元素集合(财务报告附注)	元素类型	频数	复用类型	扩展类型
合计	member	81		3
已经背书给他方但尚未到期的票据细节	line items	92		4
出票日期	yyyy-mm-dd	93		4
到期日	yyyy-mm-dd	92		4
金额	x	93		4
[837230] 附注_应收账款				
应收账款信息披露	text block	152	1	
应收账款按账龄结构披露		20	2	
应收账款类别明细情况	table	153		2
应收账款类别	axis	153		3
应收账款类别	member	152		3
单项金额重大并单项计提坏账准备	member	137		3
按组合计提坏账准备的应收账款小计	member	132		3
账龄分析法组合	member	112		3
单项金额虽不重大但单项计提坏账准备	member	127		3
合计	member	152		3
应收账款按类别披露细节	line items	153		4
应收账款账面余额	x	153		4
应收账款账面余额比例	x.xx	153		4
应收账款坏账准备	x	153		4
应收账款坏账准备比例	x.xx	153		4
组合中采用账龄分析法计提坏账准备的情况披露	table	135		2
账龄结构	axis	135		3
账款结构	member	135		3
1年以内(含1年)	member	132		3
1~2年(含2年)	member	130		3
2~3年(含3年)	member	130		3
3~4年	member	70		3
4~5年	member	64		3
5年以上	member	68		3
合计	member	133		3

附 录

(续表)

信息元素集合(财务报告附注)	元素类型	频数	复用类型	扩展类型
组合中采用账龄分析法计提坏账准备的情况	line items	136		4
应收账款账面余额	x	136		4
应收账款占账面余额总额的比例	x.xx	134		4
应收账款坏账准备	x	136		4
应收账款金额前5名情况	table	150		2
单位名称	axis	150		3
单位名称	member	150		3
小计	member	142		3
应收账款内容	line items	150		4
与本公司关系	text	142		4
账面余额	x	150		4
账龄	x.xx	149		4
占应收账款余额的比例	x.xx	150		4
[837240]附注_预付款项				
预付账款信息披露	text block	152	1	
预付账款按账龄结构披露		150	2	
预付账款按账龄结构披露	table	150	2	
预付账款按账龄	axis	150	3	
预付账款按账龄	member	150	3	
1年以内(含1年)	member	149	3	
1～2年(含2年)	member	145	3	
2～3年(含3年)	member	133	3	
3年以上	member	115	3	
合计	member	147		3
预付账款按账龄结构披露	line items	150		4
预付账款账面余额金额	x	150		4
预付账款账面余额占预付账款余额总额比例	x.xx	150		4
预付款项金额前5名情况	table	144		2
单位名称	axis	144		3
单位名称	member	144		3
单位名称	member	141		3

185

(续表)

信息元素集合(财务报告附注)	元素类型	频数	复用类型	扩展类型
小计	member	141		3
预付款项细节	line items	144		4
与本公司关系	text	139		4
期末金额	x	144		4
账龄	x.xx	142		4
未结算原因	text	124		4
[837270] 附注_其他应收账款				
其他应收账款信息披露	text block	153	1	
其他应收款按账龄结构披露		19	2	
其他应收款类别明细情况	table	152		3
种类	axis	152		3
单项金额重大并单项计提坏账准备	member	137		3
按组合计提坏账准备的其他应收款小计	member	127		3
账龄分析法组合	member	103		3
单项金额虽不重大但单项计提坏账准备	member	127		3
合计	member	151		3
其他应收款细节	line items	152		4
其他应收款账面余额	x	152		4
其他应收款账面余额比例	x.xx	152		4
其他应收款坏账准备	x	152		4
其他应收款坏账准备比例	x.xx	152		4
组合中采用账龄分析法计提坏账准备的情况	table	137		3
账龄结构	axis	137		3
1年以内(含1年)	member	135		3
1~2年(含2年)	member	133		3
2~3年(含3年)	member	134		3
3~4年	member	72		3
5年以上	member	73		3
合计	member	137		3
组合中采用账龄分析法计提坏账准备的情况	line items	137		4
其他应收款账面余额	x	137		4

附 录

(续表)

信息元素集合(财务报告附注)	元素类型	频数	复用类型	扩展类型
其他应收款占其他应收款总额比例	x.xx	137		4
其他应收款坏账准备	x	137		4
其他应收款金额前5名情况	table	148		2
单位名称	axis	148		3
单位名称	member	148		3
小计	member	138		3
其他应收款内容	line items	148		4
与本公司关系	text	133		4
账面余额	x	148		4
账龄	x.xx	146		4
占其他应收款余额的比例	x.xx	148		4
[801110] 附注_存货				
存货一般工商业信息披露	text block	153	1	
存货增减变动		151	2	
存货增减变动	table	151	2	
存货类别	axis	151	3	
存货	member	151	3	
在途物资	member	17	3	
原材料	member	149	3	
在产品	member	133	3	
库存商品	member	150	3	
周转材料	member	42	3	
发出商品	member	30	3	
委托加工物资	member	71	3	
消耗性生物资产	member	10	3	
合计	member	149		3
存货增减变动	line items	151	4	
存货期初账面余额	x	149	4	
存货本期增加额	x	2	4	
存货本期减少额	(x)	2	4	
存货期末账面余额	x	150	4	

187

(续表)

信息元素集合(财务报告附注)	元素类型	频数	复用类型	扩展类型
存货跌价准备	(x)	149	4	
存货/账面价值	x	148	4	
存货跌价准备的增减变动	table	130	3	
存货类别	axis	130	3	
存货	member	130	3	
在途物资	member	1	3	
原材料	member	99	3	
在产品	member	69	3	
库存商品	member	117	3	
周转材料	member	23	3	
发出商品	member	11	3	
委托加工物资	member	21	3	
消耗性生物资产	member	6	3	
小计	member	122		3
存货跌价准备的增减变动	line items	130	4	
存货跌价准备期初账面余额	x	130	4	
存货跌价准备本期计提额	x	130	4	
存货跌价准备本期减少额,转回	(x)	130	4	
存货跌价准备本期减少额,转销	(x)	130	4	
存货跌价准备期末账面余额	x	130	4	
存货跌价准备情况	table	76		2
存货类别	axis	75		3
库存商品	member	66		3
存货跌价准备情况	line items	76		4
计提存货跌价准备的依据	text	71		4
[802100] 附注_长期股权投资				
长期股权投资信息披露	text block	145	1	
长期股权投资分类		14	2	
长期股权投资明细	table	142		2
被投资单位	axis	142		3
被投资单位	member	142		3

(续表)

信息元素集合(财务报告附注)	元素类型	频数	复用类型	扩展类型
合计	member	117		3
被投资单位细节	line items	141		4
核算方法	text	135		4
初始投资成本	x	140		4
期初金额	x	142		4
增减变动金额	x	127		4
期末金额	x	142		4
持股比例	x.xx	131		4
表决权比例	x.xx	129		4
减值准备	x	121		4
本期计提减值准备	x	102		4
本期现金红利	x	107		4
合营企业和联营企业的主要信息	table	86	2	
被投资单位	axis	86	3	
被投资单位	member	86	3	
合营企业	member	27	3	
联营企业	member	78	3	
其他被投资单位	member	0	3	
合营企业和联营企业的主要信息	line items	85		4
被投资单位注册地	text	27		4
被投资单位业务性质	text	24		4
被投资单位注册资本	x	23		4
本企业持股比例	x.xx	82		4
本企业在被投资单位表决权比例	x.xx	80		4
被投资单位期末资产总额	x	79		4
被投资单位期末负债总额	x	77		4
被投资单位期末净资产总额	x	81		4
被投资单位本期营业收入	x	83		4
被投资单位本期营业成本和费用	x	0		4
被投资单位本期净利润	x	83		4
被投资单位或有负债	x	0		4

(续表)

信息元素集合(财务报告附注)	元素类型	频数	复用类型	扩展类型
存在表决权比例与持股比例不一致的说明	text	0	4	
[804100] 附注_固定资产				
固定资产信息披露	text block	153	1	
固定资产增减变动		153	2	
固定资产增减变动	table	153	2	
固定资产类别	axis	152	3	
固定资产	member	153	3	
厂房及建筑物	member	152	3	
机器设备	member	140	3	
办公设备及其他设备	member	135	3	
运输工具	member	152	3	
其他固定资产	member	39	3	
小计	member	152		3
固定资产增减变动	line items	153	4	
固定资产原价		153	4	
固定资产原价期初余额	x	153	4	
固定资产本期增加	x	153	4	
固定资产本期增加,本期购置	x	0	4	
固定资产本期增加,在建工程转入	x	1	4	
固定资产本期增加,本年其他增加	x	3	4	
固定资产本期减少	(x)	153	4	
固定资产本年减少,转让和出售	(x)	0	4	
固定资产本年减少,清理报废	(x)	0	4	
固定资产本年减少,其他减少	(x)	3	4	
固定资产原价期末余额	x	153	4	
固定资产累计折旧		153	4	
固定资产累计折旧期初余额	x	153	4	
固定资产累计折旧,本期计提	x	153	4	
固定资产累计折旧,本期转入	x	108		4
固定资产累计折旧,本期减少	(x)	153	4	
固定资产累计折旧期末余额	x	153	4	

附 录

(续表)

信息元素集合(财务报告附注)	元素类型	频数	复用类型	扩展类型
固定资产账面净值		133		4
固定资产账面净值期初数	x	132		4
固定资产账面净值本期增加	x	63		4
固定资产账面净值本期减少	(x)	63		4
固定资产账面净值期末数	x	134		4
固定资产减值准备		147		4
期初固定资产减值准备	x	147		4
固定资产减值准备本期计提额	x	104		4
固定资产减值准备,本期减少	(x)	103		4
期末固定资产减值准备	x	147		4
固定资产		152		4
固定资产期初账面价值	x	152		4
用于担保的固定资产	x	0		4
其他所有权或使用权受限的固定资产	x	0		4
固定资产期末账面价值	x	152		4
用于担保的固定资产	x	0		4
其他所有权或使用权受限的固定资产	x	0		4
[830230] 附注_在建工程				
在建工程信息披露	text block	142		1
在建工程主要信息		142		2
在建工程主要信息	table	142		2
在建工程按项目披露	axis	142		3
工程项目名称	member	142		3
合计	member	140		3
在建工程主要信息	line items	142		4
在建工程预算数	x	104		4
在建工程期初账面余额	x	135		4
在建工程本期增加额	x	134		4
在建工程本期减少额中转入固定资产	(x)	132		4
在建工程本期减少额中其他减少	(x)	117		4
在建工程期末账面余额	x	142		4

(续表)

信息元素集合(财务报告附注)	元素类型	频数	复用类型	扩展类型
在建工程减值准备	x	133		4
在建工程账面净值	x	132		4
在建工程资金来源	text	115	4	
在建工程投入占预算比例	x.xx	92	4	
在建工程工程进度	text	93		4
在建工程利息资本化累计金额	x	88		4
在建工程本期利息资本化率	x.xx	74		4
[806100] 附注_无形资产				
无形资产信息披露	text block	149	1	
无形资产增减变动		149	2	
无形资产	table	149		2
无形资产构成	axis	149		3
账面原值	member	149		3
累计摊销	member	149		3
账面净值	member	116		3
减值准备	member	136		3
账面价值	member	143		3
无形资产类别	axis	149		3
无形资产类别项目	member	149		3
合计	member	149		3
无形资产明细	line items	149		4
期初金额	x	149		4
本期增加额	x	149		4
本期减少额	(x)	148		4
期末金额	x	149		4
[830260] 附注_长期待摊费用				
长期待摊费用信息披露	text block	96	1	
长期待摊费用		96	2	
长期待摊费用	table	96		2
长期待摊费用按项目披露	axis	96		3
长期待摊费用项目	member	96		3

(续表)

信息元素集合(财务报告附注)	元素类型	频数	复用类型	扩展类型
合计	member	91		3
长期待摊费用	line items	96	4	
长期待摊费用期初账面余额	x	96	4	
长期待摊费用本期增加	x	95		4
长期待摊费用本期摊销	x	94		4
长期待摊费用其他减少	(x)	88		4
长期待摊费用期末账面余额	x	96	4	
长期待摊费用剩余摊销年限	text	4	4	
[818200] 附注_所得税				
所得税信息披	text block	148	1	
所得税信息披		148	1	
递延所得税资产和递延所得税负债	table	84	2	
递延所得税资产和递延所得税负债	axis	84	3	
递延所得税资产	member	81	3	
递延所得税资产合计	member	82		3
递延所得税负债	member	42	3	
递延所得税负债合计	member	42		3
递延所得税资产和递延所得税负债	line items	84	4	
应纳税(或可抵扣)暂时性差异	x	77	4	
递延所得税账面余额	x	66	4	
已确认的递延所得税资产和递延所得税负债	table	80		2
已确认的递延所得税资产和递延所得税负债	axis	80		3
资产	member	79		3
资产合计	member	79		3
递延所得税资产和递延所得税负债明细	line items	80		4
账面余额	x	80		4
[808110] 附注_资产减值准备				
资产减值准备	text block	153	1	
资产减值准备		153	1	
资产减值准备	table	153	2	
项目	axis	153	3	

(续表)

信息元素集合(财务报告附注)	元素类型	频数	复用类型	扩展类型
坏账准备	member	147	3	
存货跌价准备	member	142	3	
可供出售金融资产减值准备	member	57	3	
持有至到期投资减值准备	member	54	3	
长期股权投资减值准备	member	100	3	
投资性房地产减值准备	member	55	3	
固定资产减值准备	member	114	3	
工程物资减值准备	member	55	3	
在建工程减值准备	member	72	3	
生产性生物资产减值准备	member	49	3	
成熟生产性生物资产减值准备	member	47	3	
油气资产减值准备	member	47	3	
无形资产减值准备	member	71	3	
商誉减值准备	member	70	3	
其他	member	57	3	
合计	member	151	3	
资产减值准备明细	line items	152	4	
期初账面余额	x	152		4
本期增加	x	152	4	
本期减少,转回	(x)	152	4	
本期减少,转销	(x)	149	4	
期末账面余额	x	152	4	
[837390] 附注_短期借款				
短期借款信息披露	text block	135	1	
短期借款		135	2	
短期借款	table	0	2	
短期借款类别	axis	0	3	
短期借款类别	member	0	3	
短期信用借款	member	0	3	
短期质押借款	member	0	3	
短期抵押借款	member	0	3	

(续表)

信息元素集合(财务报告附注)	元素类型	频数	复用类型	扩展类型
短期保证借款	member	116		3
合计	member	135		3
短期借款	line items	0		4
短期借款原币金额	x	0		4
短期借款折算汇率	x.xx	0		4
短期借款人民币金额	x	0		4
[837320] 附注_应付票据				
应付票据信息披露	text block	105	1	
应付票据		105	2	
银行承兑汇票账面余额	x	105	5	
商业承兑汇票账面余额	x	49	5	
应付票据账面余额合计	x	95	5	
应付票据其他需要说明的事项	text	88		2
[837400] 附注_应付账款		0		
应付账款信息披露	text block	108	1	
应付账款按供应商类别披露		108	2	
应付持有公司5%(含5%)以上表决权股份的股东单位	table	107		2
单位	axis	107		3
单位名称	member	44		3
合计	member	106		3
应付持有公司5%(含5%)以上表决权股份的股东单位明细	line items	107		4
账面余额	x	107		4
1年以内,应付账款	member	89		3
1~2年,应付账款	member	77		3
2~3年,应付账款	member	77		3
3年以上,应付账款	member	73		3
应付账款合计	member	92		3
[837410] 附注_预收账款				
预收账款信息披露	text block	98	1	
预收账款按客户类别披露		98	2	

(续表)

信息元素集合(财务报告附注)	元素类型	频数	复用类型	扩展类型
预收持有公司5%(含5%)以上表决权股份的股东单位或关联方情况	table	97		2
单位名称	axis	97		3
小计	member	94		3
预收持有公司5%(含5%)以上表决权股份的股东单位或关联方明细	line items	97		4
金额	x	97		4
1年以内,预收款项	member	82		3
1~2年,预收款项	member	70		3
2~3年,预收款项	member	68		3
3年以上,预收款项	member	64		3
预收款项合计	member	96		3
[809100] 附注_应付职工薪酬				
应付职工薪酬信息披露	text block	153	1	
应付职工薪酬信息		153	2	
应付职工薪酬	table	153	2	
应付职工薪酬项目	axis	153	3	
工资、奖金、津贴和补贴	member	153	3	
职工福利费	member	151	3	
社会保险费小计	member	150	3	
基本养老保险	member	122	3	
医疗保险	member	122	3	
失业保险	member	122	3	
工伤保险	member	119	3	
生育保险	member	116	3	
年金缴费	member	86	3	
住房公积金	member	147	3	
工会经费和职工教育经费	member	149	3	
非货币性福利	member	49	3	
辞(内)退福利	member	73		3
因解除劳动关系给予的补偿	member	39	3	

附 录

(续表)

信息元素集合(财务报告附注)	元素类型	频数	复用类型	扩展类型
其他应付职工薪酬	member	117	3	
其中:以现金结算的股份支付	member	40	3	
合计	member	151	3	
应付职工薪酬明细	line items	153	4	
期初余额	x	153	4	
本期增加	x	153	4	
本期减少	(x)	153	4	
期末余额	x	153	4	
[830290]附注_应交税费				
应交税费信息披露	text block	152	1	
应交税费信息		152	2	
应交税费,增值税	x	151	3	
应交税费,营业税	x	127	3	
应交税费,企业所得税	x	146	3	
应交税费,个人所得税	x	136		3
应交税费,城市维护建设税	x	143		3
应交税费,教育费附加	x	131		3
应交税费,房产税	x	110		3
应交税费,印花税	x	77		3
应交税费,消费税	x	23	3	
应交税费,土地使用税	x	98		3
应交税费,土地增值税	x	15	3	
应交税费,其他	x	95		3
应交税费,应交税费合计	x	149	3	
[837440]附注_其他应付款				
其他应付款信息披露	text block	112	1	
其他应付款信息		112	2	
1年以内,其他应付款	x	76		3
1~2年,其他应付款	x	65		3
2~3年,其他应付款	x	65		3
3年以上,其他应付款	x	62		3

197

(续表)

信息元素集合(财务报告附注)	元素类型	频数	复用类型	扩展类型
其他应付款,合计	x	101		3
其他应付款中应付持有公司5%(含5%)以上表决权股份的股东单位或关联方情况	table	103		2
单位	axis	103		3
单位名称	member	103		3
合计	member	99		3
其他应付款中应付持有公司5%(含5%)以上表决权股份的股东单位或关联方情况明细	line items	103		4
金额	x	103		4
[837470]附注_长期借款				
长期借款信息披露	text block	96	1	
长期借款信息		96	2	
长期借款	table	95	2	
长期借款种类	axis	95	3	
长期质押借款	member	28	3	
长期抵押借款	member	61	3	
长期保证借款	member	60		3
长期信用借款	member	55	3	
合计	member	87		3
长期借款	line items	87	4	
长期借款原币金额	x	3	4	
长期借款折算汇率	x.xx	0	4	
长期借款人民币金额	x	96	4	
长期借款-明细/金额前五名	table	83		2
单位	axis	83		3
单位	member	83		3
合计	member	73		3
长期借款明细	line items	83		4
借款起始日	yyyy-mm-dd	83		4
借款终止日	yyyy-mm-dd	83		4
币种	text	78		4
利率	x.xx	77		4

(续表)

信息元素集合(财务报告附注)	元素类型	频数	复用类型	扩展类型
期末本币金额	x	82		4
期初本币金额	x	73		4
[830310] 附注_其他非流动负债		0		
其他非流动负债信息披露	text block	67	1	
其他非流动负债		67	2	
其他非流动负债账面余额合计	x	46	5	
其他非流动负债需要说明的事项	text	67		2
[830320] 附注_实收资本或股本				
实收资本或股本信息披露	text block	132	1	
实收资本或股本		132	2	
股本	table	130		2
项目	axis	132		3
国家持股	member	78		3
国有法人持股	member	86		3
其他内资持股	member	77		3
境内法人持股	member	80		3
境内自然人持股	member	72		3
外资持股	member	68		3
境外法人持股	member	64		3
境外自然人持股	member	60		3
有限售条件股份合计	member	90		3
人民币普通股	member	90		3
境内上市的外资股	member	77		3
境外上市的外资股	member	72		3
其他	member	71		3
无限售条件流通股份合计	member	92		3
股份总数	member	131		3
股本明细	line items	131		4
期初数	shares	131		4
发行新股	shares	126		4
送股	shares	125		4

(续表)

信息元素集合(财务报告附注)	元素类型	频数	复用类型	扩展类型
公积金转股	shares	123		4
其他	shares	127		4
小计	shares	130		4
期末数	shares	131		4
[830330] 附注_资本公积				
资本公积信息披露	text block	153	1	
资本公积		153	2	
资本公积	table	153	2	
资本公积项目	axis	153	3	
资本/股本溢价	member	148	3	
其他资本公积	member	141	3	
合计	member	150		3
资本公积	line items	152	4	
资本公积期初账面余额	x	153	4	
资本公积本期增加额	x	151	4	
资本公积本期减少额	(x)	152	4	
资本公积期末账面余额	x	153	4	
资本公积变动情况的说明	text	105		2
[830350] 附注_盈余公积				
盈余公积信息披露	text block	152	1	
盈余公积增减变动		152	2	
盈余公积增减变动	table	152	2	
盈余公积类别	axis	152	3	
法定盈余公积	member	152	3	
任意盈余公积	member	65	3	
企业发展基金	member	17	3	
合计	member	131		3
盈余公积增减变动	line items	152	4	
盈余公积期初账面余额	x	152	4	
盈余公积本期增加额	x	152	4	
盈余公积本期减少额	(x)	151		4

(续表)

信息元素集合(财务报告附注)	元素类型	频数	复用类型	扩展类型
盈余公积本期减少额,转增资本	(x)	0	4	
盈余公积本期减少额,弥补亏损	(x)	0	4	
盈余公积本期减少额,其他减少	(x)	0	4	
盈余公积期末账面价值	x	152	4	
[830370] 附注_未分配利润				
未分配利润信息披露	text block	152	1	
未分配利润		152	2	
调整前上期末未分配利润	x	134		5
调整期初未分配利润合计数(调增+,调减-)	x	98		5
调整后期初未分配利润	x	153		5
加:本期归属于母公司所有者的净利润	x	153		5
减:提取法定盈余公积	(x)	142		5
减:提取任意盈余公积	(x)	89		5
减:应付普通股股利	(x)	132		5
减:转作股本的普通股股利	(x)	94		5
提取法定盈余公积比例	x.xx	83		5
期末未分配利润	x	153		5
[830770] 附注_营业收入及营业成本				
营业收入及营业成本信息披露	text block	150	1	
营业收入及营业成本信息披露		150	2	
营业收入及营业成本信息披露	table	149	2	
营业收入及营业成本种类	axis	149	3	
主营业务	member	149	3	
其他业务	member	147	3	
合计	member	141		3
营业收入及营业成本信息披露	line items	149	4	
营业收入	x	149	4	
营业成本	x	149	4	
主营业务收入/主营业务成本(分行业)	table	97		2
行业名称	axis	97		3
行业名称	member	97		3

(续表)

信息元素集合(财务报告附注)	元素类型	频数	复用类型	扩展类型
合计	member	97		3
主营业务收入/主营业务成本细节	line items	97		4
营业收入	x	97		4
营业成本	x	97		4
主营业务收入/主营业务成本(分产品)	table	139		2
产品名称	axis	139		3
产品名称	member	139		3
合计	member	139		3
主营业务收入/主营业务成本细节	line items	139		4
营业收入	x	139		4
营业成本	x	139		4
主营业务收入/主营业务成本(分地区)	table	121		2
地区名称	axis	121		3
地区名称	member	121		3
小计	member	121		3
主营业务收入/主营业务成本细节	line items	121		4
营业收入	x	121		4
营业成本	x	121		4
公司前5名客户的营业收入情况	table	141		2
客户名称	axis	141		3
客户名称	member	138		3
小计	member	141		3
营业收入细节	line items	141		4
营业收入	x	141		4
占公司全部营业收入的比例	x. xx	141		4
[830390] 附注_营业税金及附加				
营业税金及附加信息披露	text block	153	1	
营业税金及附加		153	2	
营业税金及附加项目	table	153		2
项目	axis	153		3
营业税	member	138		3

(续表)

信息元素集合(财务报告附注)	元素类型	频数	复用类型	扩展类型
应交税费,城市维护建设税	member	153		3
教育费附加	member	153		3
其他	member	116		3
合计	member	153		3
营业税金及附加细节	line items	153		4
发生额	x	153		4
计缴标准	x.xx	118		4
[830400]附注_销售费用和管理费用及财务费用				
销售费用(按费用性质披露)/营业费用		144	2	
产品质量保证	x	8	5	
广告费	x	83	5	
销售(服务)费用	x	3	5	
职工薪酬	x	129	5	
运输费	x	107		5
差旅费	x	108		5
业务招待费	x	80		5
办公费	x	76		5
其他销售费用	x	128		5
销售费用合计	x	144	5	
管理费用		140	2	
职工薪酬,管理费用	x	136	5	
税金/费	x	108		5
中介机构费/审计费	x	74		5
咨询费	x	35	5	
排污费	x	28	5	
业务招待费	x	109		5
折旧费	x	132		5
无形资产摊销	x	84		5
(大)修理费	x	73		5
科研费用/研究开发费/技术开发费	x	99		5
差旅费	x	104		5

(续表)

信息元素集合(财务报告附注)	元素类型	频数	复用类型	扩展类型
办公费	x	116		5
其他管理费用	x	124		5
管理费用合计	x	140	5	
财务费用		149	2	
利息支出	x	148	5	
资本化利息	x	18	5	
利息收入	x	149	5	
汇兑损失	x	136	5	
汇兑收益	x	120	5	
手续费	x	81	5	
其他财务费用	x	108		5
财务费用合计	x	148	5	
[830420] 附注_投资收益				
投资收益信息披露	text block	116	1	
投资收益的明细情况		116	2	
取得的现金股利或利润	x	0	5	
取得的现金股利或利润,交易性金融资产	x	2	5	
取得的现金股利或利润,可供出售金融资产	x	0	5	
取得的现金股利或利润,其他长期股权投资	x	2	5	
成本法核算的长期股权投资收益	x	82		5
权益法核算的长期股权投资收益	x	97	5	
权益法下确认的收益,来自联营企业	x	1	5	
权益法下确认的收益,来自合营企业	x	1	5	
长期股权投资收益合计	x	2	5	
债券利息收入,公司债券	x	0	5	
债券利息收入,国债	x	0	5	
债券利息收入合计	x	0	5	
处置交易性金融资产收益	x	50	5	
处置持有至到期投资收益	x	7	5	
处置可供出售金融资产收益	x	15	5	
处置对子公司投资收益	x	2	5	

(续表)

信息元素集合(财务报告附注)	元素类型	频数	复用类型	扩展类型
处置对联营企业投资收益	x	1	5	
处置对合营企业投资收益	x	0	5	
处置长期股权投资产生的投资收益	x	79		5
处置投资产生的收益合计	x	2	5	
其他投资收益	x	51	5	
投资收益合计	x	116	5	
按权益法/成本法核算的长期股权投资收益	table	116		2
被投资单位	axis	116		3
被投资单位	member	116		3
小计	member	111		3
长期股权投资收益细节	line items	116		4
本期金额	x	116		4
上年同期金额	x	116		4
本期比上期增减变动的原因	text	93		4
[830790]附注_营业外收入				
营业外收入信息披露	text block	145	1	
营业外收入信息		145	2	
营业外收入明细	table	145	2	
项目	axis	141		3
非流动资产处置利得合计	member	124		3
固定资产处置利得	member	129		3
政府补助	member	139		3
其他营业外收入	member	142		3
合计	member	145		3
营业外收入细节	line items	145		4
金额	x	145		4
计入当期非经常性损益的金额	x	114		4
政府补助明细/其他项目明细	table	130		2
项目	axis	130		3
项目	member	130		3
合计	member	122		3

(续表)

信息元素集合(财务报告附注)	元素类型	频数	复用类型	扩展类型
政府补助细节	line items	130		4
本期发生额	x	127		4
上期发生额	x	119		4
说明	text	98		4
[830430] 附注_营业外支出				
营业外支出信息披露	text block	153	1	
营业外支出的明细情况	abstract	153	2	
营业外支出明细	table	145		3
项目	axis	145		3
非流动资产处置损失合计	member	126		3
固定资产处置损失	member	136		3
罚款支出	member	69		3
捐赠支出	member	111		3
其他营业外支出	member	138		3
合计	member	145		3
营业外支出细节	line items	145		4
金额	x	145		4
计入当期非经常性损益的金额	x	110		4

主要参考文献

[1] ARGYROU A, ANDREEV A. A semi-supervised tool for clustering accounting databases with applications to internal controls[J]. Expert Systems with Applications, 2011, 11176-11181.

[2] BALDWIN A A, TRINKLE B S. The impact of XBRL: a delphi investigation[J]. International Journal of Digital Accounting Research, 2011, 11: 1-124.

[3] BARTLEY J, CHEN A S, TAYLOR E Z. A comparison of XBRL filings to corporate 10-Ks-evidence from the voluntary filing program[J]. Accounting Horizons, 2011, 25(2): 227-245.

[4] Boritz J E, No W G. Security in XML-based financial reporting services on the internet[J]. Journal of Accounting and Public Policy, 2005, 24(1): 11-35.

[5] BORITZ J E, No W G. The SEC's XBRL voluntary filing program on EDGAR: a case for quality assurance[J]. Current Issues in Auditing, 2008, 2(2): 36-50.

[6] BORITZ J E, No W G. Assurance on XBRL-related documents: the case of united technologies corporation[J]. Journal of Information Systems, 2009, 23(2): 49-78.

[7] BOVEE M, ETTREDGE M L, SRIVASTAVA R P, et al. Does the year 2000 XBRL taxonomy accommodate current business financial-reporting practice? [J]. Journal of Information Systems, 2002, 16(2): 165-182.

[8] BOVEE M, Kogan A, Nelson K, et al. Financial reporting and auditing agent with net knowledge(FRAANK) and extensible business reporting language(XBRL)[J]. Journal of Information Systems, 2005, 19(1): 19-41.

[9] CALVERT P. Tokyo stock exchange to introduce XBRL reporting system[EB/OL].

[2012]. http://www.xbrl.org/Announcements/TSE-27April2006.htm.

[10] COHEN E E. CAP forum on e-business: compromise or customize: XBRL's paradoxical power[J]. Canadian Accounting Perspectives, 2004, 3(2): 187-206.

[11] COX C. Overseas counterparts meet to discuss interactive data timetable[EB/OL]. [2012]. http://www.sec.gov/news/press/2007/2007-227.htm.

[12] CSA. Canada's securities regulators launch eXtensible Business Reporting Language (XBRL) voluntary filing program[EB/OL]. [2007]. http://www.msc.gov.mb.ca/media_events/events_releases/xbrl.html.

[13] DEBRECENY R, FELDEN C, OCHOCKI B, et al. XBRL taxonomy extensions[J]. In XBRL for Interactive Data, 2009: 79-112.

[14] DEBRECENY R, FAREWELL S, PIECHOCKI M, et al. Does it add up? Early evidence on the data quality of XBRL filings to the SEC[J]. Journal of Accounting and Public Policy, 2010, 29(3): 296-306.

[15] DEBRECENY R S, CHANDRA A, CHEH J J, et al. Financial reporting in XBRL on the SEC's EDGAR system: a critique and evaluation[J]. Journal of Information Systems, Fall 2005, 2005, 19(2): 191-210.

[16] DEBRECENY R S, FAREWELL S M, PIECHOCKI M, et al. Flex or break? Extensions in XBRL disclosures to the SEC[J]. Accounting Horizons, Dec, 2011, 25(4): 631-657.

[17] ELLIOTT R K. Twenty-first century assurance[J]. Auditing-a Journal of Practice & Theory, 2002, 21(1): 139-146.

[18] ENOFE A, AMARIA P. Extensible business reporting language XBRL: a new dimension in financial reporting[J]. International Journal of Business, Accounting, & Finance, Winter 2011, 2011, 5(1): 78-90.

[19] GRGETA K. National survey finds nearly one-half of senior finance executives not aware of XBRL[EB/OL]. [2012]. http://www.businesswire.com/news/home/20061004005601/en/National-Survey-Finds-One-Half-Senior-Finance-Executives.

[20] HIGGINS L N, HARRELL H W. XBRL: don't lag behind the digital information revolution[J]. Journal of Corporate Accounting & Finance, 2003, 14(5): 13-21.

[21] HODGE F D, KENNEDY J J, MAINES L A. Does search-facilitating technology improve the transparency of financial reporting?[J]. Accounting Review, 2004, 79

(3): 687-703.

[22] HOFFMAN C. The evolution of markup languages auditing[J]. Internal Auditor, 2001, 58(4): 46-51.

[23] HOFFMAN C. Digital financial reporting[J]. In Using an XBRL-based Model, 2012: 76.

[24] HWANG J S, LEEM C S, MOON H J. A study on relationships among accounting transparency, accounting information transparency, and XBRL[J]. Third 2008 International Conference on Convergence and Hybrid Information Technology, Proceedings, 2008, 1: 502-509.

[25] JSE. XBRL: the digital reporting evolution[EB/OL]. [2012]. http://www.jse.co.za/Libraries/X-Filing-Brochure/XBRL_brochure.sflb.ashx.

[26] Katz J G. Proposed rule: XBRL voluntary financial reporting program on the EDGAR System[R]. Working Paper, 2004.

[27] KIM, J W, LIM J-H, No W G. The effect of first wave mandatory XBRL reporting across the financial information environment[J]. Journal of Information Systems, 2012, 26(1): 127-153.

[28] MCFARLAND K. Only 59% of CFO's aware of XBRL, but half believe it will be mandatory SEC filing format[EB/OL]. [2007]. http://www.thefreelibrary.com/Only+59%25+of+CFO's+aware+of+XBRL%3B+but+half+believe+it+will+be...-a0162448918.

[29] PINSKER R, Li S. Costs and benefits of XBRL adoption: early evidence[J]. Communications of the Acm, 2008, 51(3): 47-50.

[30] PLUMLEE R D, PLUMLEE M A. Assurance on XBRL for financial reporting[J]. Accounting Horizons, 2008, 22(3): 353-368.

[31] REUTERS. SEC's Cox-XBRL conversion doesn't need an audit[EB/OL]. [2012]. http://www.reuters.com/article/2007/03/19/sec-xbrl-idUSN1929390220070319.

[32] ROOHANI S F Y, KOIZUMI M. XBRL: improving transparency and monitoring functions of corporate governance[J]. International Journal of Disclosure and Governance, 2009, 6(4): 355.

[33] SEC. XBRL voluntary financial reporting program on the EDGAR system[EB/OL]. [2012]. http://www.sec.gov/rules/final/33-8529.htm.

[34] SEC. Interactive data to improve financial reporting[R]. In Securities and Exchange Commission, 2009.

[35] SPIES M. An ontology modelling perspective on business reporting[J]. Information Systems, 2010, 35(4): 404-416.

[36] SRIVASTAVA R P, KOGAN A. Assurance on XBRL instance document: a conceptual framework of assertions[J]. International Journal of Accounting Information Systems, 2010a, 11(3): 261-273.

[37] STEENKAMP L P, NEL G F. The adoption of XBRL in South Africa: an empirical study[J]. Electronic Library, 2012, 30(3).

[38] SWEET P. Companies expect to defy SEC on XBRL mandate[EB/OL]. [2010]. http://www.accountingtoday.com/news/Companies-Expect-Defy-SEC-XBRL-Mandate-54130-1.html.

[39] VAN DER TAS L G. Measuring harmonisation of financial reporting practice[J]. Accounting and Business Research, 1988, 18(70): 157-169.

[40] VENKATESH R, ARMITAGE J. Accountants' awareness and perceptions about assurance on XBRL financial statements[J]. Journal of Applied Business Research, 2012, 28(2): 145-154.

[41] WAGENHOFER A. Economic consequences of internet financial reporting[J]. Schmalenbach Business Review, 2003, 55(4): 262279.

[42] WATSON L A. Sorry wrong number-study finds financial results of 209 listed Indian companies don't add up[N]. International Journal of Disclosure & Governance, 2009, 185-187.

[43] WEETMAN P, JONES E A E, ADAMS C A, et al. Profit measurement and UK accounting standards: a case of increasing disharmony in relation to US GAAP and IASs [J]. Accounting and Business Research, 1998, 28(3): 189-208.

[44] XBRL. XII recognised taxonomies[EB/OL]. [2012]. http://www.xbrl.org/FRTaxonomies.

[45] XBRL. XBRL foundation certificate holders[EB/OL]. [2012]. http://xbrl.org/certification-holders?utm_source=Copy+of+News+Digest+-+7+September&utm_campaign=newsletter&utm_medium=email.

[46] XSB. Bank of Japan case study[EB/OL]. [2012]. http://www.xbrl.org/CaseStud-

ies/BoJ_XBRL_06.pdf.

[47] XSB. Bank of Spain Case Study[EB/OL].[2012]. http://www.xbrl.org/CaseStudies/Spain_XBRL _06.pdf.

[48] YOON H,ZO H,CIGANEK A P. Does XBRL adoption reduce information asymmetry?[J]. Journal of Business Research,Feb,2011,64(2):157-163.

[49] ZHU H,WU H. Quality of data standards:framework and illustration using XBRL taxonomy and instances[J]. Electronic Markets,2011,21(2):129-139.

[50] 财政部.可扩展商业报告语言(XBRL)系列国家标准和企业会计准则通用分类标准[EB/OL].[2012]. http://www.xbrl-cn.org/2010/1019/73056.shtml.

[51] 财政部会计司编写组.企业会计准则讲解[M].北京:人民出版社,2010:5-7.

[52] 陈文铭,王淑娇,郑芳.基于XBRL模式的网络财务报告应用问题研究[J].财经问题研究,2011(8):109-115.

[53] 高锦萍,张天西.XBRL财务报告分类标准评价——基于财务报告分类与公司偏好的报告实务的匹配性研究[J].会计研究,2006(11):24-29+96.

[54] 高锦萍.XBRL财务报告分类标准研究:质量水平、经济后果与改进[D].上海:上海交通大学,2007:37-39.

[55] 高锦萍.我国XBRL财务报告分类标准的创建模式研究——从IFRS分类到扩展分类[J].山西财经大学学报,2008(7):119-124.

[56] 高锦萍.XBRL财务报告审计模型及实现机制:一种框架研究[J].审计研究,2011(3):74-80.

[57] 何芹.上市银行XBRL财务报告现状及存在的问题[J].证券市场导报,2011(6):22-28.

[58] 何玉,张天西.XBRL理论研究综述[J].世界科技研究与发展,2006(4):85-90.

[59] 黄婷.上证所加入XBRL国际组织[N].证券时报,2005.

[60] 黄长胤,吴忠生.自愿性信息披露影响因素实证研究——基于XBRL分类标准视角[J].经济与管理研究,2011(8):116-122.

[61] 黄长胤,张天西.上市公司自愿性信息披露的行业差异——基于XBRL分类标准的定量化视角[J].证券市场导报,2011b,2011(7):56-61.

[62] 黄长胤.XBRL财务报告分类标准的层级扩展研究[D].上海:上海交通大学,2012:116-122.

[63] 李世新,邬晓岚.基于XBRL和Web服务的网络化审计取证模式研究[J].生产力研

究,2006(11):253-254+257.

[64] 李为. XBRL——监管的革命[J]. 证券市场导报,2009(1):4-8.

[65] 林华. 未来财务报告:XBRL 数字化网络报告——XBRL 在我国应用的现状、问题和对策[J]. 上海经济研究,2007(3):85-92.

[66] 林琳,潘琰. XBRL 鉴证业务理论基础建构[J]. 当代财经,2011(8):110-118.

[67] 刘锋. 基于语义网的 XBRL 技术模型及其应用研究[D]. 北京:财政部财政科学研究所,2012:59-69.

[68] 刘勤. 对当前一些有关 XBRL 流行观点的思考[J]. 会计研究,2006(8):80-85+97.

[69] 刘玉廷. 论我国会计信息化发展战略[J]. 会计研究,2009(6):3-10.

[70] 刘玉廷. 推广应用 XBRL 推进会计信息化建设[J]. 会计研究,2010a(11):3-9.

[71] 刘玉廷. 中国会计改革八大领域全面推进[J]. 会计研究,2010b(12):3-10.

[72] 刘欲晓. 上证所启用 XBRL 标准数据文件[N]. 证券时报,2004.

[73] 吕志明. XBRL 网络财务报告存在的缺陷与完善之策[J]. 现代财经,2009(9):23-28.

[74] 吕志明. 基于 XBRL 的审计流程再造[J]. 财经问题研究,2011(3):125-129.

[75] 聂萍,周戴. 基于 XBRL 环境网络财务报告网页呈现质量实证研究[J]. 会计研究,2011,2011(4):8-14+93.

[76] 潘清. 证券业引进 XBRL 促进信息化规范[N]. 新华网,2004.

[77] 潘琰. 可扩展企业报告语言及其对会计的影响[J]. 会计研究,2003(1):39-44.

[78] 潘琰,林琳. 网络财务报告的基础:XBRL 分类账[J]. 财经论丛,2006(1):50-55.

[79] 潘琰,林炎滨. XBRL 财务报告质量体系构建之思考[J]. 福州大学学报(哲学社会科学版),2012(5):37-45.

[80] 曲吉林,寇纪淞,李敏强. 基于 XML 的企业报告语言 XBRL[J]. 情报科学,2005(2):252-254.

[81] 沈颖玲. XBRL:存取网络财务报告的创新[J]. 财经论丛,2002(4):64-67.

[82] 沈颖玲. 会计全球化的技术视角——利用 XBRL 构建国际财务报告准则分类体系[J]. 会计研究,2004(4):35-40.

[83] 王军. 深入学习贯彻企业会计准则通用分类标准 促进会计更好地服务经济社会发展[J]. 会计研究,2011(2):3-8.

[84] 王璐. 上交所上市公司、基金 XBRL 分类标准通过国际认证[N]. 上海证券报,2010.

[85] 王松年,沈颖玲. 网络财务报告的技术问题研究[J]. 财经研究,2001(8):52-58.

[86] 王文礼,黄敏,应唯,等. 分类标准 FRTA 校验的分析研究[J]. 会计研究,2011(4):

3-7+93.

[87] 魏明海.会计协调的测定方法[J].中国注册会计师,2003(4):20-24+3.

[88] 吴沁红.第十届全国会计信息化年会综述[J].会计研究,2011(8):92-94.

[89] 徐经长,姚淑瑜,毛新述.中国会计标准的国际协调——《企业会计制度》实施前后上市公司净利润双重披露的实证研究[J].会计研究,2003(12):8-13.

[90] 杨海峰,黄长胤,赵英吉.XBRL最新国际动态[J].会计研究,2009(3):87-91.

[91] 杨钰,曲晓辉.中国会计准则与国际财务报告准则趋同程度——资产计价准则的经验检验[C].厦门:第八届会计与财务问题国际研讨会,中国福建厦门,2008(8).

[92] 杨周南,吴沁红,续慧泓.中国XBRL研讨会综述[J].会计研究,2006(8):86-89.

[93] 杨周南,朱建国,刘锋,等.XBRL分类标准认证的理论基础和方法学体系研究[J].会计研究,2010(6).

[94] 张天西.网络财务报告:XBRL标准的理论基础研究[J].会计研究,2006a(9):56-63+96.

[95] 张天西.网络财务报告——论XBRL的理论框架及技术[M].上海:复旦大学出版社,2006b:186-191.

[96] 张天西,高锦萍.XBRL对审计的影响研究[J].当代财经,2007(6):101-104.

[97] 张天西,黄长胤,吴忠生.XBRL中的财务信息元素的粒度研究[J].会计之友,2011(21):22-30.

[98] 赵聪.XBRL财务报告分类标准质量评价[D].上海:上海交通大学,2011:29-37.

[99] 赵惠芳,水银银,徐晟.我国基于XBRL语言的网络财务呈报模型研究[J].安徽大学学报,2005(4):134-137.

[100] 赵现明.XBRL财务报告标准研究:市场反应及标准扩散[D].上海:上海交通大学,2010:104-105.

[101] 赵现明,张天西.基于XBRL标准的年报信息含量研究[J].经济与管理研究,2010(2):102-107.

[102] 赵现明,张天西,孙晓东.基于XBRL的财务信息标准博弈分析[J].管理学报,2011(2):273-277+283.

[103] 证券市场导报编辑部.国内证券市场动态[J].证券市场导报,2008(10):78.

[104] 郑晓波.基金报告2009年起全部XBRL化[N].中国证券报,2008.

[105] 中国地区XBRL组织.会计信息化委员会成立大会在京举行[EB/OL].[2012].http://www.xbrl-cn.org/2008/1112/72773.shtml.

[106] 中国证监会. 中国证监会证券投资基金信息披露 XBRL 工作大事记[EB/OL]. [2012]. http://www.xbrl-cn.org/2009/0721/72846.shtml.

[107] 中国证监会. 中国证监会基金信息披露网站正式上线[EB/OL]. [2012]. http://www.xbrl-cn.org/2009/0720/72748.shtml.

[108] 中国证券报. 上市公司 XBRL 分类标准获国际组织认证[N]. 中国证券报,2005a.

[109] 钟国斌. 深交所推出 XBRL 上市公司信息服务平台[N]. 深圳商报,2009.

[110] 周松林. 基金 XBRL 分类标准获国际组织认证[N]. 中国证券报,2006.

[111] 周松林. 金融类上市公司 XBRL 分类标准通过国际组织认证[N]. 中国证券报,2008.

[112] 朱本霞,吕科. 通用业务报告语言 XBRL 的分类体系[J]. 计算机应用,2006(S2):161-163+168.

[113] 朱建国,李文卿. 上海证券交易所与深圳证券交易所 XBRL 应用的比较分析[J]. 会计之友(中旬刊),2010(1):57-60.

[114] 曾乐,杨健. 一类新兴的可扩展报告语言——XBRL 体系[J]. 档案学通讯,2011(3):69-72.

致　谢

回顾这些年在交大安泰的求学经历,酸甜苦辣顿时涌现在眼前……幸运的是,我遇到了中国最好的 XBRL 研究团队——由我的导师张天西教授领导的 XBRL 研究群体,相识了跟我一起做研究的同门兄弟姐妹们,以及博士生战友们。

首先感谢我的导师张天西教授。记得刚入学的时候,张老师总是用"勤学苦练""Accounting Review"和"百篇优博"来鼓舞我。在跟随张老师从事科学研究的过程中,深深体会到张老师引导和支持弟子们创新和挑战的良苦用心,感悟到了"师者,传道授业解惑也"这句话的真谛。XBRL 研究在国内外刚刚起步,属于交叉学科,有难度、有高度,因此张老师经常鼓励我,多翻阅计算机和数学等学科的文献,借鉴其他学科的知识来研究 XBRL。特别怀念与老师一起讨论问题到深夜的那些日子;怀念一起和老师吃饭聊天的那些日子。值此本书完成之际,向张老师致以崇高的敬意和深深的祝福!

衷心感谢百忙之中评审本书的各位老师:王浣尘教授、沈惠璋教授、顾孟迪教授、袁树民教授、刘勤教授、史清华教授、徐晓东教授、朱国泓副教授以及 3 位盲审专家。他们的建议对本书的改进提供了很大帮助。

我还要特别感谢上海对外经贸大学的张晓岚教授。她教会了我如何有的放矢地投稿,如何修改论文和文献综述,在论文上给予的指导令我终身受益! 真心地祝愿张老师身体健康,桃李满天下!

感谢本书写作中给我改进建议的黄长胤博士、吴忠生博士、余良宇博士、杜威博士、董珊珊博士、张涛博士和龙振海博士。本书成稿过程中帮助过我的卓贤林博士、王蕾博士、雷强博士、吴开尧博士、刘力宏先生、张豪先生和郭晓茹女士，没有他们的建议和帮助，我很难渡过博士阶段的漫漫长路。感谢曾经在番禺大厦2103室和1102室居住过的曹永荣博士、曹剑涛博士、徐广路博士、周驷华博士、乔军华博士和胡卫纲博士，是他们一直以来在生活上给予我极大的帮助和便利，给我带来了完成本书的决心和勇气。在这里，真挚地祝福他们在今后的工作和生活中一切顺利！

感谢这几年来鼓励我的兄弟姐妹们：杨海峰博士、何钰博士、高锦萍博士、李晓荣博士、钟伟强博士、陈辉格博士、黄静博士、王天东博士、赵现明博士、郝东洋博士、王强博士、王新宇博士、齐国友博士、张聪博士、刘奕均博士、于雪颜博士和谢霏博士。与他们的交流使我在学术上收获了很多，了解了不同学科的研究方法和相互之间的差异。还要感谢帮助我的师弟师妹们：任家兴、赵聪、谭冰彬、李亚丽、丁慧、杨蕾、陈露、徐大为和张老师科研团队的其他成员。尤其是陈露同学，在本科毕业论文撰写过程中，参与了本书近1/3的数据手工整理工作，这对我完成博士论文起到了至关重要的作用。还要特别感谢立信会计出版社的张巧玲老师和徐小霞老师为本书出版做了大量辛勤和细致的工作。希望他们在未来的学习和工作中再创佳绩！

最后，特别要感谢我的父母，是他们在生活上一直支持着我，也是他们在我遇到困难的时候给予我最无私的帮助。每当我听到他们声音的时候，总是备感亲切，现在的我真切地感受到家庭带给我的温暖，也深深地祝福我的父母身体健康，平安快乐！

李争争